3일 벼락치기 NCS 시리즈는?

스펙 쌓기 경쟁은 과열되고 취업의 벽은 점점 높아지는데…

NCS까지 대비하기에는 시간이 턱없이 부족하시죠?

그래서 야심차게 준비한 시스컴만의

NCS 3일 벼락치기 시리즈!

태블릿 PC나 좀 큰 스마트폰과 유사한 그립감을 주는

작은 크기와 **얇은 두께**로 휴대성을 살렸지만

꽉 찬 구성으로, **효율성은 UP! 공부 시간은 DOWN!**

3일의 투자로 최고의 결과를 노리는

3일 벼락치기 NCS 직업기초능력평가 8권 시리즈

벼락치기

타임 NCS 연구소

NCS NH지역농협 6급

인쇄일 2025년 3월 1일 3판 1쇄 인쇄
발행일 2025년 3월 5일 3판 1쇄 발행
지은이 타임 NCS 연구소
발행인 송인식
발행처 시스컴 출판사
등 록 제17-269호
판 권 시스컴2025

ISBN 979-11-6941-671-9 13320
정 가 15,000원

주소 서울시 금천구 가산디지털1로 225, 514호(가산포휴) | **홈페이지** www.nadoogong.com
E-mail siscombooks@naver.com | **전화** 02)866-9311 | **Fax** 02)866-9312

발간 이후 발견된 정오 사항은 홈페이지 도서 정오표에서 알려드립니다(홈페이지→자격증→도서정오표).

NCS(국가직무능력표준, 이하 NCS)는 현장에서 직무를 수행하기 위해 요구되는 능력을 국가적 차원에서 표준화한 것으로 2015년부터 공공기관을 중심으로 본격적으로 실시되었습니다. NCS는 2016~2018년까지 산하기관을 포함한 약 600여 개의 공공기관으로 확대 실시되고, 이중 필기시험은 직업기초능력을 평가합니다.

NCS는 기존의 스펙위주의 채용과정을 줄이고자 실제로 직무에 필요한 능력을 위주로 평가하여 인재를 채용하겠다는 국가적 방침입니다. 기존의 공사 · 공단 등의 적성검사는 NCS 취지가 반영된 형태로 변하고 있기 때문에 변화하는 양상에 맞추어 시험을 준비해야 합니다.

필기시험을 내용으로 대체되는 직업기초능력은 총 10개 과목으로 출제기관마다 이중에서 대략 5~6개의 과목을 선택하고 시험을 치루며 주로 의사소통능력, 수리 능력, 문제해결능력을 선택합니다.

본서는 공사 · 공단 대비 수험서로, NCS 공식 홈페이지의 자료를 연구하여 필요한 이론을 요약 정리하여 수록하였고, 실전 모의고사를 통해 학습자의 실력을 스스로 확인해 볼 수 있게 준비하였습니다.

예비 공사 · 공단인들에게 아름다운 합격이 함께하길 기원하겠습니다.

타임 NCS 연구소

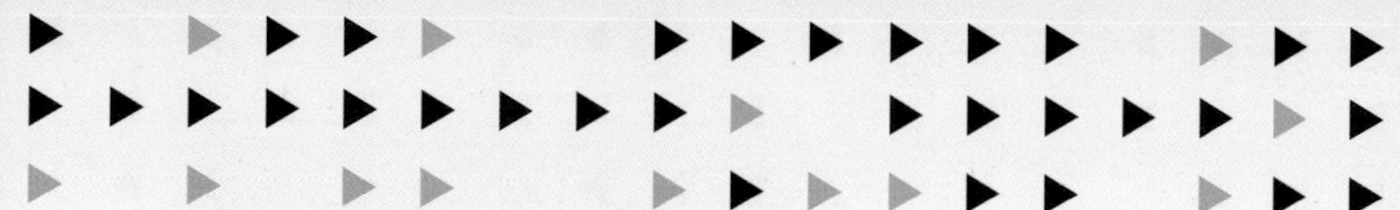

NCS 안내

1 NCS(기초직업능력평가)란 무엇인가?

1. 표준의 개념

국가직무능력표준(NCS.national competency standards)은 산업현장에서 직무를 수행하기 위해 요구되는 지식 · 기술 소양 등의 내용을 국가가 산업부문별 수준별로 체계화한 것으로 산업현장의 직무를 성공적으로 수행하기 위해 필요한 능력(지식, 기술, 태도)을 국가적 차원에서 표준화한 것을 의미합니다.

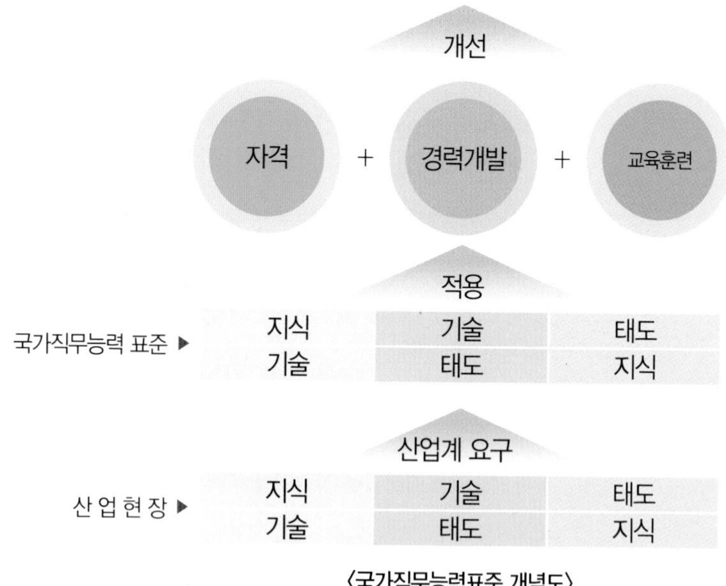

〈국가직무능력표준 개념도〉

2. 표준의 특성

| 한 사람의 근로자가 해당 직업 내에서 소관 업무를 성공적으로 수행하기 위하여 요구되는 실제적인 수행 능력을 의미합니다.

- 직무수행능력 평가를 위한 최종 결과의 내용 반영
- 최종 결과는 '무엇을 하여야 한다' 보다는 '무엇을 할 수 있다'는 형식으로 제시

| 해당 직무를 수행하기 위한 모든 종류의 수행능력을 포괄하여 제시합니다.

- 직업능력 : 특정업무를 수행하기 위해 요구되는 능력
- 직업관리 능력 : 다양한 다른 직업을 계획하고 조직화하는 능력
- 돌발상황 대처능력 : 일상적인 업무가 마비되거나 예상치 못한 일이 발생했을 때 대처하는 능력
- 미래지향적 능력 : 해당 산업관련 기술적 및 환경적 변화를 예측하여 상황에 대처하는 능력

| 모듈(Module)형태의 구성

- 한 직업 내에서 근로자가 수행하는 개별 역할인 직무능력을 능력단위(unit)화 하여 개발
- 국가직무능력표준은 여러 개의 능력단위 집합으로 구성

| 산업계 단체가 주도적으로 참여하여 개발

- 해당분야 산업별인적자원개발협의체(SC), 관련 단체 등이 참여하여 국가직무능력표준 개발

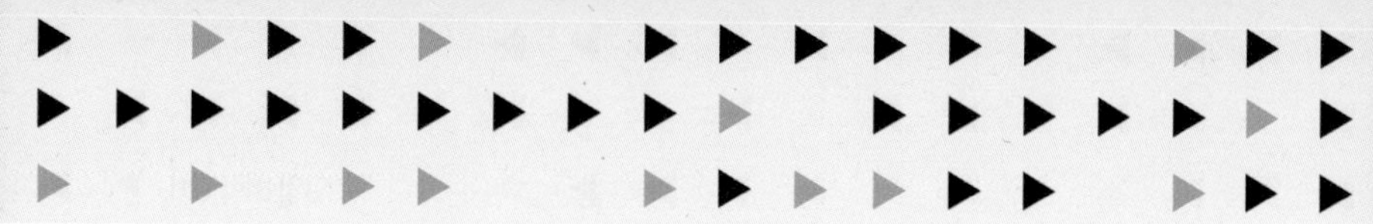

– 산업현장에서 우수한 성과를 내고 있는 근로자 또는 전문가가 국가직무능력표준 개발 단계마다 참여

3. 표준의 활용 영역

– 국가직무능력표준은 산업현장의 직무수요를 체계적으로 분석하여 제시함으로써 '일–교육 · 훈련–자격'을 연결하는 고리 즉 인적자원개발의 핵심 토대로 기능

〈국가직무능력표준의 기능〉

– 국가직무능력표준은교육훈련기관의 교육훈련과정, 직업능력개발 훈련기준

및 교재 개발 등에 활용되어 산업수요 맞춤형 인력양성에 기여합니다. 또한, 흔로자를 대상으로 경력개발경로 개발, 직무기술서, 채용 · 배치 · 승진 체크리스트, 자가진단도구로 활용 가능합니다.

- 한국산업인력공단에서는 국가직무능력표준을 활용하여 교육훈련과정, 훈련기준, 자격종목 설계, 출제기준 등 제 · 개정시 활용합니다.
- 한국직업능력개발원에서는 국가직무능력표준을 활용하여 전문대학 및 마이스터고 · 특성화고 교과과정을 개편합니다.

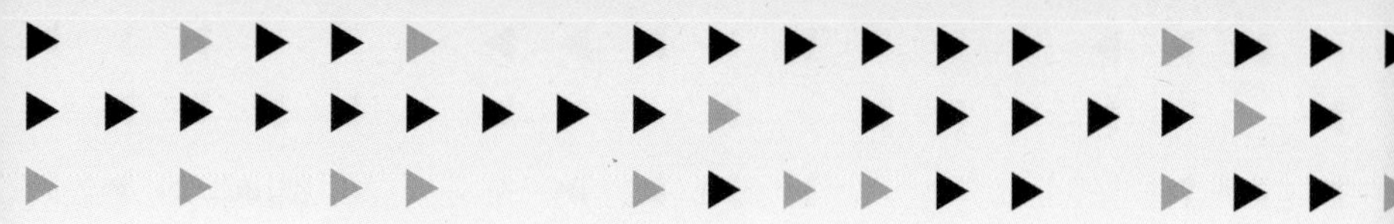

2 NCS 구성

능력단위

- 직무는 국가직무능력표준 분류체계의 세분류를 의미하고, 원칙상 세분류 단위에서 표준이 개발 됩니다.
- 능력단위는 국가직무능력표준 분류체계의 하위단위로서 국가직무능력표준의 기본 구성요소에 해당 됩니다.

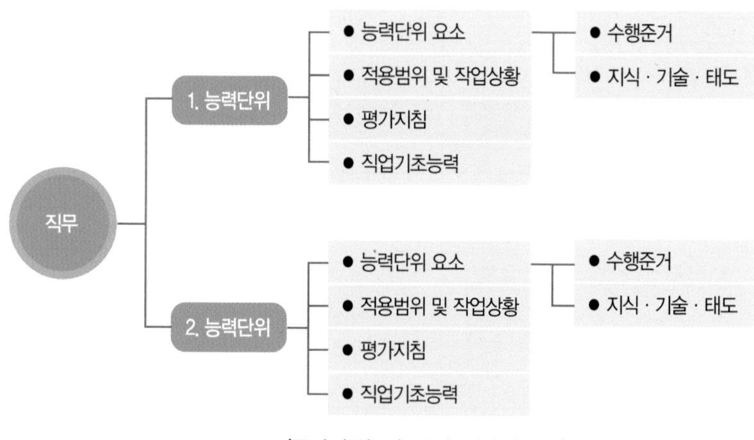

〈국가직무능력표준 능력단위 구성〉

- 능력단위는 능력단위분류번호, 능력단위정의, 능력단위요소(수행준거, 지식 · 기술 · 태도), 적용범위 및 작업상황, 평가지침, 직업기초능력으로 구성

구성항목	내 용
1. 능력단위 분류번호(Competency unit code)	– 능력단위를 구분하기 위하여 부여되는 일련번호로서 14자리로 표현
2. 능력단위명칭(Competency unit title)	– 능력단위의 명칭을 기입한 것
3. 능력단위정의(Competency unit description)	– 능력단위의 목적, 업무수행 및 활용범위를 개략적으로 기술
4. 능력단위요소(Competency unit element)	– 능력단위를 구성하는 중요한 핵심 하위능력을 기술
5. 수행준거(performance criteria)	– 능력단위요소별로 성취여부를 판단하기 위하여 개인이 도달해야 하는 수행의 기준을 제시
6. 지식 · 기술 · 태도(KSA)	– 능력단위요소를 수행하는 데 필요한 지식 · 기술 · 태도
7. 적용범위 및 작업상황(range of variable)	– 능력단위를 수행하는데 있어 관련되는 범위와 물리적 혹은 환경적 조건 – 능력단위를 수행하는 데 있어 관련되는 자료, 서류, 장비, 도구, 재료
8. 평가지침(guide of assessment)	– 능력단위의 성취여부를 평가하는 방법과 평가시 고려되어야 할 사항
9. 직업기초능력(key competency)	– 능력단위별로 업무 수행을 위해 기본적으로 갖추어야할 직업능력

구성과 특징

핵심이론

NCS 직업기초능력평가를 준비하기 위해 각 기업이 선택한 영역에 대한 핵심이론을 요약하여 수록하였다.

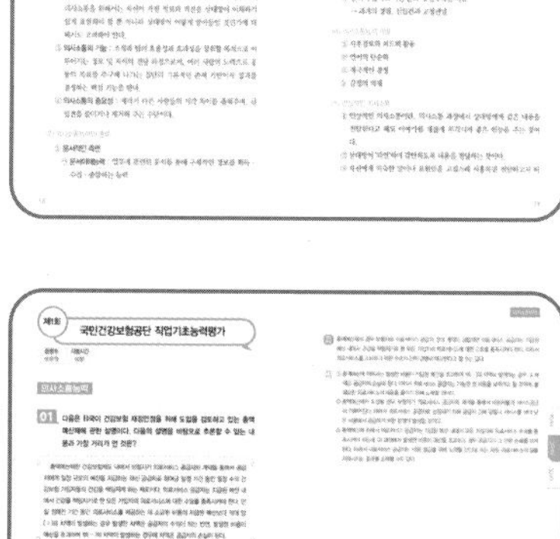

기출유형문제

최신 출제 경향을 최대 반영한 실전모의고사 형태의 대표유형 문제들을 수록하여 학습을 마무리한 후 최종점검을 할 수 있도록 하였다.

정답 및 해설

이론을 따로 참고하지 않아도 명쾌하게 이해할 수 있도록 상세한 설명과 오답해설을 함께 수록하여 학습한 내용을 체크하고 시험에 완벽히 대비할 수 있도록 하였다.

차 례

1DAY

이론

의사소통능력 ······ 18

수리능력 ······ 23

문제해결능력 ······ 25

2DAY

직업기초능력평가 1회

의사소통능력 ······ 30

수리능력 ······ 56

문제해결능력 ······ 74

3DAY

직업기초능력평가 2회

의사소통능력 ······ 100

수리능력 ······ 128

문제해결능력 ······ 147

부록

공공기관 ······ 174

인성검사 ······ 179

면접 ······ 189

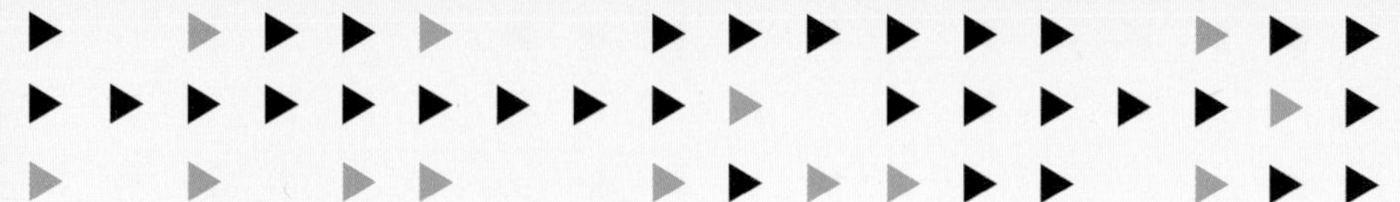

국민건강보험공단

1 응시자격 등 공통사항

- 응시자격은 입사지원서 접수마감일 기준(지역본부별 지원가능 지역은 공고일 기준)이며, 성별 연령 제한은 없으나, 공단 인사규정 제 90조(정년)에 따라 만 60세 이상자는 지원할 수 없음
- '6급갑' 지원자 중 남자의 경우 병역필 또는 면제자
- 각 채용 직렬 · 직급 · 분야 및 모집지역을 달리하거나 동일분야에 중복 지원할 수 없으며, 중복 지원확인 시 '자격미달' 처리
- 입사지원서에 응시자격 등 기재 불량자는 '자격미달' 처리하고, 허위 기재자는 '부정한 행위를 한 자'로 처리
- 신규직원 채용 임용시험에 있어서 '부정한 행위를 한 자'에 대하여는 당해 시험을 정지 또는 무효로 하고, 그 처분이 있는 날 부터 5년 간 우리 공단의 채용 응시자격을 제한
- 증빙서류는 입사지원서 작성 기준에 따라 반드시 서류접수 마감일 이전에 발급 받은 서류여야 하며, 필기전형 합격자에 한하여 '증빙서류 등록기간'에 제출
- 신입직원 교육은 수습임용 전 온라인 사전교육 및 수습임용 후 신입직원 연수과정(인재개발원 3주 간, 입소교육)을 각각 진행 예정

2 전형절차

서류심사 – 필기시험(인성포함) – 증빙서류 등록 · 심사 – 면접시험(전산직 실기평가 포함) – 신체검사

3 필기전형

- 대상 : 서류전형 합격자
- 시험내용 : NCS기반 직업기초능력평가/ 인성검사
- 출제유형: 직렬 · 직급별 동일한 유형의 객관식(120분)

구분	행정 · 건강 · 요양 · 기술직	전산직
NCS기반 직업기초능력평가 (60문항/60분)	의사소통 · 수리 · 문제해결	의사소통 · 수리 · 정보
	각 영역별 20문항씩(NCS 기초 및 응용모듈)	
인성검사(450문항/60분)	필기시험 당일 검사	

- 선발 : 직렬 및 직급별 채용예정인원의 약 2.5배수

4 면접전형

- 대상 : 필기전형 합격자 중 증빙서류 등록자
- 면접형식 : 직무수행능력 평가를 위한 B.E.I.(경험행동면접)
- 실기평가 : 전산개발 기초 능력(C언어, JAVA, SQL), 60분

※ 실기평가는 '전산직' 지원자만 해당함

5 기타사항

- 각 단계별 합격자 발표, 제출서류 안내 등 전형 관련 사항은 국민건강보험공단 채용 홈페이지 및 개인 이메일을 통하여 공지합니다.
- 최종합격자로 결정되었더라도 응시자격 또는 임용에 결격사유가 확인되거나 채용 신체검사에서 부적합자는 합격 또는 임용이 취소됩니다.
- 입사지원서 기재내용의 착오 또는 누락으로 인한 불이익은 모두 지원자 본인의 책임이며, 원본으로 제출된 서류는 최종합격자 발표일로부터 3개월 이내에 본인의 요청에 따라 반환할 수 있습니다.
- 장애인의 경우 필기시험 5일전까지 사전요청 시 필기시험 응시에 필요한 편의 제공(별도 시험실 운영, 답안지 대리 마킹, 확대문제지 제공 등)이 가능합니다.
- 혁신도시 법의 이전지역인재 목표제 시행에 따라, 지역인재 합격자가 우리 공단 본부(강원)가 속한 서울지역본부 채용 인원의 18%에 달할 때까지 각 전형별 합격자 인원을 초과하여 선발 합니다.
- 채용 직렬, 직급, 분야, 인원, 우대 등은 공단 운영환경(정부 정책, 직제, 정 · 현원, 결원 등)이 반영되고 있어, 채용공고 시점에 따라 변동 될 수 있습니다.

※ 자세한 사항은 당사 홈페이지를 참조하시기 바랍니다.

NH 지역농협 6급 직업기초능력평가

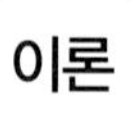

NH 지역농협 6급 직업기초능력평가

의사소통능력

1. 의사소통능력

(1) 의사소통능력이란?

① 두 사람 또는 그 이상의 사람들 사이에서 일어나는 의사 전달 및 상호교류를 의미하며, 어떤 개인 또는 집단에게 정보 · 감정 · 사상 · 의견 등을 전달하고 받아들이는 과정을 의미한다.

② **의사소통의 기능** : 조직과 팀의 효율성과 효과성을 성취할 목적으로 이루어지는 정보 및 지식의 전달 과정으로써, 여러 사람의 노력으로 공동의 목표를 추구해 나가는 집단의 기본적인 존재 기반이자 성과를 결정하는 핵심 기능을 한다.

③ **의사소통의 중요성** : 제각기 다른 사람들의 시각 차이를 좁혀주며, 선입견을 줄이거나 제거해 주는 수단이다.

(2) 의사소통능력의 종류

① 문서적인 측면

㉠ **문서이해능력** : 업무에 관련된 문서를 통해 구체적인 정보를 획득 · 수집 · 종합하는 능력

㉡ **문서작성능력** : 상황과 목적에 적합한 문서를 시각적 · 효과적으로 작성하는 능력

② 언어적인 측면

㉠ **경청능력** : 원활한 의사소통의 방법으로, 상대방의 이야기를 듣고 의미를 파악하는 능력

㉡ **의사표현력** : 자신의 의사를 상황과 목적에 맞게 설득력을 가지고 표현하는 능력

(3) 바람직한 의사소통을 저해하는 요인

① '일방적으로 말하고', '일방적으로 듣는' 무책임한 마음
→ 의사소통 기법의 미숙, 표현 능력의 부족, 이해 능력의 부족

② '전달했는데', '아는 줄 알았는데'라고 착각하는 마음
→ 평가적이며 판단적인 태도, 잠재적 의도

③ '말하지 않아도 아는 문화'에 안주하는 마음
→ 과거의 경험, 선입견과 고정관념

(4) 의사소통능력 개발

사후검토와 피드백 활용, 언어의 단순화, 적극적인 경청, 감정의 억제

(5) 인상적인 의사소통

① 의사소통 과정에서 상대방에게 같은 내용을 전달한다고 해도 이야기를 새롭게 부각시켜 좋은 인상을 주는 것이다.

② 자신에게 익숙한 말이나 표현만을 고집스레 사용하면 전달하고자 하는 이야기의 내용에 신선함과 풍부함, 또는 맛깔스러움이 떨어져 의사소통에 집중하기가 어렵다. 상대방의 마음을 끌어당길 수 있는 표현법을 많이 익히고 이를 활용해야 한다.

③ 자신을 인상적으로 전달하려면, 선물 포장처럼 자신의 의견도 적절히 꾸미고 포장할 수 있어야 한다.

2. 문서이해능력

(1) 문서이해능력이란?

작업현장에서 자신의 업무와 관련된 인쇄물이나 기호화된 정보 등 필요한 문서를 확인하여 문서를 읽고, 내용을 이해하여 요점을 파악하는 능력이다.

(2) 문서의 종류와 용도

① **공문서** : 정부 행정기관에서 대내외적 공무를 집행하기 위해 작성하는 문서

② **기획서** : 적극적으로 아이디어를 내고 기획해 하나의 프로젝트를 문서 형태로 만들어, 상대방에게 기획의 내용을 전달하고 기획을 시행하도록 설득하는 문서

③ **기안서** : 회사의 업무에 대한 협조를 구하거나 의견을 전달할 때 작성하며

흔히 사내 공문서로 불림

④ **보고서** : 특정한 일에 관한 현황이나 그 진행 상황 또는 연구 · 검토 결과 등을 보고할 때 작성하는 문서

⑤ **설명서** : 상품의 특성이나 사물의 성질과 가치, 작동 방법이나 과정을 소비자에게 설명하는 것을 목적으로 작성하는 문서

⑥ **보도자료** : 정부 기관이나 기업체, 각종 단체 등이 언론을 상대로 자신들의 정보가 기사로 보도되도록 하기 위해 보내는 자료

⑦ **비즈니스 레터(E-mail)** : 사업상의 이유로 고객이나 단체에 편지를 쓰는 것이며, 직장 업무나 개인 간의 연락, 직접 방문하기 어려운 고객 관리 등을 위해 사용되는 문서이나, 제안서나 보고서 등 공식적인 문서를 전달하는 데도 사용됨

⑧ **비즈니스 메모** : 업무상 필요한 중요한 일이나 앞으로 체크해야 할 일이 있을 때 필요한 내용을 메모 형식으로 작성하여 전달하는 글

(3) 문서 이해의 구체적 절차

① 문서의 목적 이해하기

② 문서가 작성된 배경과 주제 파악하기

③ 문서에 쓰여진 정보를 밝혀내고 문제가 제시하고 있는 문제 파악하기

④ 문서를 통해 상대방의 욕구와 의도 및 나에게 요구하는 행동에 관한 내용 분석하기

⑤ 문서에서 이해한 목적 달성을 위해 취해야 할 행동을 생각하고 결정하기

⑥ 상대방의 의도를 도표나 그림 등으로 메모하여 요약 · 정리해보기

(4) 문서이해를 위해 필요한 사항

① 각 문서에서 꼭 알아야 하는 중요한 내용만을 골라 필요한 정보를 획득하고 수집, 종합하는 능력

② 다양한 종류의 문서를 읽고, 구체적인 절차에 따라 이해하고 정리하는 습관을 들여 문서이해능력과 내용종합능력을 키워나가는 노력

③ 책이나 업무에 관련된 문서를 읽고, 나만의 방식으로 소화하여 작성할 수 있는 능력

3. 문서작성능력

(1) 문서작성능력이란?

① 직업생활에서 목적과 상황에 적합한 아이디어나 정보를 전달할 수 있도록 문서를 작성할 수 있는 능력이다.

② 문서작성을 할 때에는 문서를 왜 작성해야 하며, 문서를 통해 무엇을 전달하고자 하는지를 명확히 한 후에 작성해야 한다.

③ 문서작성 시에는 대상, 목적, 시기, 기대효과(기획서나 제안서 등의 경우)가 포함되어야 한다.

④ **문서작성의 구성요소** : 품위 있고 짜임새 있는 골격, 객관적이고 논리적이며 체계적인 내용, 이해하기 쉬운 구조, 명료하고 설득력 있는 구체적인 문장, 세련되고 인상적이며 효과적인 배치

(2) 종류에 따른 문서작성법

공문서	• 누가, 언제, 어디서, 무엇을 어떻게(왜)가 정확하게 드러나야 한다. • 날짜 작성 시 연도와 월일을 함께 기입하며 날짜 다음에 괄호를 사용할 경우에는 마침표를 찍지 않는다. • 내용은 한 장에 담아내는 것이 원칙이다. • 마지막에는 반드시 '끝'자로 마무리 한다. • 복잡한 내용은 항목 별로 구분한다.('－다음－' 또는 '－아래－') • 대외문서이고 장기간 보관되는 문서이므로 정확하게 기술한다.
설명서	• 명령문보다는 평서형으로 작성한다. • 정확하고 간결하게 작성한다. • 소비자들이 이해하기 어려운 전문용어는 가급적 사용을 삼간다. • 복잡한 내용은 도표를 통해 시각화하여 이해도를 높인다. • 동일한 문장 반복을 피하고 다양하게 표현하는 것이 좋다.
기획서	• 핵심 사항을 정확하게 기입하고, 내용의 표현에 신경 써야 한다. • 상대방이 요구하는 것이 무엇인지 고려하여 작성한다. • 내용이 한눈에 파악되도록 체계적으로 목차를 구성한다. • 효과적인 내용전달을 위해 표나 그래프 등의 시각적 요소를 활용한다. • 충분히 검토를 한 후 제출하도록 한다. • 인용한 자료의 출처가 정확한지 확인한다.

보고서	• 진행과정에 대한 핵심내용을 구체적으로 제시한다. • 내용의 중복을 피하고 핵심사항만 간결하게 작성한다. • 참고자료는 정확하게 제시한다. • 내용에 대한 예상 질문을 사전에 추출해보고, 그에 대한 답을 미리 준비한다.

수리능력

1. 수리능력

(1) 수리능력이란?

직장생활에서 요구되는 사칙연산과 기초적인 통계를 이해하고, 도표 또는 자료(데이터)를 정리 · 요약하여 의미를 파악하거나, 도표를 이용해서 합리적인 의사결정을 위한 객관적인 판단근거로 제시하는 능력이다.

(2) 구성요소

① **기초연산능력**

직장생활에서 필요한 기초적인 사칙연산과 계산방법을 이해하고 활용하는 능력

② **기초통계능력**

직장생활에서 평균, 합계, 빈도와 같은 기초적인 통계기법을 활용하여 자료를 정리하고 요약하는 능력

③ **도표분석능력**

직장생활에서 도표(그림, 표, 그래프 등)의 의미를 파악하고, 필요한 정보를 해석하여 자료의 특성을 규명하는 능력

2. 사칙연산

(1) 사칙연산이란?

수 또는 식에 관한 덧셈(+), 뺄셈(−), 곱셈(×), 나눗셈(÷) 네 종류의 계산법이다. 보통 사칙연산은 정수나 분수 등에서 계산할 때 활용되며, 여러 부

호가 섞여 있을 경우에는 곱셈과 나눗셈을 먼저 계산한다.

(2) 수의 계산

구분	덧셈(+)	곱셈(×)
교환법칙	a+b=b+a	a×b=b×a
결합법칙	(a+b)+c=a+(b+c)	(a×b)×c=a×(b×c)
분배법칙	(a+b)×c=a×c+b×c	

3. 단위환산

(1) 단위의 종류

① 길이 : 물체의 한 끝에서 다른 한 끝까지의 거리 (mm, cm, m, km등)

② 넓이(면적) : 평면의 크기를 나타내는 것 (mm^2, cm^2, m^2, km^2 등)

③ 부피 : 입체가 점유하는 공간 부분의 크기 (mm^3, cm^3, m^3, km^3 등)

④ 들이 : 통이나 그릇 따위의 안에 넣을 수 있는 물건 부피의 최댓값 (㎖, ㎗, ℓ, kℓ 등)

(2) 단위환산표

단위	단위환산
길이	1cm=10mm, 1m=100cm, 1km=1,000m=100,000cm
넓이	1cm^2=100mm^2, 1m=10,000cm^2, 1km^2=1,000,000m^2
부피	1cm^3=1,000mm^3, 1m^3=1,000,000cm^3, 1km^3=1,000,000,000m^3
들이	1㎖=1cm^3, 1㎗=100cm^3=100㎖, 1ℓ =1,000cm^3=10㎗
무게	1kg=1,000g, 1t=1,000kg=1,000,000g
시간	1분=60초, 1시간=60분=3,600초
할푼리	1푼=0.1할, 1리=0.01할, 모=0.001할

문제해결능력

(1) 문제란?

원활한 업무수행을 위해 해결되어야 하는 질문이나 의논 대상을 의미한다.

※ **문제점** : 문제의 근본원인이 되는 사항으로 문제해결에 필요한 열쇠인 핵심 사항

(2) 문제의 분류

구분	창의적 문제	분석적 문제
문제제시 방법	현재 문제가 없더라도 보다 나은 방법을 찾기 위한 문제 탐구로 문제자체가 명확하지 않음	현재의 문제점이나 미래의 문제로 예견될 것에 대한 문제 탐구로, 문제자체가 명확함
해결 방법	창의력에 의한 많은 아이디어의 작성을 통해 해결	분석, 논리, 귀납과 같은 논리적 방법을 통해 해결
해답 수	해답의 수가 많으며, 많은 답 가운데 보다 나은 것을 선택	답의 수가 적으며, 한정되어 있음
주요 특징	주관적, 직관적, 감각적, 정성적, 개별적, 특수성	객관적, 논리적, 정량적, 이성적, 일반적, 공통성

(3) 문제의 유형

① **기능에 따른 문제 유형** : 제조문제, 판매문제, 자금문제, 인사문제, 경리문제, 기술상 문제

② **해결방법에 따른 문제 유형** : 논리적 문제, 창의적 문제

③ **시간에 따른 문제유형** : 과거문제, 현재문제, 미래문제

④ **업무수행과정 중 발생한 문제유형**

구분	내용
발생형 문제 (보이는 문제)	• 눈앞에 발생되어 당장 걱정하고 해결하기 위해 고민하는 문제 • 눈에 보이는 이미 일어난 문제, 원인지향적인 문제
탐색형 문제 (찾는 문제)	• 현재의 상황을 개선하거나 효율을 높이기 위한 문제 • 눈에 보이지 않는 문제, 잠재문제, 예측문제, 발견문제
설정형 문제 (미래 문제)	• 미래상황에 대응하는 장래의 경영전략의 문제 • 앞으로 어떻게 할 것인가 하는 문제 • 목표 지향적 문제, 창조적 문제

자원관리능력

(1) 자원관리능력이란?

자원관리능력은 직장생활에서 시간, 예산, 물적자원, 인적자원 등의 자원 가운데 무엇이 얼마나 필요한지를 확인하고, 이용 가능한 자원을 최대한 수집하여 실제 업무에 어떻게 활용할 것인지를 계획하고, 계획대로 업무 수행에 이를 할당하는 능력이다.

(2) 자원의 종류

시간관리능력	기업 활동에서 필요한 시간자원을 파악하고, 시간자원을 최대한 확보하여 실제 업무에 어떻게 활용할 것인지에 대한 시간계획을 수립 · 관리하는 능력
예산관리능력	기업 활동에서 필요한 예산을 파악하고, 예산을 최대한 확보하여 실제 업무에 어떻게 활용할 것인지에 대한 예산계획을 수립 · 관리하는 능력
물적자원관리능력	기업 활동에서 필요한 물적자원을 파악하고, 물적자원을 최대한 확보하여 실제 업무에 어떻게 활용할 것인지에 대한 계획을 수립 · 관리하는 능력
인적자원관리능력	기업 활동에서 필요한 인적자원을 파악하고, 인적자원을 최대한 확보하여 실제 업무에 어떻게 배치할 것인지에 대한 예산계획을 수립하고, 이에 따른 인적자원을 효율적으로 배치하여 관리하는 능력

(3) 자원관리의 과정

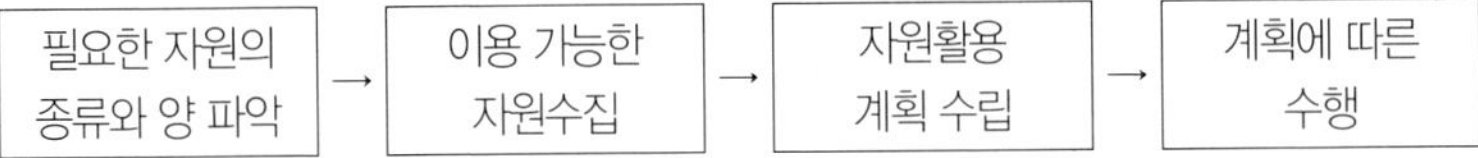

(4) 자원의 낭비 요인

① **비계획적 행동** : 자원 활용에 대한 계획 없이 즉흥적으로 행동하는 경우

② **편리성 추구** : 자신의 편리함을 최우선으로 추구하는 경우

③ **자원에 대한 인식 부재** : 자신이 중요한 자원을 가지고 있다는 인식이 없는 경우

④ **노하우 부족** : 자원관리의 중요성은 알고 있으나 효과적으로 수행하는 방법을 알지 못하는 경우

조직이해능력

(1) 조직이해능력이란?

- 직업인이 속한 조직의 경영과 체제업무를 이해하고, 직장생활과 관련된 국제감각을 가지는 능력이다.
- 조직은 두 사람 이상이 공동의 목표를 달성하기 위해 의식적으로 구성된 상호작용과 조정을 행하는 행동의 집합체이다.
- 기업은 직장생활을 하는 대표적인 조직으로 노동, 자본, 물자, 기술 등을 투입하여 제품이나 서비스를 산출하는 기관이다.

(2) 조직의 유형

공식성	공식조직	조직의 규모, 기능, 규정이 조직화된 조직
	비공식조직	인간관계에 따라 형성된 자발적 조직
영리성	영리조직	사기업 등
	비영리조직	정보조직, 병원, 대학, 시민단체 등
조직 규모에 따른 유형	소규모 조직	가족 소유의 상점 등
	대규모 조직	대기업 등

(3) 경영이란?

조직의 목적을 달성하기 위한 전략, 관리, 운영활동

① **경영의 구성요소**

- **경영목적** : 조직의 목적을 달성하기 위한 방법이나 과정
- **인적자원** : 조직의 구성원, 인적자원의 배치와 활용
- **자금** : 경영활동에 요구되는 돈, 경영의 방향과 범위 한정
- **경영전략** : 변화하는 환경에 적응하기 위한 경영활동 체계화

② **경영자의 역할**

경영자는 조직의 전략, 관리 및 운영활동을 주관하며, 조직구성원들과 의사결정을 통해 조직이 나아갈 방향을 제시하고 조직의 유지와 발전에 대해 책임을 지는 사람이다.

NH 지역농협 6급 직업기초능력평가

제1회

NH 지역농협 6급 직업기초능력평가

01 **NH농협은행과 관련한 다음 기사 내용에 대한 설명으로 옳지 않은 것은?**

NH농협은행, 모바일 앱 'NH스마트고지서'을 통한 간편 납부 서비스 개설

NH농협은행은 지난 22일 모바일 앱 'NH스마트고지서'에서 학원비 청구서를 간편하게 받고 즉시 납부할 수 있는 서비스를 오픈했다고 25일 밝혔다. NH스마트고지서는 국세 · 지방세, 범칙금, 아파트관리비, NH농협카드, NH농협생명 등 각종 청구서 및 안내장을 스마트 폰으로 자동알림 받고, 즉시 납부 가능한 앱 서비스이다.

'NH스마트고지서'를 통해 학원비를 납부할 경우 학부모 입장에서는 학원을 직접 방문하거나 자녀에게 현금을 보낼 필요가 없이 보다 안전하고 간편하게 학원비 납부가 가능하다고 은행 측은 설명했다. 학원 입장에서는 효율적인 수납관리와 당일 자금정산이 가능하다. 이 서비스는 기존의 신용카드 결제망이 아닌 농협계좌기반으로 고객과 학원 간에 결제대금을 직접 송금하는 '밴리스(Vanless) 결제모델'을 사용하여 기존의 신용카드 결제수수료를 0.8%~2.0%에서 0.7%로 낮출 수 있는 큰 장점이 있다.

농협은행 담당자는 "연말까지 납부 가능한 학원수를 900개까지 늘려서 보다 많은 고객들이 이용할 수 있도록 학원비 밴리스(Vanless) 결제를 확대할 계획"이며, "또한, 오는 7월에 'NH스마트고지서' 100만 명 돌파를 기념하는 이벤트를 실시 할 예정"이라고 말했다.

① NH스마트고지서는 모바일 앱을 통해 청구서를 즉시 납부할 수 있는 서비스이다.

② NH스마트고지서로 학원비를 납부하는 경우 학부모와 학원 모두 납부와 수납이 편리하다는 장점이 있다.

③ NH스마트고지서를 통해 세금 청구서뿐만 아니라 아파트관리비나 카드 청구서도 문자 서비스를 받을 수 있다.

④ NH스마트고지서는 신용카드 결제망을 통해 결제대금을 송금함으로써 결제수수료를 0.1% 이상 인하하는 효과가 있다.

⑤ 농협은행은 NH스마트고지서를 활용할 수 있는 학원수를 늘림으로써 서비스를 확대할 계획이다.

정답 해설 둘째 단락 후반부에서 '이 서비스는 기존의 신용카드 결제망이 아닌 농협계좌기반으로 고객과 학원 간에 결제대금을 직접 송금하는 '밴리스(Vanless) 결제모델'을 사용하여'라고 했는데, 이를 통해 NH스마트고지서 서비스가 기존의 신용카드 결제망을 이용해 결제대금을 송금하는 것이 아님을 알 수 있다. 따라서 ④는 옳지 않은 설명이다.

오답 해설 ① 첫 번째 문장의 '모바일 앱 'NH스마트고지서'에서 학원비 청구서를 간편하게 받고 즉시 납부할 수 있는 서비스'에서 알 수 있는 내용이다.

② 둘째 단락의 "NH스마트고지서'를 통해 학원비를 납부할 경우 학부모 입장에서는 학원을 직접 방문하거나 자녀에게 현금을 보낼 필요가 없이 보다 안전하고 간편하게 학원비 납부가 가능하다', '학원 입장에서는 효율적인 수납관리와 당일 자금정산이 가능하다'라는 내용을 통해 알 수 있다.

③ 첫째 단락의 'NH스마트고지서는 국세 · 지방세, 범칙금, 아파트관리비, NH농협카드, NH농협생명 등 각종 청구서 및 안내장을 스마트 폰으로 자동알림 받고, 즉시 납부 가능한 앱 서비스이다'에서 제시된 내용이다.

⑤ 셋째 단락의 '농협은행 담당자는 "연말까지 납부 가능한 학원수를 900개까지 늘려서 보다 많은 고객들이 이용할 수 있도록 학원비 밴리스(Vanless) 결제를 확대할 계획'에 제시된 내용이다.

02 다음 글의 내용에 부합하지 않는 것은?

은하수로부터 오는 전파는 일종의 잡음으로 나타나는데, 천둥이 치는 동안 라디오에서 들리는 배경 잡음과 흡사하다. 전파 안테나에 잡히는 전파 잡음은 전파 안테나 자체의 구조에서 생기는 잡음, 안테나의 증폭회로에서 불가피하게 생기는 잡음, 지구의 대기에서 생기는 잡음과 쉽게 구별되지 않는다. 별처럼 작은 전파원의 경우는 안테나를 파원 쪽으로 돌렸다가 다시 그 부근의 허공에 번갈아 돌려보며 비교함으로써 안테나의 구조나 지구의 대기에서 비롯되는 잡음을 제거할 수 있다. 이러한 잡음은 안테나가 파원을 향하는지 또는 파원 주위의 허공을 향하는지에 상관없이 거의 일정하기 때문이다.

펜지어스와 윌슨은 은하수로부터 오는 고유한 전파를 측정하려 했기 때문에, 장치 내부에서 생길 수 있는 일체의 잡음을 확인하는 것이 중요했다. 그들은 이 문제를 해결하기 위해 '냉부하 장치'라는 것을 사용했다. 이것은 안테나의 전파 출력을 냉각된 인공 파원에서 나오는 출력과 비교하는 것인데, 이를 통해 증폭회로에서 불가피하게 생긴 잡음을 쉽게 찾아낼 수 있다.

펜지어스와 윌슨은 지구의 대기로부터 전파 잡음이 발생할 수 있지만, 그것은 안테나의 방향에 따라 차이가 날 것이라고 예상했다. 실제로 그 잡음은 안테나가 가리키는 방향의 대기의 두께에 비례한다. 예를 들어, 안테나가 천정(天頂) 쪽을 향하면 더 작고, 지평선 쪽을 향하면 더 크다. 이렇게 생기는 잡음은 별의 경우처럼 안테나의 방향을 바꾸어 봄으로써 찾아낼 수 있다. 이 잡음을 빼고 나면, 이로부터 안테나의 구조에서 생기는 잡음이 무시할 수 있을 정도로 작다는 것을 확인할 수 있다.

1964년 봄, 펜지어스와 윌슨은 놀랍게도 7.35센티미터의 파장에서 방향에 무관하게 상당한 양의 전파 잡음이 잡힌다는 것을 알았다. 그들은 또 이 전파 잡음이 하루 종일 그리고 계절의 변화와 무관하게 늘 일정하다는 것을 발견했다. 관측된 전파 잡음이 방향과 무관하다는 사실은 이 전파가 펜지어스와 윌슨의 원래 기대와는 달리 은하수가 아니라 우주의 훨씬 더 큰 부분에서 온다는 것을 아주 강하게 암시했다.

① 지구 대기에 의해 발생하는 잡음은 방향 의존성을 갖는다.
② '냉부하 장치'를 사용하면 안테나의 구조 때문에 발생하는 잡음이 없어진다.
③ 펜지어스와 윌슨은 은하수가 고유한 전파를 방출하고 있을 것으로 예상했다.
④ 지구의 공전 및 자전과 관계없이 7.35센티미터의 파장에서 전파 잡음이 감지된다.

⑤ 전파원과 그 주변의 허공에서 나오는 전파를 비교하여 전파원의 고유 전파를 더 정확하게 알 수 있다.

정답 해설 둘째 단락에서 '펜지어스와 윌슨은 은하수로부터 오는 고유한 전파를 측정하려 했기 때문에, 장치 내부에서 생길 수 있는 일체의 잡음을 확인하는 것이 중요했다. 그들은 이 문제를 해결하기 위해 '냉부하 장치'라는 것을 사용했다. … 이를 통해 증폭회로에서 불가피하게 생긴 잡음을 쉽게 찾아낼 수 있다'라고 하였는데, 여기서 '냉부하 장치'가 잡음을 없애는 장치가 아니라 발생한 잡음을 찾아내기 위한 장치라는 것을 알 수 있다. 따라서 ②의 내용은 글의 내용과 부합하지 않는다.

오답 해설
① 셋째 단락 전반부에서 '펜지어스와 윌슨은 지구의 대기로부터 전파 잡음이 발생할 수 있지만, 그것은 안테나의 방향에 따라 차이가 날 것이라고 예상했다. 실제로 그 잡음은 안테나가 가리키는 방향의 대기의 두께에 비례한다'라고 하였는데, 이를 통해 지구 대구에 의해 발생하는 잡음은 방향 의존성을 갖는다는 것을 알 수 있다. 따라서 ①은 글의 내용에 부합한다.
③ 둘째 단락의 첫 문장에서 '펜지어스와 윌슨은 은하수로부터 오는 고유한 전파를 측정하려 했기 때문에'라고 하였으므로, 그들은 은하수가 고유한 전파를 방출한다고 예상했음을 알 수 있다.
④ 넷째 단락의 '1964년 봄, 펜지어스와 윌슨은 놀랍게도 7.35센티미터의 파장에서 방향에 무관하게 상당한 양의 전파 잡음이 잡힌다는 것을 알았다. 그들은 또 이 전파 잡음이 하루 종일 그리고 계절의 변화와 무관하게 늘 일정하다는 것을 발견했다'라는 내용에 부합하는 내용이다.
⑤ 첫째 단락의 후반부에서 '별처럼 작은 전파원의 경우는 안테나를 파원 쪽으로 돌렸다가 다시 그 부근의 허공에 번갈아 돌려보며 비교함으로써 안테나의 구조나 지구의 대기에서 비롯되는 잡음을 제거할 수 있다'라고 하였는데, 이를 통해 전파원과 그 주변의 허공에서 나오는 전파를 비교함으로써 고유 전파를 더 정확하게 파악할 수 있다는 것을 알 수 있다. 따라서 ⑤도 글의 내용과 부합한다.

03 **19세기 유럽의 경제성장에 대한 보고서를 작성하기 위해 관련된 〈경제 이론〉과, 19세기 유럽 경제에 관한 〈역사적 사실〉을 다음과 같이 수집 · 정리하였다. 〈경제 이론〉과 〈역사적 사실〉로부터 추론할 수 없는 것은?**

〈경제 이론〉

1. 생산 요소는 자원 · 노동 · 자본으로 삼분할 수 있다.
2. 생산성의 결정요인 중 인적자본은 지식 또는 숙련에 대한 투자에서 창출된다.
3. 인구는 기하급수적으로 증가하나 식량 공급은 산술급수적으로 증가하는 경향이 있기 때문에 결국 인간은 최저생활수준을 영위할 수밖에 없다.
4. 경제성장을 분석하기 위해서는 생산의 결정요인을 다양하게 분류할 필요가 있다. 총생산은 자원 · 인구 · 자본 · 기술 · 제도의 함수로 상정될 수 있다.
5. 한 사회가 자원을 최대한 사용하고 있을 경우, 경제성장을 위해서는 생산성을 높이는 기술적 · 제도적 측면에서 혁신이 필요하다.
6. 농업 생산성이 증가하면 적은 노동력만 농업 부문에 투입할 수 있게 되어 타 부문에 투입될 수 있는 잉여노동력이 생기게 된다.

〈역사적 사실〉

㉠ 유럽의 인구는 1730년경부터 증가하기 시작하여 19세기에 들어서 약 2억 명에 달하였다.

㉡ 유럽에는 광물자원이 풍부하고, 새로운 자원 확보를 위한 활동도 활발하였다. 한편 의무교육의 원리가 프랑스 혁명에 의해 보급되었으나, 19세기 말까지는 유럽 각국에서 큰 발전을 이루지는 못했다.

㉢ 증기기관의 제작기술은 19세기에 들어 중대한 발전을 이룩하여 증기기관의 동력과 열효율이 대폭 증대되었다.

㉣ 프랑스 혁명으로 봉건제의 잔재가 일소되었으며, 나폴레옹 법전에 의하여 보다 합리적인 법률 제도가 구축되었다.

① 19세기 유럽의 경제성장의 원인으로 인적자본의 축적에 의한 생산성 증가를 제시하기는 어렵다.

② 19세기 유럽의 경제성장은 풍부한 인구와 자원을 바탕으로 기술 · 제도적 혁신이 뒷받침되어 가능하였다.

③ 경제 이론 4와 5를 따른다면 경제 이론 1은 19세기 유럽 경제성장의 주요 원인을 충분히 설명할 수 없다.

④ 19세기 유럽에서 경제 이론 3에 의한 현상이 〈역사적 사실〉에 나타나지 않은 것은 경제 이론 4 또는 5에 의해서 설명할 수 있다.

⑤ 19세기 유럽의 경제성장의 원인으로 농업 생산성 증가로 인한 농업 종사자 비율 감소가 타 산업 부문의 성장을 유발한 것을 들 수 있다.

1DAY 2DAY 3DAY

정답 해설 〈경제 이론 6〉에서는 '농업 생산성이 증가하면 적은 노동력만 농업 부문에 투입할 수 있게 되어 타 부문에 투입될 수 있는 잉여노동력이 생기게 된다'라고 하였다. 그런데 〈역사적 사실〉에서 19세기 유럽의 농업 생산성 증가로 인한 농업 종사자 비율 감소나 타 산업 부문의 성장 유발에 관한 내용은 전혀 언급되지 않았다. 따라서 ⑤의 경우 제시된 〈경제 이론〉과 〈역사적 사실〉에서 추론할 수 없는 내용에 해당한다.

오답 해설 ① 〈경제 이론 2〉에서는 '인적자본은 지식 또는 숙련에 대한 투자에서 창출된다'라고 하였는데, 〈역사적 사실 ㉡〉에서는 '의무교육의 원리가 프랑스 혁명에 의해 보급되었으나, 19세기 말까지는 유럽 각국에서 큰 발전을 이루지는 못했다'라고 하였으므로, 19세기 유럽에서는 인적자본 창출을 위한 투자가 제대로 이루어지지 못했다는 것을 알 수 있다. 따라서 19세기 유럽의 경제성장의 원인으로 인적자본의 축적에 의한 생산성 증가를 제시하기는 어려우므로, ①은 추론할 수 있는 내용이다.

② 〈경제 이론 4〉에서는 '경제성장을 분석하기 위해서는 생산의 결정요인을 다양하게 분류할 필요가 있다. 총생산은 자원 · 인구 · 자본 · 기술 · 제도의 함수로 상정될 수 있다'라고 하였고, 〈역사적 사실〉에서는 19세기 유럽의 인구 증가와 풍부한 광물 자원, 증기기관 제작기술의 발전, 봉건제의 잔재 일소와 합리적 법률 제도의 구축 등이 이루어졌다고 했으므로, ②도 추론할 수 있는 내용이 된다.

③ 〈경제 이론 4〉와 〈경제 이론 5〉는 경제성장을 분석하기 위해서는 생산의 결정요인을 다양하게 분류할 필요가 있으며, 경제성장을 위해서는 생산성을 높이는 기술적 · 제도적 측면에서 혁신이 필요하다는 것이다. 따라서 이 이론들에 따른다면, 생산 요소는 자원 · 노동 · 자본으로 삼분할 수 있다고 한 〈경제 이론 1〉은 19세기 유럽 경제성장의 주요 원인을 충분히 설명할 수 없게 된다. 따라서 ③도 추론 가능한 내용이다.

④ 〈경제 이론 3〉은 '인구는 기하급수적으로 증가하나 식량 공급은 산술급수적으로 증가하는 경향이 있기 때문에 결국 인간은 최저생활수준을 영위할 수밖에 없다'는 것인데, 19세기 유럽에서 이러한 현상이 〈역사적 사실〉에 나타나지 않은 것은, 생산의 결정요인이 인구 외에도 다양하게 분류될 수 있다거나 생산성을 높이는 기술적 · 제도적 측면에서 혁신이 이루어졌다는 것으로 설명할 수 있다. 따라서 ④도 추론할 수 있는 내용이 된다.

정답 03 ⑤

04 다음 글을 읽은 독자의 반응으로 적절한 것은?

인문학은 세상에 대한 종합적이고 비판적인 해석과 시각을 제공한다. 인문학이 해석하는 세상은 지금 우리가 살고 있는 세상이다. 현대 사회는 사회의 복잡성이 비교할 수 없을 정도로 증가함에 따라 위험과 불확실성이 커졌으며, 다양한 정보 통신 기술이 정보와 지식의 생산, 유통, 소비를 혁신적으로 바꾸면서 사람들 사이의 새로운 상호 의존 관계를 만들어낸다는 점에서 과거와는 다른 차별성을 지니고 있다. 이것은 현대 사회가 불확실하고 복잡하며 매일 매일 바쁘게 돌아가는 세상이 되었다는 것, 나아가 지구 구석구석에 존재하는 타인과의 상호 관계가 내 삶에 예기치 못한 영향을 미치는 세상이 되었다는 것을 의미한다. 이러한 세상을 살아가는 데에 인문학은 실질적인 지침을 제공해야 한다.

① 현대 사회에서 인문학이 담당해야 할 역할에 대해 말하고 있어.
② 정보 통신 기술은 과거보다 사람들 간의 의존성을 더 심화시키고 있어.
③ 현대 사회의 문제점을 부각시키면서 바람직한 해결 방안을 구체화하고 있어.
④ 과거와 현대 사회의 모습을 구체적으로 대조하면서 현대 사회의 특징을 드러내고 있어.
⑤ 사회의 복잡성으로 인해 타인과의 소통에 장애가 생긴다는 점을 현대 사회의 주요한 특징으로 말하고 있어.

정답해설 제시된 글의 앞부분에서 '인문학은 세상에 대한 종합적이고 비판적인 해석과 시각을 제공한다. 인문학이 해석하는 세상은 지금 우리가 살고 있는 세상이다'라고 하였고, 마지막 문장에서 '이러한 세상을 살아가는 데에 인문학은 실질적인 지침을 제공해야 한다'라고 하였으므로, 이 글은 인문학이 오늘날의 세상에서 어떠한 역할을 수행하고 있는지에 대해 말하고 있다는 것을 알 수 있다. 따라서 가장 적합한 독자의 반응은 ①이다.

오답해설 ② 정보 통신 기술이 사람들 사이의 새로운 상호 의존 관계를 만들어내는 것은 사실이지만, 이것은 현대 사회의 변화된 모습을 설명하는 사례의 하나에 불과하다. 제시된 글은 불확실하고 복잡한 현대 사회에서 인문학이 어떠한 역할을 수행해야 하는가에 대해 언급하고 있다.

③ 현대 사회의 복잡성 증가로 위험과 불확실성이 커졌다는 점에서 현대 사회의 문제점이 언급되었다고 볼 수는 있으나, 그에 대한 바람직한 해결 방안이 구체화된 것은 아니다. 여기서는 이러한 현대 사회의 현실에서 인문학이 담당해야 할 역할에 대해 말한 것이므로, 독자의 반응도 이러한 인문학의 역할에 주목하는 것이 가장 적절하다.

④ 과거와 현대 사회의 모습을 대비시키고 있으나 이를 구체적으로 대조한다고 보기는 어려우며, 글의 핵심 내용도 아니다.

⑤ 글 후반부에서 '타인과의 상호 관계가 내 삶에 예기치 못한 영향을 미치는 세상이 되었다'라고 했으므로, 사회의 복잡성으로 인해 타인과의 소통에 장애가 생긴다는 내용은 옳지 않다. 따라서 내용도 적절하지 않고 글의 핵심내용과도 관련이 없으므로, 독자의 반응으로 볼 수 없다.

05 다음 글의 제목으로 가장 적절한 것은?

평화로운 시대에 시인의 존재는 문화의 비싼 장식일 수 있다. 그러나 시인의 조국이 비운에 빠졌거나 통일을 잃었을 때 시인은 장식의 의미를 떠나 민족의 예언가가 될 수 있고, 민족혼을 불러일으키는 선구자적 지위에 놓일 수도 있다. 예를 들면 스스로 군대를 가지지 못한 채 제정 러시아의 가혹한 탄압 아래 있던 폴란드 사람들은 시인의 존재를 민족의 재생을 예언하고 굴욕스러운 현실을 탈피하도록 격려하는 예언자로 여겼다. 또한 통일된 국가를 가지지 못하고 이산되어 있던 이탈리아 사람들은 시성 단테를 유일한 '이탈리아'로 숭앙했고, 제1차 세계대전 때 독일군의 잔혹한 압제 하에 있었던 벨기에 사람들은 베르하렌을 조국을 상징하는 시인으로 추앙하였다.

① 시인의 생명
② 시인과 조국의 운명
③ 시인의 예언가적 지위
④ 시인의 애국심
⑤ 시인의 사명(使命)

정답 해설 제시된 글의 앞부분에서 시인은 처한 시대 상황에 따라 그 지위나 역할이 달라질 수 있다는 것을 언급하고 있다. 즉, 평화로운 시대에는 시인의 존재가 문화의 비싼 장식이 되며, 조국이 비운에 빠지거나 통일을 상실한 경우 민족의 예언가가 되거나 민족혼을 불러일으키는 선구자가 될 수 있다고 하였다. 그리고 이후의 내용은 국가가 어려운 시기에 처한 경우 민족의 예언가, 또는 조국의 통일과 저항을 상징하는 역할을 수행한 시인의 예를 들고 있다. 따라서 이 글의 제목으로 가장 적절한 것은 '시인의 사명(使命)'이다. 사명은 '맡겨진 임무'를 뜻하는 말로, 시인은 조국과 민족이 처한 어려운 상황에서 어떠한 역할을 수행해야 하는가와 관련된 말이라 할 수 있다.

정답 04 ① | 05 ⑤

06 다음 글에 대한 설명으로 가장 적절한 것은?

사회자 : 이번 시간에는 '유명인의 사생활 보장이 국민의 알권리에 우선되어야 하는가?'를 논제로 하여 찬반 양측 토론자 각 두 분씩과 배심원들을 모시고 토론해 보겠습니다. 토론자 두 분은 인사를 나누시죠!

사회자 : 그럼, 먼저 찬성 측 첫 번째 토론자가 자신들의 입장과 그 이유에 대하여 입론해 주십시오.

찬성 측 토론자 : 저희 측에서는 국민의 알권리보다 유명인의 사생활 보호가 우선이라고 생각합니다. 여기서 '유명인'은 말뜻 그대로 사회적으로 널리 알려진 사람을 가리킵니다. 또 '사생활'은 개인의 사적인 생활 영역과 그와 관련된 개인적인 정보 등을 포함하는 개념이며, '알권리'는 국민이 공공의 이익을 위해서 정보를 요구할 수 있는 권리입니다. 여기서 '사생활'은 '개인의 사적인 생활 영역'에 관계되므로, '알권리'의 대상에 해당하지 않습니다. '알권리'란 공공의 문제에 적용되는 개념 아닙니까? 유명인의 사생활은 공적활동이 아니므로 알권리의 대상에 해당되지 않습니다. 또한 사생활을 보장받을 권리는 한 인간으로서 부여받은 가장 기본적인 권리입니다. 사생활을 보장받을 최소한의 인권은 보장되어야 합니다.

사회자 : 찬성 측의 입론을 잘 들었습니다. 이어서 반대 측에서 준비해 온 입론을 듣겠습니다.

반대 측 토론자 : 저희는 유명인의 사생활보다 국민의 알권리가 우선이라고 봅니다. 여기서 '유명인'은 그 지명도를 바탕으로 사회에 큰 영향력을 행사하는 사람이고, '사생활'과 '알권리'는 찬성 측의 개념과 같습니다. 우리는 유명인이 유명하다는 것 자체보다도 사회에 큰 영향력을 행사한다는 점에 주목해야 한다고 생각합니다. 유명 정치인의 경우, 그가 사적으로 어떤 말을 하고 행동을 하는지가 정치활동의 형태로 공공에 영향을 미칠 수 있습니다. 유명연예인 또한 그의 행동 하나하나가 사회에 큰 영향을 끼치지 않습니까? 그가 감추고 싶은 비밀이라도 공익을 위해 필요하다면 국민들이 알아야 합니다.

① 사회자가 토론자들의 발언 순서를 통제하고 있다.

② 사회자가 논제에 대한 자신의 찬반 여부를 표명하고 있다.

③ 찬성 측과 반대 측 모두 논제에 대한 상대방의 입장을 수용하고 있다.

④ 찬성 측은 입론 단계에서 논제와 관련된 구체적 사례를 제시하고 있다.

⑤ 반대 측은 기본적인 개념 정의에 있어 찬성 측과 차이를 보이고 있다.

정답 해설 사회자의 두 번째 대화('먼저 찬성 측 첫 번째 토론자가 자신들의 입장과 그 이유에 대하여 입론해 주십시오')와 세 번째 대화('이어서 반대 측에서 준비해 온 입론을 듣겠습니다')를 통해 토론자들의 발언 순서를 통제하고 있다는 것을 알 수 있다. 따라서 ①은 적절한 설명에 해당한다.

오답 해설 ② 사회자는 논제에 대한 자신의 찬반 여부를 표명하지 않았으므로, 적절하지 않은 설명이다.

③ 찬성 · 반대 측이 논제에 대한 상대방의 입장을 수용한 것은 아니므로, 적절한 설명이 아니다.

④ 찬성 측은 입론 단계에서 논제와 관련된 자신의 견해를 제시하고, '유명인', '사생활', '알권리' 등 기본적인 개념에 대해 정의하고 있으나, 논제와 관련된 구체적인 사례를 제시하지는 않았다.

⑤ 반대 측의 대화 중 '여기서 '유명인'은 그 지명도를 바탕으로 사회에 큰 영향력을 행사하는 사람이고, '사생활'과 '알권리'는 찬성 측의 개념과 같습니다'라고 하였는데, 이를 통해 반대 측은 '사생활', '알권리'의 경우 찬성 측의 개념 정의와 일치된다는 것을 알 수 있으므로, 적절한 설명으로 볼 수 없다.

1DAY 2DAY 3DAY

07 다음 글 다음에 나올 내용으로 가장 적절한 것은?

재작년이던가 여름날에 있었던 일이다. 날씨가 화창하여 밀린 빨래를 해치웠었다. 성미가 비교적 급한 나는 빨래를 하더라도 그날로 풀을 먹여 다려야지 그렇지 않으면 찜찜해서 심기가 홀가분하지 않다. 그날도 여름 옷가지를 빨아 다리고 나서 노곤해진 몸으로 마루에 누워 쉬려던 참이었다. 팔베개를 하고 누워서 서까래 끝에 열린 하늘을 무심히 바라보고 있었다. 그러다가 모로 돌아누워 산봉우리에 눈을 주었다. 갑자기 산이 달리 보였다. 하, 이것 봐라 하고 나는 벌떡 일어나, 이번에는 가랑이 사이로 산을 내다보았다. 우리들이 어린 시절 동무들과 어울려 놀이를 하던 그런 모습으로. 하늘은 호수가 되고 산은 호수에 잠긴 그림자가 되었다. 바로 보면 굴곡이 심한 산의 능선이 거꾸로 보니 훨씬 유장하게 보였다. 그리고 숲의 빛깔은 원색이 낱낱이 분해되어 멀고 가까움이 선명하게 드러나 얼마나 아름다운지 몰랐다. 나는 하도 신기해서 일어서서 바로 보다가 다시 거꾸로 보기를 되풀이 했다.

① 자연 속에서 무소유의 교훈을 찾아야 한다.
② 성실한 삶의 자세를 가져야 한다.
③ 종교적 의지를 통해 현실을 초월해야 한다.
④ 틀에 박힌 고정관념을 극복해야 한다.
⑤ 자연의 아름다움은 제대로 표현하기가 쉽지 않다.

정답 해설 제시된 글의 중반 부분에서 '그러다가 모로 돌아누워 산봉우리에 눈을 주었다. 갑자기 산이 달리 보였다. 하, 이것 봐라 하고 나는 벌떡 일어나, 이번에는 가랑이 사이로 산을 내다보았다'라고 하였고, 다음에 거꾸로 보는 새로운 모습을 묘사하고 있다. 그리고 글 마지막 문장에서 '나는 하도 신기해서 일어서서 바로 보다가 다시 거꾸로 보기를 되풀이했다'라고 하여, 거꾸로 봄으로써 얻는 새로운 모습에 대한 감흥을 다시 강조하고 있다. 이를 통해 볼 때, 이 글은 새로운 시각으로 사물을 다르게 볼 수 있다는 사실을 깨닫고 그에 대한 감흥을 묘사한 것이라 할 수 있다. 따라서 이 글 다음에 이어질 내용으로 가장 적절한 것은 ④이다. 즉, 선입견이나 고정관념에서 벗어나 새로움을 발견하는 일의 중요성을 강조한 것이 곧 이 글의 주제라 할 수 있다.

오답 해설 ① 무소유 또는 소유욕을 버리라는 내용은 제시된 글에서 언급되지 않은 내용이므로, 다음에 이어질 내용으로 보기도 어렵다.

② 제시된 글의 내용과 직접적인 관련이 없는 내용이다. 글에서 빨래를 하고 그날로 풀을 먹여야 홀가분하다는 내용은 '나'의 성격과 관련된 내용에 불과하며, 글의 중심적 내용도 아니다.

③ 거꾸로 보기를 통해 자연의 새로운 모습을 파악하는 내용에서 종교적 의지나 현실 초월의 모습을 파악하기는 어렵다.

⑤ 역시 글의 내용과 직접적인 관련이 없으므로, 글 다음에 나올 내용으로 볼 수도 없다.

08 다음 글의 중심 내용으로 가장 적절한 것은?

책 없이도 인간은 기억하고 생각하고 상상하고 표현한다. 그런데 책과 책 읽기는 인간이 이 능력을 키우고 발전시키는 데 중대한 차이를 가져온다. 책을 읽는 문화와 책을 읽지 않는 문화는 기억, 사유, 상상, 표현의 층위에서 상당히 다른 개인들을 만들어 내고, 상당한 질적 차이를 가진 사회적 주체들을 생산한다. 누구도 맹목적인 책 예찬자가 될 필요는 없다. 그러나 중요한 것은 인간을 더욱 인간적이게 하는 소중한 능력들을 지키고 발전시키기 위해서는 책은 결코 희생할 수 없는 매체라는 사실이다. 그 능력의 지속적 발전에 드는 비용은 싸지 않다. 무엇보다도 책 읽기는 손쉬운 일이 아니다. 거기에는 상당량의 정신 에너지가 투입돼야 하고, 훈련이 요구되고, 읽기의 즐거움을 경험하는 정신 습관의 형성이 필요하다.

① 인간의 기억과 상상의 표현
② 독서의 필요성과 어려움
③ 맹목적인 책 예찬론의 위험성
④ 독서 훈련을 통한 즐거움의 경험
⑤ 책 읽기 능력 개발에 드는 비용

1DAY 2DAY 3DAY

정답해설 제시된 글의 전반부에서는 '책을 읽는 문화와 책을 읽지 않는 문화는 기억, 사유, 상상, 표현의 층위에서 상당히 다른 개인들을 만들어 내고, 상당한 질적 차이를 가진 사회적 주체들을 생산한다'라고 하여, 책 읽기의 중요성과 필요성에 대해 언급하고 있다. 그리고 글 후반부에서는 '그 능력의 지속적 발전에 드는 비용은 싸지 않다. 무엇보다도 책 읽기는 손쉬운 일이 아니다. 거기에는 상당량의 정신 에너지가 투입돼야 하고, 훈련이 요구되고'라고 하여, 책 읽기가 손쉬운 일이 아니며 정신 에너지가 투입되고 훈련이 요구되는 일이라 하였다. 따라서 글의 중심 내용은 '책 읽기의 필요성(중요성)과 어려움'으로 요약할 수 있다. ②가 중심 내용으로 가장 적절하다.

오답해설 ① 인간의 기억과 상상의 표현은 책의 장점의 하나일 뿐이며 글의 중심 내용으로 볼 수는 없다.
③ 글 중반부에서 '누구도 맹목적인 책 예찬자가 될 필요는 없다'라고 하였을 뿐, 맹목적인 책 예찬론의 위험성에 대한 내용을 직접 언급한 것은 없다. 또한 이를 중심 내용으로 볼 수도 없다.
④ · ⑤ 책 읽기를 위한 정신 에너지의 투입과 훈련, 읽기의 즐거움 경험 등은 모두 독서의 어려움과 관련되는 하나의 예나 지엽적인 내용에 해당하며, 중심 내용으로 볼 수는 없다.

09 다음 글의 내용과 부합하지 않는 것은?

2007년부터 시작되어 역사상 유례없는 전 세계의 동시 불황을 촉발시킨 금융 위기로 신자유주의의 권위는 흔들리기 시작했고, 향후 하나의 사조로서 신자유주의는 더 이상 주류적 지위를 유지하지 못하고 퇴조해갈 것이 거의 확실하다. 경제정책으로서의 신자유주의 역시 앞으로 대부분의 국가에서 예전과 같은 지지를 받기는 어려울 것이다.

세계 각국은 금융 위기로부터의 탈출과 함께 조속한 경기 회복을 위한 대책을 강구하는 데 총력을 기울일 것이다. 이 과정에서 기존의 경제 시스템을 각국의 실정에 부합하도록 전환하기 위한 다양한 모색도 활발해질 것으로 보인다. 국가별로 내부 시스템의 전환을 위한 모색이 방향을 잡아감에 따라 새로운 국제 경제 질서에 대한 논의도 동시에 진행될 것이다.

그렇다면 각국은 내부 경제 시스템의 전환과 위기 탈출을 위해 어떤 선택을 할 수 있을까? 물론 모든 문제를 해결하는 보편적 해법은 없다. 변형된 신자유주의부터 1929년 대공황 이후 약 40년 간 세계 경제를 지배했던 케인즈주의, 신자유주의의 이식 정도가 낮아서 금융 위기의 충격을 덜 받고 있는 북유럽 모델, 그리고 남미에서 실험되고 있는 21세기 사회주의까지 대단히 폭넓은 선택지를 두고 생존을 위한 실험이 시작될 것이다.

그렇다면 우리나라는 신자유주의 이후의 모델을 어디서부터 모색할 것인가? 해답은 고전적 문헌 속이나 기상천외한 이론에 있지 않다. 경제는 오늘과 내일을 살아가는 수많은 사람들의 삶의 틀을 규정하는 문제이기 때문이다. 새로운 모색은 현재 벌어지고 있는 세계적 금융 위기의 현실과 경제 침체가 고용대란으로 이어질 가능성마저 보이고 있는 우리 경제의 현실에서 이루어져야 한다.

① 신자유주의의 권위는 세계적 불황을 촉발시킨 금융 위기로 인해 위협받고 있다.
② 우리는 신자유주의의 후속 모델을 현재의 세계적 금융 위기의 현실에서 찾아야 한다.
③ 신자유주의의 이식 정도가 낮은 북유럽에서는 금융 위기에 의한 충격을 상대적으로 덜 받고 있다.
④ 각국은 경제 위기를 극복하기 위해 새로운 단일 경제체제를 공동 개발하는 방안을 활발히 논의하고 있다.
⑤ 경기 회복 대책 수립 과정에서 기존의 경제 시스템을 새로운 시스템으로 전환하는 방안이 활발하게 검토될 것이다.

정답 해설 경제 위기 극복을 위해 단일 경제체제를 공동 개발하는 방안을 논의한다는 내용은 글에서 언급된 내용이 아니다. 경제 위기 극복을 위한 방안과 관련하여, 셋째 단락에서는 새로운 국제 경제 질서에 대한 논의가 진행될 것이지만 각국 내부의 경제 시스템의 전환 및 위기 탈출과 관련하여 모든 문제를 해결하는 보편적 해법은 없다고 하였다. 그리고 여러 사조나 이념, 경제 모델 등 폭넓은 선택지를 두고 실험이 계속될 것이라 전망하고 있다. 따라서 ④는 글의 내용과 부합된다고 볼 수 없다.

① 첫째 단락의 '2007년부터 시작되어 역사상 유례없는 전 세계의 동시 불황을 촉발시킨 금융 위기로 신자유주의의 권위는 흔들리기 시작했고, 향후 하나의 사조로서 신자유주의는 더 이상 주류적 지위를 유지하지 못하고 퇴조해갈 것이 거의 확실하다'라는 내용과 부합한다.

② 넷째 단락의 '그렇다면 우리나라는 신자유주의 이후의 모델을 어디서부터 모색할 것인가? … 새로운 모색은 현재 벌어지고 있는 세계적 금융 위기의 현실과 경제 침체가 고용대란으로 이어질 가능성마저 보이고 있는 우리 경제의 현실에서 이루어져야 한다'라는 내용과 부합된다.

③ 셋째 단락의 '신자유주의의 이식 정도가 낮아서 금융 위기의 충격을 덜 받고 있는 북유럽 모델'이라는 부분에서, 신자유주의의 이식 정도가 낮은 북유럽은 금융 위기의 충격을 상대적으로 덜 받았다는 것을 알 수 있다.

⑤ 둘째 단락의 '세계 각국은 금융 위기로부터의 탈출과 함께 조속한 경기 회복을 위한 대책을 강구하는 데 총력을 기울일 것이다. 이 과정에서 기존의 경제 시스템을 각국의 실정에 부합하도록 전환하기 위한 다양한 모색도 활발해질 것으로 보인다'라는 내용과 부합한다.

10 다음 글은 18세기 원자 이론의 한 형태이다. 글의 내용에서 추론할 수 있는 것을 〈보기〉에서 모두 고르면?

모든 물질은 일찍이 데모크리토스가 간파했던 것처럼 최소 단위인 원자들로 구성되어 있다. 그러나 원자의 종류는 세상에 존재하는 물질의 종류보다 적다. 즉 원자의 종류와 물질의 종류 사이에는 일대일 대응이 성립하지 않는다. 왜 그런가?

A, B, C 세 종류의 원자가 있다고 해 보자. 이 경우 먼저 한 종류의 원자로 이루어진 물질 (A), (B), (C)가 있다. A와 B가 결합하여 만들어지는 물질을 (A+B)로 표현하면, (A+C)와 (B+C)도 각각 물질의 종류가 될 것이고, 세 종류의 원자가 모두 포함된 (A+B+C)도 또 다른 물질이 된다. 결국 세 가지 원자로 만들 수 있는 물질의 종류는 모두 일곱 가지인 셈이다.

가장 단순하고 더 이상 나눌 수도 파괴할 수도 없는 최소의 알갱이인 원자는 종류마다 고유의 크기와 성질을 지니고 있다. 원자가 너무 작기 때문에 우리의 눈으로는 볼 수가 없지만 만일 원자를 볼 수 있는 도구가 개발된다면 우리는 그것들이 종류마다 특정한 형태를 가지고 있는 것을 발견할 수도 있다.

모든 원자가 다른 모든 종류의 원자들과 결합할 수 있는 것은 아닐지도 모른다. 만일 원자들의 결합이 이루어지기도 하고 실패하기도 한다면 그 이유는 필경 결합에 참여하는 원자들의 성질, 특히 그 원자의 입체적 모양이 서로의 결합을 용이하게 하는지 그렇지 않은지에 달려있다고 보아야 할 것이다.

보기

㉠ 네 종류의 원자로 만들 수 있는 물질의 종류는 모두 14가지이다.
㉡ 원자 A에 원자 B를 결합시켜 만든 물질과 원자 B에 원자 A를 결합시켜 만든 물질은 다른 종류이다.
㉢ 크기를 확실히 알 수 없는 어떤 미세한 알갱이가 특정한 물질에서 방출되는 것이 확인되었다 해도 그것이 원자 안에 들어있을 리는 없다.
㉣ 원자의 결합은 결합에 참여하는 원자들의 성질이나 모양에 따라 그 성패가 결정된다고 볼 수 있다.

① ㉠, ㉡
② ㉡, ㉣
③ ㉢, ㉣
④ ㉠, ㉡, ㉢
⑤ ㉠, ㉢, ㉣

㉢ 셋째 단락에서 원자는 '가장 단순하고 더 이상 나눌 수도 파괴할 수도 없는 최소의 알갱이'라고 하였으므로, 어떤 미세한 알갱이가 특정 물질에서 방출되는 것이 확인되었다 해도 그것이 원자 안에 들어있을 리는 없다고 볼 수 있다. 따라서 ㉢은 적절한 추론이 된다.

㉣ 넷째 단락에서 '만일 원자들의 결합이 이루어지기도 하고 실패하기도 한다면 그 이유는 필경 결합에 참여하는 원자들의 성질, 특히 그 원자의 입체적 모양이 서로의 결합을 용이하게 하는지 그렇지 않은지에 달려있다'라고 했으므로, 결합의 성패는 결국 원자들의 성질이나 입체적 모양에 따라 결정된다는 것을 알 수 있다. 따라서 ㉣도 적절한 추론이다.

오답해설 ㉠ 둘째 단락에서 제시한 설명대로 네 종류의 원자 A, B, C, D로 만들 수 있는 물질의 종류를 살펴보면, (A), (B), (C), (D), (A+B), (A+C), (A+D), (B+C), (B+D), (C+D), (A+B+C),

(A+B+D), (A+C+D), (B+C+D), (A+B+C+D)의 15가지가 있다. 따라서 ㉠의 추론은 옳지 않다.

㉡ 둘째 단락의 설명에 따를 때, 원자 A에 원자 B를 결합시켜 만든 물질 (A+B)와 원자 B에 원자 A를 결합시켜 만든 물질 (B+A)는 같은 종류에 해당한다. 따라서 ㉡도 적절한 추론이 아니다.

1DAY 2DAY 3DAY

[11~12] 다음 글을 읽고 물음에 알맞은 답을 고르시오.

디지털 이미지는 사용자가 가장 손쉽게 정보를 전달할 수 있는 멀티미디어 객체이다. 일반적으로 디지털 이미지는 화소에 의해 정보가 표현되는데, M×N 개의 화소로 이루어져 있다. 여기서 M과 N은 가로와 세로의 화소 수를 의미하며, M 곱하기 N을 한 값을 해상도라 한다.

무선 네트워크와 모바일 기기의 사용이 보편화되면서 다양한 스마트 기기의 보급이 진행되고 있다. 스마트 기기는 그 사용 목적이나 제조 방식, 가격 등의 요인에 의해 각각의 화면 표시 장치들이 서로 다른 해상도와 화면 비율을 가진다. 이에 대응하여 동일한 이미지를 다양한 화면 표시 장치 환경에 맞출 필요성이 발생했다. 하나의 멀티미디어의 객체를 텔레비전용, 영화용, 모바일 기기용 등 표준적인 화면 표시 장치에 맞추어 각기 독립적인 이미지 소스로 따로 제공하는 것이 아니라, 하나의 이미지 소스를 다양한 화면 표시 장치에 맞도록 적절히 변환하는 기술을 요구하고 있다.

이러한 변환 기술을 '이미지 리타겟팅'이라고 한다. 이는 A×B의 이미지를 C×D 화면에 맞추기 위해 해상도와 화면 비율을 조절하거나 이미지의 일부를 잘라 내는 방법 등으로 이미지를 수정하는 것이다. 이러한 수정에서 입력 이미지에 있는 콘텐츠 중 주요 콘텐츠는 그대로 유지되어야 한다. 즉 리타겟팅 처리 후에도 원래 이미지의 중요한 부분을 그대로 유지하면서 동시에 왜곡을 최소화하는 형태로 주어진 화면에 맞게 이미지를 변형하여야 한다. 이러한 조건을 만족하기 위해 ㉠ 다양한 접근이 일어나고 있는데, 이미지의 주요한 콘텐츠 및 구조를 분석하는 방법과 분석된 주요 사항을 바탕으로 어떤 식으로 이미지 해상도를 조절하느냐가 주요 연구 방향이다.

11 다음 중 글의 내용과 일치하지 않는 것은?

① 디지털 이미지는 가로와 세로의 화소 수에 따라 해상도가 결정된다.

② 무선 네트워크와 모바일 기술을 이용한 스마트 기기의 경우 그 사용 목적이나 제조 방식 등에 따라 화면 표시 장치의 해상도와 화면 비율이 다양하다.

③ 스마트 기기에 대응하기 위해서는 하나의 이미지 소스를 표준적인 화면 표시 장치에 맞추어 개별적으로 제공할 필요가 있다.

④ 이미지 리타겟팅은 이미지를 다양한 화면 표시 장치에 맞도록 변환하는 기술을 말한다.

⑤ 이미지 리타겟팅 처리 이후에도 이미지의 중요 콘텐츠는 그대로 유지하는 것이 필요하다.

정답해설 둘째 단락에서 '하나의 멀티미디어의 객체를 텔레비전용, 영화용, 모바일 기기용 등 표준적인 화면 표시 장치에 맞추어 각기 독립적인 이미지 소스로 따로 제공하는 것이 아니라, 하나의 이미지 소스를 다양한 화면 표시 장치에 맞도록 적절히 변환하는 기술을 요구하고 있다'라고 하였는데, 이를 통해 다양한 스마트 기기에 대응하기 위해서는 동일한 이미지를 다양한 화면 표시 장치라는 환경에 맞추어 적절히 변환하는 것이 필요하다는 것을 알 수 있다. 따라서 ③은 글의 내용과 일치하지 않는다.

오답해설 ① 첫째 단락의 '일반적으로 디지털 이미지는 화소에 의해 정보가 표현되는데, M×N 개의 화소로 이루어져 있다. 여기서 M과 N은 가로와 세로의 화소 수를 의미하며, M 곱하기 N을 한 값을 해상도라 한다'라는 내용과 일치되는 내용이다.

② 둘째 단락의 '무선 네트워크와 모바일 기기의 사용이 보편화되면서 다양한 스마트 기기의 보급이 진행되고 있다. 스마트 기기는 그 사용 목적이나 제조 방식, 가격 등의 요인에 의해 각각의 화면 표시 장치들이 서로 다른 해상도와 화면 비율을 가진다'라는 내용과 일치된다.

④ 둘째 단락의 마지막 문장과 셋째 단락의 첫 번째 문장에서 '하나의 이미지 소스를 다양한 화면 표시 장치에 맞도록 적절히 변환하는 기술을 요구하고 있다. 이러한 변환 기술을 '이미지 리타겟팅'이라고 한다'라고 하였는데, ④는 이와 일치되는 내용이다.

⑤ 셋째 단락의 '이러한 수정에서 입력 이미지에 있는 콘텐츠 중 주요 콘텐츠는 그대로 유지되어야 한다. 즉 리타겟팅 처리 후에도 원래 이미지의 중요한 부분을 그대로 유지하면서 동시에 왜곡을 최소화하는 형태로 주어진 화면에 맞게 이미지를 변형하여야 한다'라는 내용과 일치되는 내용이다.

12 다음 글의 ㉠의 사례로 보기 어려운 것은?

① 광고 사진에서 화면 전반에 걸쳐 흩어져 있는 콘텐츠를 무작위로 추출하여 화면을 재구성하는 방법

② 풍경 사진에서 전체 풍경에 대한 구도를 추출하고 구도가 그대로 유지될 수 있도록 해상도를 조절하는 방법

③ 인물 사진에서 얼굴 추출 기법을 사용하여 인물의 주요 부분을 왜곡하지 않고 필요 없는 부분을 잘라 내는 방법

④ 정물 사진에서 대상물의 영역은 그대로 두고 배경 영역에 대해서는 왜곡을 최소로 하며 이미지를 축소하는 방법

⑤ 상품 사진에서 상품을 충분히 인지할 수 있을 정도의 범위 내에서 가로와 세로의 비율을 화면에 맞게 조절하는 방법

1DAY 2DAY 3DAY

정답 해설 ㉠의 '다양한 접근'은 원래 이미지의 중요한 부분을 그대로 유지하면서 동시에 왜곡을 최소화하는 형태로 주어진 화면에 맞게 이미지를 변형하는 다양한 접근법을 말한다. 그런데 ①의 경우 화면 전반에 흩어져 있는 콘텐츠를 무작위로 추출하여 화면을 재구성하는 방법이므로, ㉠의 조건에 부합하는 사례로 볼 수 없다.

오답 해설
② 전체 풍경에 대한 구도가 그대로 유지될 수 있도록 풍경 사진의 해상도를 조절하는 방법은 원래 이미지의 중요 부분을 그대로 유지하면서 화면에 맞게 이미지를 변형하는 방법이 될 수 있으므로, ㉠의 다양한 접근에서 언급한 조건에 부합한다.
③ 인물 사진에서 인물의 주요 부분을 왜곡하지 않고 필요 없는 부분을 잘라 내는 방법도 ㉠의 조건에 부합하는 사례가 된다.
④ 정물 사진에서 대상물의 영역은 그대로 두고 배경 영역에 대한 왜곡을 최소로 하면서 이미지를 축소하는 방법도 ㉠의 조건에 부합하는 사례에 해당한다.
⑤ 상품 사진에서 상품을 충분히 인지할 수 있을 정도의 범위 내에서 가로 · 세로 비율을 조절하는 방법도 ㉠의 조건에 부합하는 사례가 된다.

정답 11 ③ | 12 ①

13 한 사회복지사가 〈보기〉를 토대로 근무지 인근의 빈민 지역에 거주하는 결식아동의 상황 개선을 위한 〈보고서〉를 작성하였다. 다음 〈보고서〉의 빈칸에 들어갈 내용으로 가장 적절한 것은?

보기

○○동 빈민 지역의 결식아동에게 밥을 제공하는 '△△복지원'을 후원하는 '□□□ 선교회'에서 해마다 여는 글잔치에 응모한 글의 심사를 맡았다가 빈민 지역에 거주하는 한 아이의 글을 읽게 되었다.

엔날 엔 하라버지 랑 도라가서서 아빠 엄마언니 박에 엄써다 그런대 점신시 간이다 돼다 그런데 밥 이업써다 그래서 엽집에서 밥을 먹 엇다 그래도 배 가고파 다 밥을 아무리 먹어 도배 가고 판다 병원에가 도문 이 잠겨져 잇 었다 그래서 집에 간는 대 아무 도업었다. (김◇◇, 7세)

Ⅰ. 현황 : 문제 제기

Ⅱ. 추진 단계 : 대책 마련을 위한 사전 조사

〈1단계〉 아동이 처한 환경 조사

〈2단계〉 아동이 도움 받을 수 있는 자원 조사 : 구체적 조사 항목

(　　　　　　　　　　　　　　　　　　)

〈3단계〉 아동에게 시급히 지원해야 할 문제 조사

Ⅲ. 해결 방안 및 대안

① 빈민 지역 결식아동의 상황 개선을 위해 담당 부서의 인원과 예산을 확보한다.

② 아이의 주변 이웃을 통해 도움과 후원이 가능한지 조사한다. 주변 이웃의 후원이 가능하다면 이웃의 후원을 자치단체를 통해 관리하도록 해당 부처에 협조를 요청한다.

③ 아이의 부모가 처한 경제적 문제를 해결하기 위한 근본 대책을 세우는 것이 시급하다. 이를 위해 결식아동 부모의 안정된 직업을 위한 취업 교육 프로그램을 활성화한다.

④ 아이가 거주하는 지역 내에 미취학 아동의 결식 문제를 해결하기 위한 시민 단체가 있는지 조사하고, 이와 관련하여 이 시민 단체와 아이를 연결시킬 수 있는 방안들의 우선순위를 정한다.

⑤ 어린이집 등 아이의 생활공간을 조사한다. 이를 통해 미취학 아동을 위한 해당 지역 사설 교육 시설에서 결식 문제에 대한 지원이나 후원이 어떻게 이루어지고 있는지 조사한다.

정답 해설 〈보기〉의 빈곤 지역 아동은 현재 제대로 식사를 하기 어려운 상태이며, 집이나 병원 등에서 아이를 보호하고 보살필 여건이 갖추어지지 않은 상태에 있음을 알 수 있다. 〈보고서〉의 빈칸은 이러한 결식 및 요보호아동에 대한 대책 마련을 위한 사전 조사로서, 아동이 도움을 받을 수 있는 자원의 조사 단계에 해당한다. 제시된 ①~⑤ 중 이러한 단계로 가장 적합한 것은 ⑤이다. 즉, 아이가 실제로 생활하는 공간을 조사함으로써 해당 지역의 시설이 미취학 아동의 결식 문제 해결이나 아동에 대한 지원 및 후원 등을 어떻게 수행하고 있는지를 조사하는 것이 필요하다는 것이다.

오답 해설 ①·②·③·④ 모두 '해결 방안 및 대안' 단계에 들어가는 것이 적절하다. 빈칸은 아동이 도움 받을 수 있는 자원에 대한 사전 조사 단계이므로, 아동의 결식 문제 등을 해결하기 위한 인원이나 예산의 확보, 후원, 경제적 근본 대책의 마련, 시민 단체와의 연계 등은 모두 이 단계에서 고려할 내용으로는 적절하지 않다.

정답 13 ⑤

14 다음 글에서 알 수 없는 것은?

현대 심신의학의 기초를 수립한 연구는 1974년 심리학자 애더에 의해 이루어졌다. 애더는 쥐의 면역계에서 학습이 가능하다는 주장을 발표하였는데, 그것은 면역계에서는 학습이 이루어지지 않는다고 믿었던 당시의 과학적 견해를 뒤엎는 발표였다. 당시까지는 학습이란 뇌와 같은 중추신경계에서만 일어날 수 있을 뿐 면역계에서는 일어날 수 없다고 생각했다.

애더는 시클로포스파미드가 면역세포인 T세포의 수를 감소시켜 쥐의 면역계 기능을 억제한다는 사실을 알고 있었다. 어느 날 그는 구토를 야기하는 시클로포스파미드를 투여하기 전 사카린 용액을 먼저 쥐에게 투여했다. 그러자 그 쥐는 이후 사카린 용액을 회피하는 반응을 일으켰다. 그 원인을 찾던 애더는 쥐에게 시클로포스파미드는 투여하지 않고 단지 사카린 용액만 먹여도 쥐의 혈류 속에서 T세포의 수가 감소된다는 것을 알아내었다. 이것은 사카린 용액이라는 조건자극이 T세포 수의 감소라는 반응을 일으킨 것을 의미한다.

심리학자들은 자극-반응 관계 중 우리가 태어날 때부터 가지고 있는 것을 '무조건자극-반응'이라고 부른다. '음식물-침 분비'를 예로 들 수 있고, 애더의 실험에서는 '시클로포스파미드-T세포 수의 감소'가 그 예이다. 반면에 무조건자극이 새로운 조건자극과 연결되어 반응이 일어나는 과정을 '파블로프의 조건형성'이라고 부른다. 애더의 실험에서 쥐는 조건형성 때문에 사카린 용액만 먹여도 시클로포스파미드를 투여 받았을 때처럼 T세포 수의 감소 반응을 일으킨 것이다. 이런 조건형성 과정은 경험을 통한 행동의 변화라는 의미에서 학습과정이라 할 수 있다.

이 연구 결과는 몇 가지 점에서 중요하다고 할 수 있다. 심리적 학습은 중추신경계의 작용으로 이루어진다. 그런데 면역계에서도 학습이 이루어진다는 것은 중추신경계와 면역계가 독립적이지 않으며 어떤 방식으로든 상호작용한다는 것을 말해준다. 이 발견으로 연구자들은 마음의 작용이나 정서 상태에 의해 중추신경계의 뇌세포에서 분비된 신경전달물질이나 호르몬이 우리의 신체 상태에 어떠한 영향을 끼치게 되는지를 더 면밀히 탐구하게 되었다.

① 애더의 실험에서 사카린 용액은 새로운 조건자극의 역할을 한다.
② 쥐에게 시클로포스파미드를 투여하면 T세포 수가 감소한다.
③ 애더의 실험 이전에는 중추신경계에서 학습이 가능하다는 것이 알려지지 않았다.

④ 애더의 실험은 면역계가 중추신경계와 상호작용할 수 있음을 보여준다.

⑤ 애더의 실험에서 사카린 용액을 먹은 쥐의 T세포 수가 감소하는 것은 면역계의 반응이다.

정답 해설 첫째 단락의 마지막 문장에서 '당시까지는 학습이란 뇌와 같은 중추신경계에서만 일어날 수 있을 뿐 면역계에서는 일어날 수 없다고 생각했다'라고 하였으므로, 애더의 실험 이전에는 중추신경계에서만 학습이 가능하다는 것이 알려져 있었음을 알 수 있다. 따라서 ③은 이 글을 통해 알 수 있는 내용으로 적절하지 않다.

오답 해설

① 첫째 단락의 마지막 문장인 '이것은 사카린 용액이라는 조건자극이 T세포 수의 감소라는 반응을 일으킨 것을 의미한다'라고 했으므로, 애더의 실험에서 사카린 용액이 새로운 조건자극의 역할을 했다는 것을 알 수 있다.

② 둘째 단락의 '애더는 시클로포스파미드가 면역세포인 T세포의 수를 감소시켜 쥐의 면역계 기능을 억제한다는 사실을 알고 있었다'라는 부분에서 알 수 있는 내용이다.

④ 넷째 단락에서 '그런데 면역계에서도 학습이 이루어진다는 것은 중추신경계와 면역계가 독립적이지 않으며 어떤 방식으로든 상호작용한다는 것을 말해준다'라고 하였는데, 이를 통해 애더의 실험이 면역계와 중추신경계가 상호작용한다는 것을 보여준 것임을 알 수 있다.

⑤ 첫째 단락에서 '애더는 쥐의 면역계에서 학습이 가능하다'라고 하였고, 이를 입증하기 위해 실시한 실험의 결과를 설명한 셋째 단락 후반부에서 '애더의 실험에서 쥐는 조건형성 때문에 사카린 용액만 먹어도 시클로포스파미드를 투여 받았을 때처럼 T세포 수의 감소 반응을 일으킨 것이다. 이런 조건형성 과정은 경험을 통한 행동의 변화라는 의미에서 학습과정이라 할 수 있다'라고 하였다. 그리고 넷째 단락에서 '그런데 면역계에서도 학습이 이루어진다는 것은 중추신경계와 면역계가 독립적이지 않으며 어떤 방식으로든 상호작용한다는 것을 말해준다'라고 하였다. 이를 종합해보면, 애더의 실험에서 사카린 용액을 먹은 쥐의 T세포 수가 감소하는 것은 면역계의 반응에 따른 것이며, 면역계가 중추신경계와 상호작용함으로써 이러한 학습이 이루어진다는 것을 알 수 있다. 따라서 ⑤도 이 글을 통해 알 수 있는 내용이 된다.

정답 14 ③

15 다음 글의 (가)~(다)에 대한 분석으로 옳은 것을 〈보기〉에서 모두 고르면?

바람직한 목적을 지닌 정책을 달성하기 위해 옳지 않은 수단을 사용하는 것이 정당화될 수 있는가? 공동선의 증진을 위해 일반적인 도덕률을 벗어난 행동을 할 수밖에 없을 때, 공직자들은 이러한 문제에 직면한다. 이에 대해서 다음과 같은 세 가지 주장이 제기되었다.

(가) 공직자가 공동선을 증진하기 위해 전문적 역할을 수행할 때는 일반적인 도덕률이 적용되어서는 안 된다. 공직자의 비난받을 만한 행동은 그 행동의 결과에 의해서 정당화될 수 있다. 즉 공동선을 증진하는 결과를 가져온다면 일반적인 도덕률을 벗어난 공직자의 행위도 정당화될 수 있다.

(나) 공직자의 행위를 평가함에 있어 결과의 중요성을 과장해서는 안 된다. 일반적인 도덕률을 어긴 공직자의 행위가 특정 상황에서 최선의 것이었다고 하더라도, 그가 잘못된 행위를 했다는 것은 부정할 수 없다. 공직자 역시 일반적인 도덕률을 공유하는 일반 시민 중 한 사람이며, 이에 따라 일반 시민이 가지는 도덕률에서 자유로울 수 없다.

(다) 민주사회에서 권력은 선거를 통해 일반 시민들로부터 위임 받은 것이고, 이에 의해 공직자들이 시민들을 대리한다. 따라서 공직자들의 공적 업무 방식은 일반 시민들의 의지를 반영한 것일 뿐만 아니라 동의를 얻은 것이다. 그러므로 민주사회에서 공직자의 모든 공적 행위는 정당화될 수 있다.

보기

㉠ (가)와 (나) 모두 공직자가 공동선의 증진을 위해 일반적인 도덕률을 벗어난 행위를 하는 경우는 사실상 일어날 수 없다는 것을 전제하고 있다.
㉡ 어떤 공직자가 일반적인 도덕률을 어기면서 공적 업무를 수행하여 공동선을 증진했을 경우, (가)와 (다) 모두 그 행위는 정당화될 수 있다고 주장할 것이다.
㉢ (나)와 (다) 모두 공직자도 일반 시민이라는 것을 주요 근거로 삼고 있다.

① ㉠ ② ㉡
③ ㉠, ㉢ ④ ㉡, ㉢
⑤ ㉠, ㉡, ㉢

㉡ (가)의 경우 '공직자가 공동선을 증진하기 위해 전문적 역할을 수행할 때는 일반적인 도덕률이 적용되어서는 안 된다. … 즉 공동선을 증진하는 결과를 가져온다면 일반적인 도덕률을 벗어난 공직자의 행위도 정당화될 수 있다'라고 하였으므로, 공직자가 일반적 도덕률을 어기면서 공동선을 증진했을 경우 그 행위는 정당화될 수 있다고 주장할 것임을 알 수 있다. 또한 (다)의 경우도 '공직자들의 공적 업무 방식은 일반 시민들의 의지를 반영한 것일 뿐만 아니라 동의를 얻은 것이다. 그러므로 민주사회에서 공직자의 모든 공적 행위는 정당화될 수 있다'라고 하였으므로, 공직자의 모든 공적 행위는 정당화될 수 있다고 주장한다는 것을 알 수 있다. 따라서 ㉡은 옳은 분석에 해당한다.

㉠ (가)와 (나)는 모두 공직자가 공동선 증진을 위해 일반적인 도덕률을 벗어난 행위를 하는 경우가 일어날 수 있다는 것을 전제로 하고 있다. 다만 이에 대해, (가)는 공직자가 공동선을 증진하기 위해 수행하는 행위는 일반적인 도덕률이 적용되어서는 안 된다고 주장하고 있으며, (나)는 공직자도 일반적인 도덕률을 공유하는 일반 시민의 한 사람이므로 그러한 행위는 잘못된 행위라 주장하고 있다는 점에서 차이가 있다. 따라서 ㉠은 옳지 않은 분석이다.

㉢ (나)의 경우는 '공직자 역시 일반적인 도덕률을 공유하는 일반 시민 중 한 사람이며'라고 했으므로, 공직자도 일반 시민에 해당한다고 보고 있음을 알 수 있다. 그러나 (다)의 경우 '공직자들의 공적 업무 방식은 일반 시민들의 의지를 반영한 것일 뿐만 아니라 동의를 얻은 것이다. 그러므로 민주사회에서 공직자의 모든 공적 행위는 정당화될 수 있다'라고 하여, 공직자는 단순히 일반 시민의 하나에 그치는 것이 아니라 공적 위임을 받아 공적 행위를 수행하는 사람에 해당하며, 따라서 일반 시민과 달리 공직자의 모든 공적 행위는 정당화될 수 있고 일반적인 도덕률로 판단할 것이 아니라고 주장하고 있다. 따라서 (다)는 공직자도 일반 시민이라는 것을 주요 근거로 삼고 있다고 볼 수 없으므로, ㉢도 옳지 않은 분석이 된다.

정답 15 ②

16 다음 문장들을 미괄식 문단으로 구성하고자 할 때 문맥상 전개 순서로 가장 옳은 것은?

㉠ 숨 쉬고 마시는 공기와 물은 이미 심각한 수준으로 오염된 경우가 많고, 자원의 고갈, 생태계의 파괴는 더 이상 방치할 수 없는 지경에 이르고 있다.

㉡ 현대인들은 과학 기술이 제공하는 물질적 풍요와 생활의 편리함의 혜택 속에서 인류의 미래를 낙관적으로 전망하기도 한다.

㉢ 자연 환경의 파괴뿐만 아니라 다양한 갈등으로 인한 전쟁의 발발 가능성은 도처에서 높아지고 있어서, 핵전쟁이라도 터진다면 인류의 생존은 불가능해질 수도 있다.

㉣ 이런 위기들이 현대 과학 기술과 밀접한 관계가 있다는 사실을 알게 되는 순간, 과학 기술에 대한 지나친 낙관적 전망이 얼마나 위험한 것인가를 깨닫게 된다.

㉤ 오늘날 주변을 돌아보면 낙관적인 미래 전망이 얼마나 가벼운 것인지를 깨닫게 해 주는 심각한 현상들을 쉽게 찾아볼 수 있다.

① ㉠ – ㉢ – ㉤ – ㉣ – ㉡
② ㉠ – ㉤ – ㉢ – ㉡ – ㉣
③ ㉡ – ㉣ – ㉤ – ㉠ – ㉢
④ ㉡ – ㉤ – ㉠ – ㉢ – ㉣
⑤ ㉢ – ㉠ – ㉣ – ㉤ – ㉡

정답 해설 미괄식(尾括式)은 주제문이나 글의 중심 문단이 글의 뒷부분에 오는 구성 방식을 말한다. 제시된 ㉠ ~ ㉤ 중 주제문 또는 중심 문장으로 가장 적합한 것은 ㉣이다. 과학 기술과 관련된 위기들을 알게 되는 순간 과학 기술에 대한 지나친 낙관적 전망이 무척 위험하다는 것을 깨닫게 된다는 것이다. 그리고 ㉣의 '이런 위기'에 해당하는 내용은 자연환경 파괴를 언급한 ㉠과, 전쟁으로 인한 인류 생존의 위험을 언급한 ㉢이 될 수 있다. 따라서 ㉠과 ㉢이 ㉣의 바로 앞에 온다는 것을 알 수 있다. 또한 ㉢의 '자연 환경의 파괴뿐만 아니라'라는 부분을 통해, ㉠이 문맥상 ㉢ 바로 앞에 온다는 것을 알 수 있다. 따라서 '㉠ – ㉢ – ㉣'이 적절한 전개 순서가 된다.

그리고 나머지 ㉡과 ㉤ 중, ㉤의 '낙관적인 미래 전망이 얼마나 가벼운 것인지'라는 부분을 통해 앞에서 미래에 대한 낙관적인 전망이 언급된다는 것을 알 수 있다. 따라서 '㉡ – ㉤'의 순서가 적절하다.

이상을 종합할 때, 미괄식 문단의 문맥상 전개 순서로 가장 적합한 것은 '㉡ – ㉤ – ㉠ – ㉢ – ㉣'이 된다. 여기서 ㉡은 과학 기술에 대한 낙관적인 전망을 언급한 도입에 해당하며, ㉤은 그러한 태도에 대한 문제점을 지적한 부분이 된다. 그리고 ㉠은 자연환경의 파괴로 인한 위험의 예, ㉢은 전쟁으로 인한 위험의 예에 해당하며, ㉣은 과학 기술에 대한 낙관적 전망의 위험성 또는 우려를 제시한 것으로 글의 결론에 해당한다.

17 한 도시에 A, B, C, D, E 다섯 개의 마트가 있다. 〈보기〉의 조건에 따를 때 문을 연 마트는?

보기

㉠ A와 B 모두 문을 열지는 않았다.

㉡ A가 문을 열었다면, C도 문을 열었다.

㉢ A가 문을 열지 않았다면, B가 문을 열었거나 C가 문을 열었다.

㉣ C는 문을 열지 않았다.

㉤ D가 문을 열었다면, B가 문을 열지 않았다.

㉥ D가 문을 열지 않았다면, E도 문을 열지 않았다.

① A ② B

③ A, E ④ D, E

⑤ B, D, E

〈보기〉의 조건에 따라 문을 연 마트를 찾으면 다음과 같다.

- 〈보기〉의 조건 ㉣에 따라 C는 문을 열지 않았다.
- ㉡의 대우인 'C가 문을 열지 않았다면 A도 문을 열지 않았다'가 참이 되므로, A는 문을 열지 않았다는 것을 알 수 있다.
- A와 C가 문을 열지 않았으므로, ㉢에 따라 B가 문을 열었다는 것을 알 수 있다.
- ㉤의 대우인 'B가 문을 열었다면 D는 문을 열지 않았다'가 참이 되므로, D는 문을 열지 않았다는 것을 알 수 있다.
- ㉥에 따라 E도 문을 열지 않았다.

따라서 문을 연 마트는 B 하나뿐이다.

1DAY 2DAY 3DAY

18 다음 글에서 경계하고자 하는 태도와 유사한 것은?

비판적 사고는 지엽적이고 시시콜콜한 문제를 트집 잡아 물고 늘어지는 것이 아니라 문제의 핵심을 중요한 대상으로 삼는다. 비판적 사고는 제기된 주장에 어떤 오류나 잘못이 있는가를 찾아내기 위해 지엽적인 사항을 확대하여 문제로 삼는 태도나 사고방식과는 거리가 멀다.

① 격물치지(格物致知)
② 본말전도(本末顚倒)
③ 유명무실(有名無實)
④ 선공후사(先公後私)
⑤ 돈오점수(頓悟漸修)

정답 해설 제시문에서 '비판적 사고는 지엽적이고 시시콜콜한 문제를 트집 잡아 물고 늘어지는 것이 아니라 문제의 핵심을 중요한 대상으로 삼는다'라고 하였는데, 이는 일의 경중이나 본질과 지엽적인 사항을 구분하지 못함을 경계하는 것이므로, '본말전도(本末顚倒)'의 태도를 경계하는 내용이 된다. '본말전도'는 '일의 근본 줄기는 잊고 사소한 부분에만 사로잡힘' 을 뜻하는 말로서, '본말(本末)'은 '사물이나 일의 처음과 끝' 또는 '사물이나 일의 중요한 부분과 중요하지 않은 부분'을 의미하며, '전도(顚倒)'란 '차례, 위치, 이치, 가치관 따위가 뒤바뀌어 원래와 달리 거꾸로 됨. 또는 그렇게 만듦'을 의미한다.

오답 해설
① '격물치지(格物致知)'는 '실제 사물의 이치를 연구하여 지식을 완전하게 함'을 의미하는 말이다.
③ '유명무실(有名無實)'은 '이름만 그럴듯하고 실속은 없음'을 의미하는 말이다.
④ '선공후사(先公後私)'는 '공적인 일을 먼저 하고 사사로운 일은 나중에 함'을 의미한다.
⑤ '돈오점수(頓悟漸修)'는 불교의 선(禪) 수행 방법에 관한 것으로, '문득 깨달음에 이르는 경지에 이르기까지에는 반드시 점진적 수행 단계가 따름'을 이르는 말이다. 구체적으로 '돈오(頓悟)'는 '갑자기 깨달음'을 의미하며, '점수(漸修)'는 '차례와 위계를 거쳐 수행하고 득도함'을 의미한다.

19 다음과 같은 뜻의 속담은?

임시변통은 될지 모르나 그 효력이 오래가지 못할 뿐만 아니라 결국에는 사태가 더 나빠진다는 것을 말한다.

① 빈대 잡으려다 초가삼간 태운다.
② 구슬이 서 말이라도 꿰어야 보배라
③ 언 발에 오줌 누기
④ 여름 불도 쬐다 나면 서운하다.
⑤ 밑 빠진 독에 물 붓기

1DAY 2DAY 3DAY

정답 해설 제시문과 같이 '잠깐의 효력은 있으나 그 효력이 오래가지 않을 뿐더러 상황이 더 나빠지는 경우'를 비유적으로 이르는 속담은 '언 발에 오줌 누기'이다. 이러한 의미를 갖는 한자어 표현으로는 동족방뇨(凍足放尿), 하석상대(下石上臺), 고식지계(姑息之計), 미봉책(彌縫策) 등이 있다.

오답 해설 ① '빈대 잡으려다 초가삼간 태운다'는 '하찮은 빈대 한 마리를 잡으려고 집에 불을 지른다'는 속담으로, 이와 비슷한 한자성어로 '소의 뿔을 바로잡으려다가 소를 죽인다'는 '교각살우(矯角殺牛)'가 있다. 이는 결점이나 흠을 고치려다가 그 정도가 지나쳐 오히려 일을 그르치는 것을 비유적으로 이르는 말이다.

② '구슬이 서 말이라도 꿰어야 보배라'는 '아무리 훌륭하고 좋은 것이라도 다듬고 정리하여 쓸모 있게 만들어 놓아야 값어치가 있다'는 것을 비유적으로 이르는 속담이다.

④ '여름 불도 쬐다 나면 서운하다'는 '오랫동안 해 오던 일을 그만두기는 퍽 어렵다' 또는 '당장에 쓸데없거나 대단치 않게 생각되던 것도 막상 없어진 뒤에는 아쉽게 생각된다'라는 뜻의 속담이다. 비슷한 표현으로는 '오뉴월 겻불도 쬐다 나면 서운하다'라는 속담이 있다.

⑤ '밑 빠진 독에 물 붓기'는 '밑 빠진 독에 아무리 물을 부어도 독이 채워질 수 없다'라는 뜻으로, 아무리 힘이나 밑천을 들여도 보람 없이 헛된 일이 되는 상태를 비유적으로 이르는 표현이다.

정답 18 ② | 19 ③

20 다음 문장의 밑줄 친 부분과 같은 의미로 사용된 것은?

자기 앞 공출량도 제대로 못 감당해 나가는 소작인들한테 식량을 의탁할 수는 없는 것이었다.

① 이번 외상값은 이 친구 앞으로 달아 놓게.

② 어려운 현실 앞에서는 그도 어쩔 도리가 없었다.

③ 지금은 무엇보다 앞을 내다볼 수 있는 자세가 요구된다.

④ 앞선 세대의 조언을 참고할 필요가 있다.

⑤ 연병장 앞에는 드넓은 해안선이 이어져 있다.

정답 해설 제시된 문장의 '앞'은 '어떤 사람이 떠맡은 몫' 또는 '차례에 따라 돌아오는 몫'을 의미한다. 이러한 의미로 사용된 것은 ①이다.

오답 해설 ② '어떤 조건에 처한 상태'를 의미한다.

③ 여기서의 '앞'은 '장차 올 시간'을 의미하는 말이다.

④ '지나간 시간'을 의미하는 말이다.

⑤ '나아가는 방향이나 장소'의 의미이다.

21 다음 중 문맥에 따른 글의 배열순서로 가장 적절한 것은?

가. 그러나 사람들은 소유에서 오는 행복은 소중히 여기면서 정신적 창조와 인격적 성장에서 오는 행복은 모르고 사는 경우가 많다.

나. 소유에서 오는 행복은 낮은 차원의 것이지만 성장과 창조적 활동에서 얻는 행복은 비교할 수 없이 고상한 것이다.

다. 부자가 되어야 행복해진다고 생각하는 사람은 스스로 부자라고 만족할 때까지는 행복해지지 못한다.

라. 하지만 최소한의 경제적 여건에 자족하면서 정신적 창조와 인격적 성장을 꾀하는 사람은 얼마든지 차원 높은 행복을 누릴 수 있다.

마. 자기보다 더 큰 부자가 있다고 생각될 때는 여전히 불만과 불행에 사로잡히기 때문이다.

① 나 – 가 – 라 – 다 – 마
② 나 – 라 – 다 – 마 – 가
③ 다 – 가 – 마 – 라 – 나
④ 다 – 라 – 마 – 가 – 나
⑤ 다 – 마 – 라 – 나 – 가

정답해설 '다'에서는 '부자가 되어야 행복해진다고 생각하는 사람은 스스로 부자라고 만족할 때까지는 행복해지지 못한다'라고 하였고, '마'는 '다'의 이유나 근거에 해당되는 내용이므로, '다 – 마'의 순서가 적절하다. 또한, 역접의 접속사 '하지만'으로 시작하는 '라'의 경우 '다 – 마'에서 언급한 경제적 여건을 통한 행복과 대비되는 내용을 제시한 것이므로, 바로 이어서 연결하는 것이 자연스럽다. 따라서 '다 – 마 – 라'가 적절한 배열순서가 된다.

다음으로 '나'의 내용은 '라'의 내용에 대한 이유제시 또는 부연설명에 해당되는 내용이므로, '라' 다음에 이어지는 것이 자연스럽다. 그리고 '가'의 경우 '나'와 반대되는 내용이므로, 바로 다음에 이어지는 것이 적절하다. 따라서 '다 – 마 – 라 – 나 – 가'의 순서가 문맥상 가장 적절한 배열순서가 된다.

1DAY 2DAY 3DAY

정답 20 ① | 21 ⑤

22 갑은 회사에서 차로 출발하여 오늘 미팅이 있는 a지점까지 40km/h의 속력으로 갔다. 그런데 미팅 장소가 b지점인 것을 알고 다시 30km/h 속력으로 b지점까지 이동했다. a지점에서 b지점까지의 거리는 회사에서 a지점까지의 거리보다 61.5km가 더 멀다고 한다. 갑이 회사에서 a지점을 거쳐 b지점까지 이동한 시간이 모두 합쳐 4시간 30분이라고 할 때, 갑이 이동한 총거리는 얼마인가? (단, '이동거리=속력×시간'이 성립하며, 회사와 a, b지점은 모두 일직선상에 있다고 가정한다.)

① 130.5km
② 135.5km
③ 140.5km
④ 145.5km
⑤ 150.5km

회사에서 a지점까지 거리를 'x(km)'라 하면, a지점에서 b지점까지의 거리는 '$x+61.5$(km)'가 된다. 갑이 이동한 시간이 모두 '4시간 30분(4.5시간)'이고, '$\text{시간}=\frac{\text{거리}}{\text{속력}}$'이므로 '$4.5=\frac{x}{40}+\frac{x+61.5}{30}$'이 성립한다. 이를 풀면, '$x=42$(km)'이므로, 갑이 이동한 총거리는 '$42+42+61.5=145.5$(km)'이다.

23 한 해의 43번째 수요일은 어느 달에 속하는가?

① 9월
② 9월 또는 10월
③ 10월
④ 10월 또는 11월
⑤ 11월

매년 첫 번째 수요일은 1월 1일에서 1월 7일 사이에 있다. 그리고 42주는 '$42\times7=294$일'이므로, 43번째 수요일은 '294일+1일=295일'에서 '294일+7일=301일' 사이에 있다. 매년 1월 1일을 기준으로 295일과 301일은 모두 10월이다. 따라서 43번째 수요일은 언제나 10월에 속한다.

[24~25] 다음은 한 은행의 입사시험에서 서류전형을 통과한 200명의 지원자들이 취득한 NCS점수와 면접점수의 분포수를 표시한 것이다. 물음에 알맞은 답을 고르시오.

〈표〉 은행 신입사원모집 지원자 점수 분포

(단위 : 명)

면접점수 / NCS점수	10점	20점	30점	40점	50점
50점	3	8	10	7	3
40점	6	8	9	12	8
30점	7	10	15	9	10
20점	8	7	13	11	6
10점	3	6	11	6	4

24 다음의 조건에 따를 때 합격자 수는 몇 명인가?

조건

㉠ 면접점수와 NCS점수의 총점이 80점 이상인 사람만 합격자로 결정한다.

㉡ 합격자의 면접점수와 NCS점수는 각각 40점 이상이어야 한다.

㉢ NCS점수가 50점인 경우는 면접점수가 30점 이상이면 합격자가 된다.

① 18명　② 30명

③ 40명　④ 50명

⑤ 58명

정답해설 〈조건〉에 따라 총점이 80점 이상인 사람 중, 면접점수와 NCS점수가 모두 40점 이상인 사람을 표시하면 아래 괄호와 같다. 그리고 ㉢에 따라, NCS점수가 50점이고 면접점수가 30점 이상인 사람을 표시하면 아래 밑줄(_)과 같다.

정답 22 ④ | 23 ③ | 24 ③

NCS점수 \ 면접점수	10점	20점	30점	40점	50점
50점	3	8	**10**	**(7)**	**(3)**
40점	6	8	9	**(12)**	**(8)**
30점	7	10	15	9	10
20점	8	7	13	11	6
10점	3	6	11	6	4

따라서 괄호 또는 밑줄이 있는 사람이 합격자가 되므로, 합격자 수는 모두 '40명'이 된다.

25 면접점수와 NCS점수의 총점이 높은 순으로 합격자를 선발한 결과 서류전형을 통과한 지원자 중 25%가 합격하였다고 한다. 합격자의 총점 평균을 구하면? (단, 소수점 첫째 자리에서 반올림한다.)

① 83점
② 84점
③ 85점
④ 88점
⑤ 90점

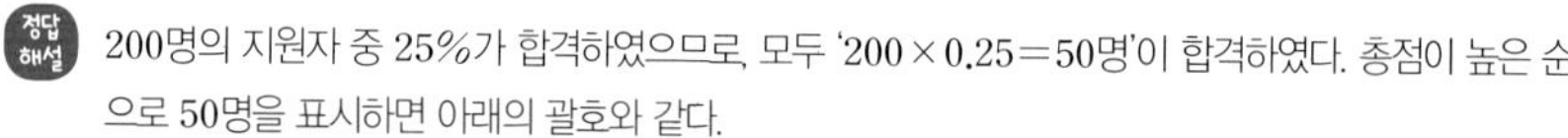
정답해설 200명의 지원자 중 25%가 합격하였으므로, 모두 '200×0.25=50명'이 합격하였다. 총점이 높은 순으로 50명을 표시하면 아래의 괄호와 같다.

NCS점수 \ 면접점수	10점	20점	30점	40점	50점
50점	3	8	**(10)**	**(7)**	**(3)**
40점	6	8	9	**(12)**	**(8)**
30점	7	10	15	9	**(10)**
20점	8	7	13	11	6
10점	3	6	11	6	4

따라서 합격자 50명의 총점 평균은 '$\frac{(100\times3)+(90\times15)+(80\times32)}{50}=84.2$(점)'이다. 소수점 첫째 자리에서 반올림하므로, 합격자의 총점 평균은 '84점'이 된다.

26 다음 〈표〉는 2014~2017년 A 추모공원의 신규 안치건수 및 매출액 현황을 나타낸 자료이다. 이에 대한 〈보기〉의 설명 중 옳은 것을 모두 고르면?

〈표〉 A 추모공원의 신규 안치건수 및 매출액 현황

(단위 : 건, 만 원)

안치유형 \ 구분		신규 안치건수		매출액	
		2014~2016년	2017년	2014~2016년	2017년
개인단	관내	719	606	291,500	289,000
	관외	176	132	160,000	128,500
부부단	관내	632	557	323,900	330,000
	관외	221	134	291,800	171,000
계		1,748	1,429	1,067,200	918,500

보기

ㄱ 2014~2016년 개인단의 신규 안치건수는 2014~2017년 개인단 신규 안치건수의 50% 이상이다.

ㄴ 2014~2017년 신규 안치건수의 합은 개인단과 부부단 모두 관내가 관외보다 크다.

ㄷ 개인단과 부부단의 관내와 관외 모두 2014~2016년 매출액 합계보다 2017년 매출액이 감소하였다.

ㄹ 2014~2017년 4개 안치유형 중 신규 안치건수의 합이 가장 큰 안치유형은 부부단 관내이다.

① ㄱ, ㄴ
② ㄱ, ㄹ
③ ㄴ, ㄷ
④ ㄴ, ㄹ
⑤ ㄷ, ㄹ

ㄱ 2014~2016년 개인단의 신규 안치건수는 '719+176=895건'이며, 2014~2017년 개인단 신규 안치건수는 '895+606+132=1,633건'이므로, 전자는 후자의 50% 이상이 된다. 따라서 ㄱ은 옳은 설명이다.

㉡ 2014~2017년 신규 안치건수의 합은 개인단과 부부단 모두 관내가 관외보다 크다는 것을 〈표〉를 통해 쉽게 알 수 있다. 따라서 ㉡도 옳은 설명이다.

㉢ 부부단의 관내 유형은 2014~2016년 매출액 합계보다 2017년 매출액이 증가하였다.

㉣ 2014~2017년 신규 안치건수의 합은 개인단 관내 유형이 '719+606=1,325건'이며, 부부단 관내 유형이 '632+557=1,189건'이므로, 개인단 관내 유형이 가장 많다.

27 다음 〈표〉는 농산물을 유전자 변형한 GMO 품목 가운데 전세계에서 승인받은 200개 품목의 현황에 관한 자료이다. 〈보기〉의 설명 중 옳은 것을 바르게 고른 것은?

〈표〉 승인받은 GMO 품목 현황

(단위 : 개)

구분	승인 국가 수	전세계 승인 품목			국내 승인 품목국내 승인 품목		
		합	A유형	B유형	합	A유형	B유형
콩	21	20	18	2	11	9	2
옥수수	22	72	32	40	51	19	32
면화	14	35	25	10	18	9	9
유채	11	22	19	3	6	6	0
사탕무	13	3	3	0	1	1	0
감자	8	21	21	0	4	4	0
알팔파	8	3	3	0	1	1	0
쌀	10	4	4	0	0	0	0
아마	2	1	1	0	0	0	0
자두	1	1	1	0	0	0	0
치커리	1	3	3	0	0	0	0
토마토	4	11	11	0	0	0	0

파파야	3	2	2	0	0	0	0
호박	2	2	2	0	0	0	0

※ 전세계 승인 품목은 국내 승인 품목을 포함함.

보기

㉠ 승인 품목이 하나 이상인 국가는 모두 120개이다.

㉡ 국내에서 92개, 국외에서 108개 품목이 각각 승인되었다.

㉢ 전세계 승인 품목 중 국내에서 승인되지 않은 품목의 비율은 50% 이상이다.

㉣ 전세계 승인 품목 중 B유형이 A유형보다 많은 농산물은 옥수수가 유일하다.

① ㉠, ㉡

② ㉠, ㉣

③ ㉡, ㉢

④ ㉡, ㉣

⑤ ㉢, ㉣

㉢ 〈표〉를 통해 전세계 승인 품목 수는 200개이며, 국내에서 승인된 품목 수는 92개라는 것을 알 수 있다. 따라서 전세계 승인 품목 중 국내에서 승인되지 않은 품목의 수는 108개가 되므로, 그 비율은 50% 이상이 된다. 따라서 ㉢은 옳다.

㉣ 전세계 승인 품목 중 옥수수의 경우만 B유형의 품목 수(40개)가 A유형의 품목 수(32)보다 많으므로, ㉣도 옳은 설명이다.

오답 해설

㉠ 모든 농산물에 대한 승인 국가 수의 단순한 합은 120(개)이나, 한 국가에서 여러 품목을 승인한 경우도 있으므로, 하나 이상의 품목을 승인한 국가의 수가 모두 120개라 볼 수는 없다.

㉡ 〈표〉를 통해 전세계 승인 품목 수가 200개이며, 이 중 국내 승인 품목 수가 92개라는 것은 알 수 있다. 그러나 전세계 승인 품목은 국내 승인 품목을 포함한다고 했으므로, 국외 승인 품목 수가 108개라고 단정할 수 없다.

정답 27 ⑤

28 다음 〈표〉는 한 국가 고등학생의 주당 운동시간 현황을 조사한 자료이다. 이에 대한 〈보기〉의 설명 중 옳은 것을 모두 고르면?

〈표〉 고등학생의 주당 운동시간 현황

(단위 : %, 명)

구분		남학생			여학생		
		1학년	2학년	3학년	1학년	2학년	3학년
1시간 미만	비율	10.0	5.7	7.6	18.8	19.2	25.1
	인원수	118	66	87	221	217	281
1시간 이상 2시간 미만	비율	22.2	20.4	19.7	26.6	31.3	29.3
	인원수	261	235	224	312	353	328
2시간 이상 3시간 미만	비율	21.8	20.9	24.1	20.7	18.0	21.6
	인원수	256	241	274	243	203	242
3시간 이상 4시간 미만	비율	34.8	34.0	23.4	30.0	27.3	14.0
	인원수	409	392	266	353	308	157
4시간 이상	비율	11.2	19.0	25.2	3.9	4.2	10.0
	인원수	132	219	287	46	47	112
합계	비율	100.0	100.0	100.0	100.0	100.0	100.0
	인원수	1,176	1,153	1,138	1,175	1,128	1,120

보기

㉠ '1시간 이상 2시간 미만' 운동하는 3학년 남학생 수는 '4시간 이상' 운동하는 3학년 여학생 수의 2배이다.

㉡ 남학생과 여학생 각각, 학년이 높아질수록 3시간 이상 운동하는 학생의 비율이 낮아진다.

㉢ 남학생 3학년의 학생 중 '1시간 미만' 운동하는 학생의 수는 '4시간 이상' 운동하는 학생 수의 30% 이하이다.

㉣ 동일 학년의 남학생과 여학생을 비교하면, 남학생 중 '2시간 이상 3시간 미만' 운동하는 남학생의 비율이 여학생 중 '2시간 이상 3시간 미만' 운동하는 여학생의 비율보다 각 학년에서 모두 높다.

① ㉠, ㉡

② ㉠, ㉣

③ ㉡, ㉢

④ ㉡, ㉣

⑤ ㉢, ㉣

㉠ '1시간 이상 2시간 미만' 운동하는 3학년 남학생 수는 '224명'이며, '4시간 이상' 운동하는 3학년 여학생 수는 '112명'이므로, 전자는 후자의 2배가 된다.

㉣ '2시간 이상 3시간 미만' 운동하는 남학생의 비율은 1학년이 21.8%, 2학년이 20.9%, 3학년이 24.1%이며, '2시간 이상 3시간 미만' 운동하는 여학생의 비율은 1학년이 20.7%, 2학년이 18.0%, 3학년이 21.6%이다. 따라서 전자의 비율이 모두 후자보다 높으므로, ㉣은 옳은 설명이 된다.

㉡ 남학생과 여학생 모두 학년이 높아질수록 '3시간 이상 4시간 미만' 운동하는 학생의 비율은 낮아진다. 그러나 '4시간 이상' 운동하는 학생의 비율은 학년이 높아질수록 모두 높아진다. 따라서 ㉡은 옳지 않은 설명이다.

㉢ 남학생 3학년의 학생 중 '1시간 미만' 운동하는 학생의 수는 '87명'이며 '4시간 이상' 운동하는 학생 수의 '287명'이므로, 전자는 후자의 '$\frac{87}{287} \times 100 \fallingdotseq 30.3\%$'이다. 따라서 30% 이상이므로, ㉢도 옳지 않다.

1DAY

2DAY

3DAY

[29~30] 다음 〈표〉는 A국에서 2017년에 채용된 공무원 인원에 관한 자료이다. 물음에 알맞은 답을 고르시오.

〈표〉 A국의 2017년 공무원 채용 인원

(단위 : 명)

채용방식 / 공무원구분	공개경쟁채용	경력경쟁채용	합
1~2급(고위공무원)	–	73	73
3급	–	17	17
4급	–	99	99
5급	296	205	501
6급	–	193	193
7급	639	509	1,148
8급	–	481	481
9급	3,000	1,466	4,466
연구직	17	357	374
지도직	–	3	3
우정직	302	297	599
전문경력관	–	104	104
전문임기제	–	241	241
한시임기제	–	743	743
전체	4,254	4,788	9,042

※ 1) 채용방식은 공개경쟁채용과 경력경쟁채용으로만 이루어짐.
2) 공무원구분은 〈표〉에 제시된 것으로 한정됨.

29 다음 〈보기〉의 설명 중 옳은 것을 모두 고르면?

보기

㉠ 2017년에 공개경쟁채용을 통해 채용이 이루어진 공무원구분은 총 5개이다.
㉡ 2017년 연구직과 지도직, 우정직의 전체 채용 인원은 8급 채용 인원의 2배 이상이다.
㉢ 2017년에 공개경쟁채용을 통해 채용이 이루어진 공무원의 경우 모두 공개경쟁채용 인원이 경력경쟁채용 인원보다 많다.
㉣ 2017년 9급 채용 인원은 전체 채용 인원의 50% 이상이다.

① ㉠, ㉡
② ㉡, ㉢
③ ㉡, ㉣
④ ㉠, ㉡, ㉢
⑤ ㉠, ㉢, ㉣

㉠ 2017년에 공개경쟁채용을 통해 채용이 이루어진 공무원구분은 5급, 7급, 9급, 연구직, 우정직의 5개이므로, ㉠은 옳다.
㉡ 2017년 연구직과 지도직, 우정직의 전체 채용 인원은 '374+3+599=976명'이므로, 8급 채용 인원(481명)의 2배 이상이 된다. 따라서 ㉡도 옳다.

㉢ 2017년에 공개경쟁채용을 통해 채용이 이루어진 공무원구분 중 연구직의 경우는 공개경쟁채용 인원(17명)보다 경력경쟁채용 인원(357명)이 많다.
㉣ 2017년 9급 채용 인원은 4,466명이며 전체 채용 인원은 9,042명이므로, 2017년 9급 채용 인원은 전체 채용 인원의 50% 이하가 된다.

1DAY 2DAY 3DAY

30 2018년부터 공무원 채용 인원 중 9급 공개경쟁채용 인원만을 해마다 전년대비 10%씩 늘리고 나머지 채용 인원을 2017년과 동일하게 유지하여 채용한다면, 2019년 전체 공무원 채용 인원 중 9급 공개경쟁채용 인원의 비중은 얼마가 되는가? (단, 소수점 아래 첫째 자리에서 반올림한다.)

① 33%
② 35%
③ 36%
④ 38%
⑤ 39%

정답 해설 2017년의 9급 공개경쟁채용 인원은 3,000명이며, 전체 채용 인원은 9,042명이다. 2018년부터 9급 공개경쟁채용 인원만을 매년 10%씩 늘린다고 했으므로, 2019년 9급 공개경쟁채용 인원은 '(3,000×1.1)×1.1=3,630명'이 되며, 2019년 전체 공무원 채용 인원은 9,042명에서 630명이 늘어난 '9,672명'이 된다. 따라서 2019년 전체 공무원 채용 인원 중 9급 공개경쟁채용 인원의 비중은 '$\frac{3,630}{9,672}\times 100 ≒ 37.5\%$'가 된다. 소수점 아래 첫째 자리에서 반올림하므로, '38%'이다.

31 다음 〈그림〉은 '갑'소독제 소독실험에서 소독제 누적주입량에 따른 병원성미생물 개체수의 변화를 나타낸 것이다. 〈그림〉과 〈실험정보〉에 근거하여 아래 〈보기〉의 설명 중 옳은 것을 모두 고르면?

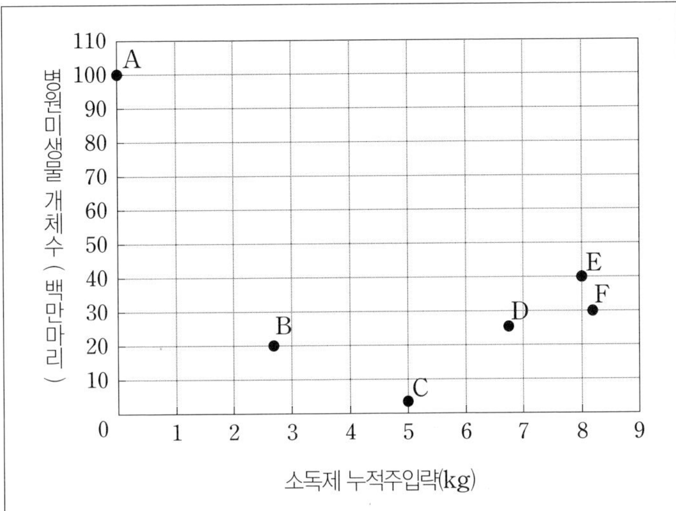

〈실험정보〉

- 이 실험은 1회 시행한 단일 실험임.
- 실험 시작시점(A)에서 측정한 값과, 이후 5시간 동안 소독제를 주입하면서 매 1시간이 경과하는 시점을 순서대로 B, C, D, E, F라고 하고 각 시점에서 측정한 값을 표시하였음.
- 소독효율(마리/kg)

$$= \frac{\text{시작시점(A) 병원성미생물 개체수} - \text{측정시점 병원미생물 개체수}}{\text{측정시점의 소독제 누적주입량}}$$

- 구간 소독속도(마리/시간)

$$= \frac{\text{구간의 시작시점 병원성미생물 개체수} - \text{구간의 종료시점 병원성미생물 개체수}}{\text{두 측정구간 사이의 시간}}$$

보기

㉠ 소독효율은 D가 E보다 높다.
㉡ 실험시작 후 2시간이 경과한 시점의 소독효율이 가장 높다.
㉢ 구간 소독속도는 E~F 구간이 B~C 구간보다 높다.

① ㉠
② ㉢
③ ㉠, ㉡
④ ㉠, ㉢
⑤ ㉡, ㉢

정답 해설 ㉠ 소독효율은 '$\frac{\text{시작시점(A) 병원성미생물 개체수} - \text{측정시점 병원미생물 개체수}}{\text{측정시점의 소독제 누적주입량}}$'이므로, D의 소독효율은 대략 '$\frac{100-26}{6.7} \fallingdotseq 11$'이며, E의 소독효율은 '$\frac{100-40}{8} = 7.5$'이다. 따라서 소독효율은 D가 E보다 높으므로, ㉠은 옳은 설명이다.

오답 해설 ㉡ B의 소독효율은 대략 '$\frac{100-20}{2.8} \fallingdotseq 28.6$'이며, C의 소독효율은 대략 '$\frac{100-2}{5} = 19.6$'이 된다. D, E, F로 갈수록 분모 부분인 '측정시점의 소독제 누적주입량'은 커지고 분자 부분은 작아지므로, 소독효율이 B, C보다 낮다는 것을 알 수 있다. 따라서 소독효율이 가장 높은 것은 B이므로, 실험 시작시점부터 1시간 경과한 시점의 소독효율이 가장 높다. ㉡은 옳지 않은 설명이 된다.

㉢ 구간 소독속도의 공식에서, E~F 구간과 B~C 구간은 분모 부분인 '측정구간 사이의 시간'이 1시간으로 동일하므로, 분자 부분의 값에 따라 구간 소독속도가 결정된다. 그런데 E~F 구간의 병원성미생물 개체수 차이보다 B~C의 병원성미생물 개체수 차이가 크므로, 분자 값은 B~C 구간이 더 크다. 따라서 구간 소독속도도 B~C 구간이 E~F 구간보다 더 높다. ㉢도 옳지 않은 설명이다.

32 다음 〈표〉와 〈그림〉은 2017년 '갑'국의 자동차 매출에 관한 자료이다. 이에 대한 설명으로 옳은 것은?

〈표〉 2017년 10월 월매출액 상위 10개 자동차의 매출 현황

(단위 : 억 원, %)

순위	자동차	월매출액	시장점유율	전월대비 증가율
1	A	1,139	34.3	60
2	B	1,097	33.0	40
3	C	285	8.6	50
4	D	196	5.9	50
5	E	154	4.6	40
6	F	149	4.5	20
7	G	138	4.2	50
8	H	40	1.2	30
9	I	30	0.9	150
10	J	27	0.8	40

※ 시장점유율(%) $= \frac{\text{해당 자동차 월 매출액}}{\text{전체 자동차 월 매출 총액}} \times 100$

※ 월매출액은 해당 월 말에 집계됨.

〈그림〉 2017년 I 자동차 누적매출액

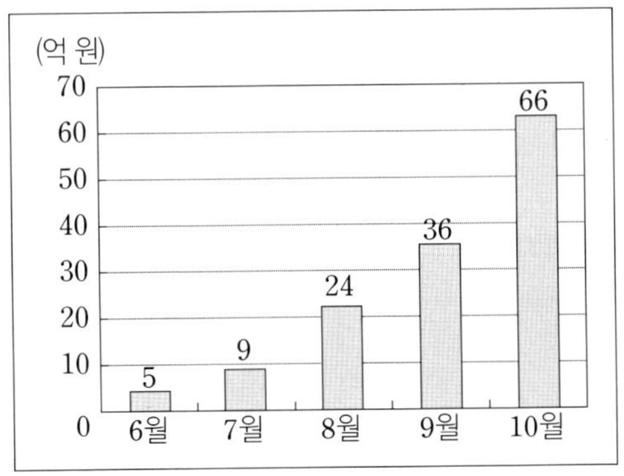

① 2017년 9월 A 자동차의 월매출액은 700억 원 이하이다.

② 2017년 10월 월매출액 상위 5개 자동차의 순위는 전월과 동일하다.

③ 2017년 6월부터 2017년 9월 중 I 자동차의 월매출액이 가장 큰 달은 9월이다.

④ 2017년 10월 '갑'국의 전체 자동차 매출액 총액은 4,000억 원 이상이다.

⑤ 2017년 10월 월매출액 1~3위 자동차의 10월 월매출액 기준 시장점유율은 4~6위 자동차의 시장점유율의 5배 이상이다.

정답 해설 2017년 10월 월매출액 1~3위 자동차의 월매출액 기준 시장점유율은 '34.3+33.0+8.6=75.9%'이며, 4~6위 자동차의 시장점유율은 '5.9+4.6+4.5=15%'이다. 전자는 후자의 '5.06배'이므로, 5배 이상이 된다. 따라서 ⑤는 옳은 설명이다.

오답 해설 ① A 자동차의 10월 매출액은 전월대비 60%가 증가하여 1,139억 원이다. A 자동차의 9월 월매출액을 x라 하면, '$x \times 1.6 = 1,139$억 원'이 되므로, 이를 풀면 '$x \fallingdotseq 712$억 원'이 된다. 따라서 700억 원 이상이므로, ①은 옳지 않다.

② B 자동차의 9월 월매출액을 구하면 '$\frac{1,097}{1.4} \fallingdotseq 784$억 원'이 된다. 9월 매출액 순위는 B가 A보다 높으므로, 10월 월매출액 상위 5개 자동차의 순위는 전월과 동일하지 않다.

③ 2017년 I 자동차의 월매출액은 8월의 경우 '24−9=15억 원'이며, 9월의 경우 '36−24=12억 원'이 된다. 따라서 6월부터 9월 중 I 자동차의 월매출액이 가장 큰 달은 8월이 된다.

④ '$\text{시장점유율(\%)} = \frac{\text{해당 자동차 월매출액}}{\text{전체 자동차 월매출 총액}} \times 100$'이므로,

'$\text{전체 자동차 월매출 총액} = \frac{\text{해당 자동차 월매출액}}{\text{시장 점유율}} \times 100$'이 된다.

I 자동차의 월매출액과 시장점유율을 통해 10월 전체 자동차 매출액 총액을 구하면 '$\frac{30}{0.9} \times 100 \fallingdotseq 3,333$억 원'이 되므로, 4,000억 원 이하가 된다.

[33~34] 다음 〈표〉는 한 국가의 주요 범죄 발생건수 및 검거건수에 대한 자료이다. 물음에 알맞은 답을 고르시오.

〈표1〉 2013~2017년 4대 범죄 발생건수 및 검거건수

(단위 : 건, 천 명)

구분 / 연도	발생건수	검거건수	총 인구수	인구 10만 명당 발생건수
2013	15,693	14,492	49,194	31.9
2014	18,258	16,125	49,346	(㉠)
2015	19,498	16,404	49,740	39.2
2016	19,670	16,630	50,051	39.3
2017	22,310	19,774	50,248	44.4

〈표2〉 2017년 4대 범죄 유형별 발생건수 및 검거건수

(단위 : 건)

구분 / 범죄 유형	발생건수	검거건수
강도	5,753	5,481
살인	132	122
절도	14,778	12,525
방화	1,647	1,646
계	22,310	19,774

33 다음 중 〈표1〉의 빈칸 ㉠에 들어갈 수치로 가장 알맞은 것은? (단, 소수점 아래 첫째 자리에서 반올림한다.)

① 35
② 36
③ 37
④ 38
⑤ 39

정답 33 ③

정답 해설 연도별 인구 10만 명당 범죄 발생건수는 '$\frac{\text{범죄 발생건수} \times 100,000}{\text{총 인구수}}$'이므로, 2014년 인구 10만 명당 범죄 발생건수는 '$\frac{18,258 \times 100,000}{49,346,000} \fallingdotseq 37$건'이 된다.

34 다음 〈보기〉의 설명 중 옳은 것을 모두 고르면?

보기

ㄱ 2014년 이후, 전년대비 4대 범죄 발생건수 증가율이 가장 낮은 연도와 전년대비 4대 범죄 검거건수 증가율이 가장 낮은 연도는 동일하다.

ㄴ 2017년 발생건수 대비 검거건수 비율이 가장 낮은 범죄 유형은 '살인'이다.

ㄷ 2017년 강도와 살인 발생건수의 합이 4대 범죄 발생건수에서 차지하는 비율은 2017년 강도와 살인 검거건수의 합이 4대 범죄 검거건수에서 차지하는 비율보다 높다.

ㄹ 4대 범죄의 발생건수와 검거건수는 매년 증가하고 있다.

① ㄱ, ㄴ
② ㄱ, ㄹ
③ ㄴ, ㄷ
④ ㄴ, ㄹ
⑤ ㄷ, ㄹ

ㄱ 인구 10만명당 발생건수 증가율을 참고로 할 때, 전년대비 4대 범죄 발생건수 증가율이 가장 낮은 연도는 2016년이다. 전년대비 4대 범죄 검거건수 증가율의 경우도 2016년이 '$\frac{(16,630-16,404)}{16,404} \times 100 \fallingdotseq 1.4\%$'로 가장 낮다. 따라서 ㄱ은 옳은 설명이다.

ㄹ 〈표1〉을 통해 매년 4대 범죄의 발생건수와 검거건수가 증가하고 있음을 알 수 있다.

ㄴ 2017년 4대 범죄의 발생건수와 검거건수를 비교할 때, 발생건수 대비 검거건수 비율이 낮은 범죄 유형은 '살인'과 '절도'이다. 살인의 경우 발생건수 대비 검거건수 비율이 '$\frac{122}{132} \times 100 \fallingdotseq 92.4\%$'이며, 절도의 경우 '$\frac{12,525}{14,778} \times 100 \fallingdotseq 84.8\%$'이므로, '절도'가 2017년 발생건수 대비 검거건수 비율이 가장 낮은 범죄 유형이다. 따라서 ㄴ은 옳지 않다.

ⓒ 2017년 강도와 살인 발생건수의 합이 4대 범죄 발생건수에서 차지하는 비율은 '$\frac{(5,753+132)}{22,310}\times100\fallingdotseq26.4\%$'이며, 강도와 살인 검거건수의 합이 4대 범죄 검거건수에서 차지하는 비율은 '$\frac{(5,481+122)}{19,774}\times100\fallingdotseq28.3\%$'이 된다. 따라서 전자는 후자보다 낮으므로, ⓒ은 옳지 않다.

35 다음 〈보고서〉와 〈표〉는 2017년 '갑'국의 국제개발원조에 대한 자료이다. 이에 대한 〈보기〉의 설명 중 옳은 것을 모두 고르면?

〈보고서〉

2017년 갑국이 공여한 전체 국제개발원조액은 19억 1,430만 달러로 GDP 대비 0.13%를 기록하였다. 개발원조액의 지역별 배분을 살펴보면 북아프리카 5.4%, 사하라 이남 아프리카 20.0%, 오세아니아 · 기타 아시아 32.4%, 유럽 0.7%, 중남미 7.5%, 중앙아시아 · 남아시아 21.1%, 기타 지역 12.9%로 나타났다.

〈표〉 2017년 갑국 국제개발원조 수원액 상위 10개국 현황

(단위 : 백만 달러)

순위	국가명	수원액
1	베트남	215
2	아프가니스탄	93
3	탄자니아	68
4	캄보디아	68
5	방글라데시	61
6	모잠비크	57
7	필리핀	55
8	스리랑카	52
9	에티오피아	35
10	인도네시아	34
계		738

보기

㉠ '오세아니아 · 기타 아시아'에 대한 국제개발원조액은 '사하라 이남 아프리카', '북아프리카', '중남미'에 대한 국제개발원조액 합보다 크다.

㉡ 2017년 수원액 상위 10개국의 수원액 합은 갑국 GDP의 0.05% 이상이다.

㉢ '중앙아시아 · 남아시아'에 대한 국제개발원조액은 수원액 상위 10개국의 수원액 합보다 크다.

㉣ 수원액 상위 10개국을 제외한 국가들의 수원액 합은 아프가니스탄 수원액의 10배 이상이다.

① ㉠, ㉡
② ㉠, ㉣
③ ㉡, ㉢
④ ㉡, ㉣
⑤ ㉢, ㉣

정답 해설

㉡ 〈보고서〉에서 2017년 갑국이 공여한 전체 국제개발원조액은 19억 1,430만 달러이며, 이것이 GDP 대비 0.13%를 기록하였다고 했다. 따라서 수원액 상위 10개국의 수원액 합인 '7억 3,800만 달러'는 '$\frac{7억\ 3{,}800만\ 달러 \times 0.13}{19억\ 1{,}430만\ 달러} \fallingdotseq 0.0501(\%)$'이므로, 0.05% 이상이 된다.

㉣ 수원액 상위 10개국을 제외한 국가들의 수원액 합은 '1,914.3−738=1,176.3(백만달러)'이다. 아프가니스타 수원액의 10배는 '930(백만달러)'이므로, 수원액 상위 10개국을 제외한 국가들의 수원액 합은 아프가니스탄 수원액의 10배 이상이 된다.

오답 해설

㉠ 전체 국제개발원조액에서 '오세아니아 · 기타 아시아'에 대한 국제개발원조액은 '32.4%'를 차지하며, '사하라 이남 아프리카'와 '북아프리카', '중남미'에 대한 국제개발원조액의 합은 '20.0+5.4+7.5=32.9%'를 차지한다. 따라서 전자는 후자보다 작으므로, ㉠은 옳지 않은 설명이다.

㉢ 수원액 상위 10개국의 수원액 합은 갑국 GDP의 0.05%이다(㉡ 해설 참고). '중앙아시아 · 남아시아'에 대한 국제개발원조액은 전체 국제개발원조액(GDP의 0.13%)의 21.1%를 차지하므로, 갑국 GDP의 '0.13×0.211=0.02743%'이 된다. 따라서 '중앙아시아 · 남아시아'에 대한 국제개발원조액은 수원액 상위 10개국의 수원액 합보다 작으므로, ㉢도 옳지 않다.

36 다음 〈표〉는 한 국가의 2017년도 월별 화재현황 자료이다. 이에 대한 설명으로 옳은 것을 〈보기〉에서 모두 고르면?

〈표〉 2017년도 월별 화재현황

구분	화재건수 (건)	사망자수 (명)	부상자수 (명)	재산피해액 (백만 원)	이재가구수 (가구)	이재민수 (명)
1월	3,357	74	177	17,627	178	438
2월	2,826	54	131	14,387	167	395
3월	3,438	33	170	15,139	16	394
4월	2,658	43	187	12,072	111	278
5월	2,394	35	139	11,256	85	200
6월	2,176	31	130	10,373	116	296
7월	1,969	33	135	8,131	55	13
8월	2,323	20	114	9,836	101	215
9월	2,241	25	134	10,090	114	325
10월	2,537	28	147	11,518	277	469
11월	2,638	29	118	14,418	121	298
12월	3,221	41	152	15,945	149	389
계	31,778	446	1,734	150,792	1,490	3,710

보기

㉠ 화재건수가 가장 많은 달의 건수는 전체 화재건수의 10% 이상이다.

㉡ 이재가구당 재산피해액이 가장 적은 달의 이재가구당 재산피해액은 5천만 원 이하이다.

㉢ 동절기(12, 1, 2월)에 화재로 부상을 입은 인원은 2017년에 화재로 부상을 입은 전체 인원 수의 30% 이상이다.

㉣ 가장 많은 재산피해를 입은 달의 재산피해액은 가장 적은 재산피해를 입은 달의 재산피해액의 2배 이하이다.

① ㉠, ㉡　② ㉠, ㉣
③ ㉡, ㉢　④ ㉡, ㉣
⑤ ㉢, ㉣

㉠ 화재건수가 가장 많은 달은 3월로 '3,438건'이 발생했으므로, 전체 화재건수의 '$\frac{3,438}{31,778} \times 100 ≒ 10.8\%$'이다. 따라서 10% 이상이므로, ㉠은 옳은 설명이다.

㉡ 〈표〉의 재산피해액과 이재가구수를 비교해 보면, 이재가구당 재산피해액이 가장 적은 달은 10월이라는 것을 쉽게 알 수 있다. 10월의 이재가구당 재산피해액은 '$\frac{11,518(\text{백만 원})}{277} ≒ 41.6$(백만 원)'이 되므로, 5천만 원 이하가 된다.

오답
해설

㉢ 동절기에 화재로 부상을 입은 인원은 모두 '152＋177＋131＝460명'이므로, 이 인원은 2017년 화재로 부상을 입은 전체인원의 '$\frac{460}{1,734} \times 100 ≒ 26.5(\%)$'가 된다. 따라서 30% 이하이다.

㉣ 가장 많은 재산피해를 입은 달(1월)의 재산피해액은 '17,627(백만 원)'이며, 가장 적은 재산피해를 입은 달(7월)의 재산피해액은 '8,131(백만 원)'이므로, 전자는 후자의 2배 이상이 된다.

37 다음 〈표〉는 행복의 가장 중요한 요건에 대한 설문조사 결과이다. 이에 대한 설명으로 옳은 것을 〈보기〉에서 모두 고르면?

〈표〉 행복의 가장 중요한 요건

구분		응답자 수 (명)	건강 (%)	가족간 화목 (%)	돈 (%)	인간관계 (%)	사회적 지위 (%)
전체		1,634	60.3	18.1	10.6	3.2	2.5
성별	남자	813	56.7	16.7	13.5	3.2	3.8
	여자	821	63.8	19.6	7.7	3.2	1.3

연령별	10대	161	34.4	19.5	13.9	15.1	3.1
	20대	336	47.9	17.7	17.3	4.1	5.4
	30대	346	65.7	16.7	9.9	1.2	3.1
	40대	339	63.8	23.5	8.1	1.0	0.5
	50세 이상	452	72.0	14.9	6.7	1.4	1.3

보기

㉠ 응답자의 나이가 많을수록 건강을 중요한 요건으로 선택하는 비중이 높다.

㉡ 사회적 지위를 가장 중요하게 생각하는 응답자 수는 10대와 30대가 같다.

㉢ 인간관계의 중요성을 다른 연령대보다 낮게 생각하는 연령대에서, 가족간 화목을 중요한 요건으로 답한 응답자 수는 70명 이상이다.

㉣ 10대이면서 인간관계를 가장 중요하게 생각하는 응답자는 전체 응답자의 1.5% 이하이다.

① ㉠, ㉡　　② ㉠, ㉣

③ ㉡, ㉢　　④ ㉡, ㉣

⑤ ㉢, ㉣

정답해설 ㉢ 인간관계의 중요성을 다른 연령대보다 낮게 생각하는 연령대는 40대이다. 40대에서 가족간 화목을 중요한 요건으로 답한 응답한 비율은 23.5%이며 전체 응답자 수는 339명이므로, 가족간 화목을 중요한 요건으로 답한 응답자 수는 '$339 \times 0.235 = 79.665$명'이 된다. 따라서 70명 이상이므로, ㉢은 옳은 설명이다.

㉣ 10대이면서 인간관계를 가장 중요하게 생각하는 응답자 수는 '$161 \times 0.151 ≒ 24.3$명'이므로, 이는 전체 응답자(1,634명)의 '$\frac{24.3}{1,634} \times 100 ≒ 1.49\%$'이다. 따라서 1.5% 이하가 되므로, ㉣도 옳다.

오답해설 ㉠ 40대를 제외하면, 나이가 많을수록 건강을 중요시하는 비중이 높다.

㉡ 사회적 지위를 가장 중요하게 생각하는 응답자 비율은 10대와 30대가 3.1%로 같으나, 전체 응답자 수가 각각 161명, 346명으로 다르므로 응답자 수도 다르다.

[38~39] 다음 〈표〉는 한 국가의 2009년부터 2017년까지 보육시설 수 및 보육아동 수 현황에 관한 자료이다. 물음에 알맞은 답을 고르시오.

〈표〉 연도별 보육시설 수 및 아동 수 현황

(단위 : 개소(%), 명)

연도	보육시설 수(비중)								보육 아동 수
	국공립	개인	법인 외	법인	직장	놀이방	부모 협동	계	
2009	1,029 (11.3)	3,175 (34.9)	22 (0.3)	928 (10.2)	87 (1.0)	3,844 (42.3)	–	9,085 (100.0)	293,747
2010	1,158 (7.5)	6,388 (41.6)	150 (1.0)	1,634 (10.6)	158 (1.0)	5,887 (38.3)	–	15,375 (100.0)	520,959
2011	1,295 (6.7)	8,970 (46.5)	324 (1.7)	2,010 (10.4)	204 (1.1)	6,473 (33.6)	–	19,276 (100.0)	686,000
2012	1,306 (6.5)	9,490 (47.2)	313 (1.6)	1,991 (9.9)	196 (1.0)	6,801 (33.8)	–	20,097 (100.0)	734,192
2013	1,330 (6.0)	10,471 (47.0)	575 (3.0)	1,633 (7.0)	199 (1.0)	7,939 (36.0)	–	22,147 (100.0)	800,991
2014	1,329 (5.5)	11,225 (46.5)	787 (3.3)	1,632 (6.8)	236 (1.0)	8,933 (37.0)	–	24,142 (100.0)	858,345
2015	1,349 (5.0)	12,225 (45.4)	966 (3.6)	1,537 (5.7)	243 (0.9)	10,583 (39.4)	–	26,903 (100.0)	930,252
2016	1,473 (5.2)	12,769 (45.0)	979 (3.5)	1,495 (5.3)	263 (0.9)	11,346 (40.0)	42 (0.1)	28,367 (100.0)	989,390
2017	1,643 (5.6)	12,864 (44.0)	1,066 (3.6)	1,475 (5.0)	298 (1.0)	11,828 (40.5)	59 (0.2)	29,233 (100.0)	1,040,361

38 다음 〈보기〉의 설명 중 옳은 것을 모두 고르면?

보기

㉠ 2015년부터 2017년까지 법인보육시설을 제외한 모든 보육시설의 수가 증가하였으며, 이 기간 동안 법인보육시설은 60개소 이상이 감소하였다.

㉡ 개인보육시설이 차지하는 비중은 매년 국공립보육시설과 법인보육시설을 합한 비중보다 크고, 놀이방 보육시설의 비중보다 크다.

㉢ 2017년 국공립보육시설의 수는 2009년 대비 50% 이상 증가하였으며, 국공립보육시설의 수는 2009년 이후 매년 증가하였다.

㉣ 2009년에 비해 2017년의 보육아동 수와 보육시설 1개소당 보육아동 수는 모두 증가하였다.

① ㉠, ㉡　　② ㉠, ㉣
③ ㉡, ㉢　　④ ㉡, ㉣
⑤ ㉢, ㉣

㉠ 〈표〉에서 2015년부터 2017년까지 보육시설 수의 변동양상을 보면, 법인보육시설을 제외하고는 모두 증가하였음을 알 수 있다. 또한 이 기간 동안 법인보육시설은 1,537개소에서 1,475개소로 62개소가 감소하였다. 따라서 ㉠은 옳은 설명이 된다.

㉣ 2009년에 비해 2017년의 보육아동 수가 증가하였다는 것은 〈표〉를 통해 쉽게 알 수 있다. 2009년의 보육시설 1개소당 보육아동 수는 '$\frac{293,747}{9,085}$≒32.3명'이며, 2017년의 보육시설 1개소당 보육아동 수는 '$\frac{1,040,361}{29,233}$≒35.6명'이므로, 2009년에 비해 2017년의 보육시설 1개소당 보육아동 수도 증가하였다. 따라서 ㉣은 옳은 설명이다.

오답해설

㉡ 개인보육시설이 차지하는 비중은 매년 국공립보육시설과 법인보육시설을 합한 비중보다 크다. 그러나 2009년의 개인보육시설 비중은 34.9%, 놀이방 보육시설은 42.3%이므로, 개인보육시설 비중이 매년 놀이방 보육시설의 비중보다 큰 것은 아니다.

㉢ 2017년 국공립보육시설의 수는 2009년 대비 '$\frac{(1,634-1,029)}{1,029}\times 100$≒59.7%'이므로, 50% 이상 증가하였다. 그러나 2014년의 경우 2013년보다 1개소 감소하였으므로, 매년 증가한 것은 아니다.

39 다음 중 2017년의 전년대비 보육시설 수의 증가율이 가장 큰 시설의 전년대비 증가율을 구하면? (단, 소수점 아래 둘째 자리에서 반올림한다.)

① 11.5%
② 13.3%
③ 28.8%
④ 40.5%
⑤ 45.2%

정답해설 2017년의 전년대비 보육시설 수의 증가율이 가장 큰 시설은, 2016년 42개소에서 2017년 59개소로 증가한 부모협동보육시설이다. 2017년 부모협동보육시설 수의 전년대비 증가율은 '$\frac{17}{42}\times 100 \fallingdotseq 40.5\%$'가 된다.

40 18%의 소금물 300g에 물을 추가하여 소금물의 농도를 10%로 만들려고 한다. 얼마만큼의 물을 추가해야 하는가? (단, '소금물의 농도(%)$=\frac{\text{소금의 양}}{\text{소금물의 양}}\times 100$'이다.)

① 180g
② 210g
③ 240g
④ 270g
⑤ 300g

정답해설 '소금물의 농도(%)$=\frac{\text{소금의 양}}{\text{소금물의 양}}\times 100$'이므로 18%의 소금물 300g에 들어 있는 소금의 양은 '54g'이다. 여기서 추가하는 물의 양을 x(g)라 하면, 문제 조건에 따라 '$10=\frac{54}{(300+x)}\times 100$'이 성립한다. 이를 풀면 '$x=240$g'이 된다.

41 다음 밑줄 친 숫자들의 공통된 규칙이 있다고 할 때, ㉠에 들어갈 숫자로 알맞은 것은?

$\underline{320 \quad 8 \quad \frac{1}{2} \quad 20}$ $\underline{12 \quad 8 \quad ㉠ \quad 4}$ $\underline{9.3 \quad 3 \quad 5 \quad 15.5}$

① $\frac{3}{2}$

② 2

③ $\frac{5}{2}$

④ $\frac{8}{3}$

⑤ $\frac{10}{3}$

정답 해설 첫 번째 밑줄과 세 번째 밑줄은 다음과 같은 규칙이 있다.

- $320 \div 8 \times \frac{1}{2} = 20$
- $9.3 \div 3 \times 5 = 15.5$

따라서 '$12 \div 8 \times ㉠ = 4$'가 되므로, ㉠은 '$\frac{8}{3}$'이 된다.

42 다음 그림의 숫자들이 일정한 규칙이 있다고 할 때, ㉠에 들어갈 숫자로 가장 알맞은 것은?

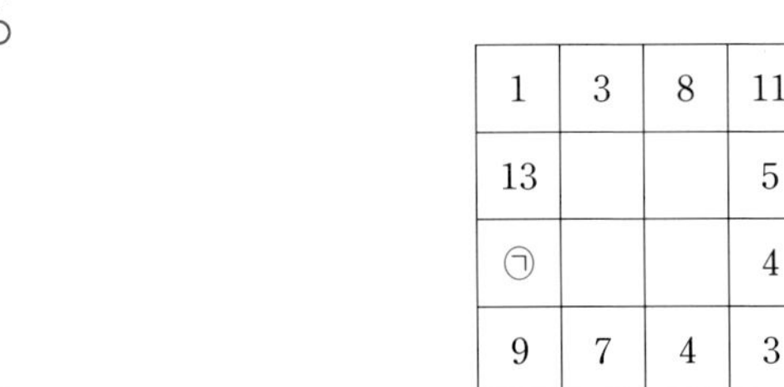

1	3	8	11
13			5
㉠			4
9	7	4	3

① 0　② 2
③ 4　④ 8
⑤ 10

정답해설 가로로 나열된 숫자의 합 '1+3+8+11', '9+7+4+3'과 세로로 나열된 숫자의 합 '11+5+4+3'이 모두 '23'으로 같다. 따라서 '1+13+㉠+9=23'이 성립하므로, ㉠은 '0'이 된다.

43 다음 글을 근거로 할 때 아래 〈보기〉의 설명 중 옳은 것을 고르면?

온돌(溫突)은 조선시대 건축에서 가장 일반적으로 사용된 바닥구조로 아궁이, 고래, 구들장, 불목, 개자리, 바람막이, 굴뚝 등으로 구성된다.

아궁이는 불을 때는 곳이고, 고래는 아궁이에서 발생한 열기와 연기가 흐르는 곳이다. 고래는 30cm 정도의 깊이로 파인 여러 개의 골이고, 그 위에 구들장을 올려놓는다. 아궁이에서 불을 지피면 고래를 타고 흐르는 열기와 연기가 구들장을 데운다. 고래 바닥은 아궁이가 있는 아랫목에서 윗목으로 가면서 높아지도록 경사를 주는데, 이는 열기와 연기가 윗목 쪽으로 쉽게 들어갈 수 있도록 하기 위한 것이다.

불목은 아궁이와 고래 사이에 턱이 진 부분으로 불이 넘어가는 고개라는 뜻이다. 불목은 아궁이 바닥과 고래 바닥을 연결시켜서 고래로 가는 열기와 연기를 분산시킨다. 또한 아궁이에서 타고 남은 재가 고래 속으로 들어가지 못하도록 막아준다. 고래가 끝나는 윗목 쪽에도 바람막이라는 턱이 있는데, 이 턱은 굴뚝에서 불어내리는 바람에 의해 열기와 연기가 역류되는 것을 방지한다.

바람막이 뒤에는 개자리라 부르는 깊이 파인 부분이 있다. 개자리는 굴뚝으로 빠져 나가는 열기와 연기를 잔류시켜 윗목에 열기를 유지하는 기능을 한다. 개자리가 깊을수록 열기와 연기를 머금는 용량이 커진다.

보기

㉠ 고래 바닥은 아랫목에서 윗목으로 갈수록 낮아질 것이다.
㉡ 개자리가 깊을수록 윗목의 열기를 유지하기가 더 용이할 것이다.
㉢ 불목은 아랫목 쪽에 가깝고, 바람막이는 윗목 쪽에 가까울 것이다.
㉣ 바람막이는 타고 남은 재가 고래 안에 들어가지 못하도록 하는 기능을 할 것이다.

① ㉠, ㉡
② ㉠, ㉣
③ ㉡, ㉢
④ ㉡, ㉣
⑤ ㉢, ㉣

정답 해설

㉡ 넷째 단락에서 '개자리는 굴뚝으로 빠져 나가는 열기와 연기를 잔류시켜 윗목에 열기를 유지하는 기능을 한다. 개자리가 깊을수록 열기와 연기를 머금는 용량이 커진다'라고 하였으므로, 개자리가 깊을수록 윗목의 열기를 유지하기가 더 용이해진다. 따라서 ㉡은 옳은 설명이다.

㉢ 셋째 단락에서 '불목은 아궁이와 고래 사이에 턱이 진 부분으로 불이 넘어가는 고개라는 뜻이다. … 고래가 끝나는 윗목 쪽에도 바람막이라는 턱이 있는데'라고 하였다. 따라서 불목은 아궁이가 있는 아랫목 쪽에 가깝고, 바람막이는 윗목 쪽에 가깝다는 것을 알 수 있다. ㉢도 옳은 설명이 된다.

오답 해설

㉠ 둘째 단락에서 '고래 바닥은 아궁이가 있는 아랫목에서 윗목으로 가면서 높아지도록 경사를 주는데'라고 하였으므로, 고래 바닥은 아랫목에서 위목을 갈수록 높아진다는 것을 알 수 있다.

㉣ 불목과 바람막이에 대해 설명하고 있는 셋째 단락에서 불목은 '아궁이에서 타고 남은 재가 고래 속으로 들어가지 못하도록 막아준다. … 바람막이라는 턱이 있는데, 이 턱은 굴뚝에서 불어내리는 바람에 의해 열기와 연기가 역류되는 것을 방지한다'라고 하였다. 따라서 타고 남은 재가 고래 안으로 들어가지 못하게 하는 것은 불목이며, 바람막이는 굴뚝에서 내려오는 바람에 의해 열기와 연기가 역류되지 못하게 하는 기능을 한다는 것을 알 수 있다.

44 동산 A를 '갑, 을, 병' 세 사람이 공유하고 있다. 다음의 〈관련 규정〉을 근거로 판단할 때, 〈보기〉에서 옳은 것을 모두 고르면?

〈관련 규정〉

제○○조(물건의 공유)

① 물긴이 지분에 의하여 여러 사람의 소유로 된 때에는 공유로 한다.

② 공유자의 지분은 균등한 것으로 추정한다.

제○○조(공유지분의 처분과 공유물의 사용, 수익) 공유자는 자신의 지분을 다른 공유자의 동의 없이 처분할 수 있고 공유물 전부를 지분의 비율로 사용, 수익할 수 있다.

제○○조(공유물의 처분, 변경) 공유자는 다른 공유자의 동의 없이 공유물을 처분하거나 변경하지 못한다.

제○○조(공유물의 관리, 보존) 공유물의 관리에 관한 사항은 공유자의 지분의 과반수로써 결정한다. 그러나 보존행위는 각자가 할 수 있다.

제○○조(지분포기 등의 경우의 귀속) 공유자가 그 지분을 포기하거나 상속인 없이 사망한 때에는 그 지분은 다른 공유자에게 각 지분의 비율로 귀속한다.

보기

㉠ 갑, 을, 병은 A에 대해 각자 1/3씩 지분을 갖는 것으로 추정된다.

㉡ 병은 단독으로 A에 대한 보존행위를 할 수 없다.

㉢ 을이 A에 대한 자신의 지분을 처분하기 위해서는 갑과 병의 동의를 얻어야 한다.

㉣ 갑이 상속인 없이 사망한 경우, A에 대한 갑의 지분은 을과 병에게 각 지분의 비율에 따라 귀속된다.

① ㉠, ㉡　　② ㉠, ㉣

③ ㉡, ㉢　　④ ㉡, ㉣

⑤ ㉢, ㉣

㉠ 첫 번째 법조항의 제1항에서 '공유자의 지분은 균등한 것으로 추정한다'라고 했으므로, 동산 A는 갑, 을, 병이 각자 1/3씩 지분을 갖는 것으로 추정된다. 따라서 ㉠은 옳다.

㉣ 마지막 법조항에서 '공유자가 그 지분을 포기하거나 상속인 없이 사망한 때에는 그 지분은 다른 공유자에게 각 지분의 비율로 귀속한다'라고 했으므로, 공유자인 갑이 상속인 없이 사망한 경우 그의

지분은 을과 병에게 각 지분의 비율에 따라 귀속된다. 따라서 ㉣도 옳다.

㉡ 네 번째 법조항에서 '그러나 보존행위는 각자가 할 수 있다'라고 했으므로, 병은 단독으로 공유물 A에 대한 보존행위를 할 수 있다.

㉢ 두 번째 법조항에서 '공유자는 자신의 지분을 다른 공유자의 동의 없이 처분할 수 있고'라고 했으므로, 공유자인 을은 자신의 지분을 갑과 을의 동의 없이 처분할 수 있다.

45 다음 글을 근거로 판단할 때, 〈사례〉에서 갑이 을에게 청구하여 받을 수 있는 최대 손해배상액은?

채무자가 고의 또는 과실로 인하여 채무의 내용에 따른 이행을 하지 않으면 채권자는 채무자에게 손해배상을 청구할 수 있다. 채권자가 채무불이행을 이유로 채무자로부터 손해배상을 받으려면 손해의 발생사실과 손해액을 증명하여야 하는데, 증명의 어려움을 해소하기 위해 손해배상액을 예정하는 경우가 있다.

손해배상액의 예정은 장래의 채무불이행 시 지급해야 할 손해배상액을 사전에 정하는 약정을 말한다. 채권자와 채무자 사이에 손해배상액의 예정이 있으면 채권자는 실손해액과 상관없이 예정된 배상액을 청구할 수 있지만, 실손해액이 예정액을 초과하더라도 그 초과액을 배상받을 수 없다. 그리고 손해배상액을 예정한 사유가 아닌 다른 사유로 발생한 손해에 대해서는 손해배상액 예정의 효력이 미치지 않는다. 따라서 이로 인한 손해를 배상받으려면 별도로 손해의 발생사실과 손해액을 증명해야 한다.

〈사례〉

갑과 을은 다음과 같은 공사도급계약을 체결하였다.

- 계약당사자 : 갑(A건물 소유주)/을(건축업자)
- 계약내용 : A건물의 리모델링
- 공사대금 : 1억 원
- 공사기간 : 2017. 11. 2.~2018. 4. 2.
- 손해배상액의 예정 : 공사기간 내에 A건물의 리모델링을 완료하지 못할 경우, 지연기간 1일당 위 공사대금의 0.1%를 을이 갑에게 지급

그런데 을의 과실로 인해 A건물 리모델링의 완료가 30일이 지연되었고, 이로 인해 갑은 400만 원의 손해를 입었다. 또한 을이 고의로 불량자재를 사용하여 부실공사가 이루어졌고, 이로 인해 갑은 800만 원의 손해를 입었다. 갑은 각각의 손해발생사실과 손해액을 증명하여 을에게 손해배상을 청구하였다.

① 300만 원
② 700만 원
③ 1,100만 원
④ 1,200만 원
⑤ 1,500만 원

제시된 글과 〈사례〉를 비교하여 손해배상을 받을 수 있는 최대 금액을 살펴보면 다음과 같다.

- 제시된 글의 둘째 단락에서 '채권자와 채무자 사이에 손해배상액의 예정이 있으면 채권자는 실손해액과 상관없이 예정된 배상액을 청구할 수 있지만, 실손해액이 예정액을 초과하더라도 그 초과액을 배상받을 수 없다'라고 하였다. 따라서 갑은 리모델링 공사 지연시에 배상받을 수 있도록 손해배상액 예정을 하였으므로 예정액 한도에서 받을 수 있다. 손해배상액 예정액은 지연기간(30일) 1일당 공사대금(1억 원)의 0.1%이므로, '30 × 1억 원 × 0.001 = 300만 원'이 된다. 리모델링 완료 지연으로 갑이 입은 손해는 400만 원이지만, 300만 원을 초과하는 금액은 받을 수 없으므로, 300만 원만 받게 된다.
- 글의 둘째 단락에서 '손해배상액을 예정한 사유가 아닌 다른 사유로 발생한 손해에 대해서는 손해배상액 예정의 효력이 미치지 않는다'라고 했으므로, 을이 고의로 불량자재를 사용하는 부실공사로 인해 갑이 입은 손해 800만 원은 손해배상액 예정의 효력이 미치지 않는다. 따라서 갑은 이 800만 원은 손해배상을 청구해 받을 수 있다.

따라서 이를 종합하면 갑이 을에게 청구해 받을 수 있는 최대 손해배상액은 '300 + 800 = 1,100만 원'이 된다.

46 다음 〈조건〉을 근거로 판단할 때, A의 오른쪽에 앉은 사람과 노란 모자를 쓰고 있는 사람으로 순서대로 모두 바르게 나열한 것은?

조건

㉠ A, B, C, D 네 명이 정사각형 테이블의 각 면에 한 명씩 둘러앉아 있다.
㉡ 초록, 빨강, 파랑, 노랑 색깔의 모자 4개가 있다. A, B, C, D는 이 중 서로 다른 색깔의 모자 하나씩을 쓰고 있다.
㉢ A와 B는 여자이고 C와 D는 남자이다.
㉣ A 입장에서 왼편에 앉은 사람은 파란 모자를 쓰고 있으며, 맞은편에는 C가 있다.
㉤ C 맞은편에 앉은 사람은 빨간 모자를 쓰고 있다.
㉥ D 맞은편에 앉은 사람은 노란 모자를 쓰고 있지 않다.
㉦ B 입장에서 왼편에 앉은 사람(A)은 초록 모자를 쓰고 있지 않다.
㉧ 노란 모자를 쓴 사람과 초록 모자를 쓴 사람 중 한 명은 남자이고 한 명은 여자이다.

① B, C　② B, D
③ C, A　④ C, D
⑤ D, C

A를 아래의 자리에 두고, 이를 기준으로 하여 〈조건〉을 검토해 보면 다음과 같다.

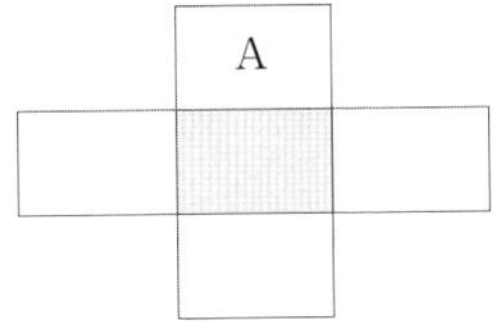

㉢ A와 B는 여자이고, C와 D는 남자이다.
㉣ A 입장에서 왼편에 앉은 사람은 파란 모자를 쓰고 있고, 맞은편에는 C가 있으므로, 아래 그림과 같다.

ⓜ C 맞은편에 앉은 사람은 빨간 모자를 쓰고 있으므로, A는 빨간 모자를 쓰고 있다.

	빨간 A(여)	
		파란
	C(남)	

ⓑ D 맞은편에 앉은 사람은 노란 모자를 쓰고 있지 않으므로, D의 자리는 다음의 (가), (나) 그림의 자리 중 하나이다.

(가)

	빨간 A(여)	
D		파란 B
	C(남)	

(나)

	빨간 A(여)	
초록 D		파란 B
	노란 C(남)	

(가)의 경우를 살펴보면 다음과 같다.

ⓢ B 입장에서 왼편에 앉은 사람은 C가 되며, C는 초록 모자를 쓰고 있지 않으므로 노란 모자를 쓰고 있다.

(가)

	빨간 A(여)	
초록 D		파란 B
	노란 C(남)	

ⓞ 노란 모자를 쓴 사람(C)과 초록 모자를 쓴 사람(D) 중 한 명은 남자이고 한 명은 여자라고 했는데, 이는 ⓒ과 모순되므로, (가)는 옳지 않고 (나)가 옳다. (나)를 통해 ⓢ과 ⓞ을 검토하면 모순이 없으며, 자리와 모자 색깔은 다음과 같다.

(나)

	빨간 A(여)	
초록 B		파란 D
	노란 C(남)	

따라서 A의 오른쪽에 앉은 사람은 B이며, 노란 모자를 쓰고 있는 사람은 C가 된다.

47 '갑'국의 공무원 A는 다음 〈표〉와 추가적인 자료를 이용하여 과학기술 논문 발표현황에 관한 〈보고서〉를 작성하였다. 작성을 위해 추가로 필요한 자료만을 〈보기〉에서 모두 고르면?

〈표〉 갑국의 SCI 과학기술 논문 발표현황

(단위 : 편, %)

연도	2011	2012	2013	2014	2015	2016	2017
발표수	29,565	34,353	37,742	41,481	45,588	49,374	51,051
세계 점유율	2.23	2.40	2.50	2.62	2.68	2.75	2.77

〈보고서〉

최근 갑국은 과학기술 분야의 연구에 많은 투자를 하고 있다. 2017년도 갑국의 SCI 과학기술 논문 발표수는 51,051편으로 전년대비 약 3.40% 증가했다. 갑국 SCI 과학기술 논문 발표수의 세계 점유율은 2011년 2.23%에서 매년 증가하여 2017년 2.77%가 되었다. 이는 2011년 이후 기초 · 원천기술연구에 대한 투자규모의 지속적인 확대로 SCI 과학기술 논문 발표수가 꾸준히 증가하고 있는 것으로 분석된다. 2017년의 논문 1편당 평균 피인용횟수는 4.55회로 SCI 과학기술 논문 발표수 상위 50개 국가 중 32위를 기록했다.

보기

ㄱ 2011년 이후 세계 총 SCI 과학기술 학술지 수

ㄴ 2013~2017년 갑국 SCI 과학기술 논문 발표수의 전년대비 증가율

ㄷ 2011년 이후 갑국 기초 · 원천기술연구 투자규모 현황

ㄹ 2013~2017년 연도별 SCI 과학기술 논문 발표수 상위 50개 국가의 논문 1편당 평균 피인용횟수

① ㄱ, ㄴ
② ㄱ, ㄹ
③ ㄴ, ㄷ
④ ㄴ, ㄹ
⑤ ㄷ, ㄹ

ⓒ 〈보고서〉에서 '이는 2011년 이후 기초 · 원천기술연구에 대한 투자규모의 지속적인 확대로 SCI 과학기술 논문 발표수가 꾸준히 증가하고 있는 것으로 분석된다'라고 했으므로, '2011년 이후 갑국 기초 · 원천기술연구 투자규모 현황'에 대한 자료가 〈보고서〉 작성을 위해 추가로 필요하다는 것을 알 수 있다.

ⓔ 〈보고서〉의 후반부에서 '2017년의 논문 1편당 평균 피인용횟수는 4.55회로 SCI 과학기술 논문 발표수 상위 50개 국가 중 32위를 기록했다'라고 했으므로, '2017년 SCI 과학기술 논문 발표수 상위 50개 국가의 논문 1편당 평균 피인용횟수'에 관한 자료가 추가로 필요하다는 것을 알 수 있다. 따라서 ⓔ도 필요한 자료가 된다.

㉠ '연도별 세계 총 SCI 과학기술 학술지 수'는 〈표〉에 있는 갑국의 연도별 SCI 과학기술 논문 발표수와 세계 점유율(%)을 통해 구할 수 있으므로, 추가적으로 필요한 자료가 아니다.

㉡ '2013~2017년 갑국 SCI 과학기술 논문 발표수의 전년대비 증가율'은 제시된 〈표〉를 통해 구할 수 있으므로, 추가적으로 필요한 자료가 아니다.

48 다음 글을 근거로 판단할 때 옳은 것을 〈보기〉에서 모두 고르면?

최초의 자전거는 1790년 시브락 백작이 발명한 '셀레리페르'라는 것이 정설이다. 이후 1813년 만하임의 드라이스 폰 자이에르브론 남작이 '드레지엔'을 선보였다. 방향 전환이 가능한 핸들이 추가된 이 자전거는 1817년 파리 티볼리 정원의 구불구불한 길을 단번에 통과한 후 인기를 끌었다. 19세기 중엽에는 '벨로시페드'라는 자전거가 등장했는데, 이 자전거는 앞바퀴 쪽에 달려 있는 페달을 밟아 이동이 가능했다. 이 페달은 1861년 에르네스트 미쇼가 드레지엔을 수리하다가 아이디어를 얻어 발명한 것이었다.

자전거가 인기를 끌자, 1868년 5월 생클루드 공원에서는 처음으로 자전거 스피드 경주가 열렸다. 이 대회의 우승은 제임스 무어가 차지했다. 그는 다음 해 열린 파리-루앙 간 최초의 도로 사이클 경주에서도 우승했다.

이로부터 상당한 시일이 흐른 후 금속제 자전거가 등장했다. 1879년에는 큰 기어와 뒷바퀴 사이에 체인이 달린 자전거가, 그리고 1885년에는 안전 커버가 부착되고 두 바퀴의 지름이 똑같은 자전거가 발명되었다. 1888년에는 스코틀랜드의 수의사 던롭이 공기 타이어를 고안했으며, 이후 19세기 말 유럽의 길거리에는 자전거가 붐비기 시작했다.

보기

㉠ 셀레리페르는 핸들로 방향 전환이 가능한 최초의 자전거였다.
㉡ 벨로시페드의 페달은 드레지엔의 수리과정에서 얻은 아이디어를 바탕으로 발명되었다.
㉢ 대중적으로 자전거의 인기가 높아지자 19세기 초에 도로 사이클 경주가 개최되었다.
㉣ 두 바퀴의 지름이 동일한 자전거는 공기 타이어가 부착된 자전거보다 먼저 발명되었다.

① ㉠, ㉡
② ㉠, ㉣
③ ㉡, ㉢
④ ㉡, ㉣
⑤ ㉢, ㉣

㉡ 첫째 단락 후반부에서 '19세기 중엽에는 '벨로시페드'라는 자전거가 등장했는데, 이 자전거는 앞바퀴 쪽에 달려 있는 페달을 밟아 이동이 가능했다. 이 페달은 1861년 에르네스트 미쇼가 드레지엔을 수리하다가 아이디어를 얻어 발명한 것이었다'라고 했으므로, 벨로시페드의 페달은 드레지엔의 수리과정에서 얻은 아이디어를 바탕으로 발명되었다고 할 수 있다.

㉣ 셋째 단락에서 '그리고 1885년에는 안전 커버가 부착되고 두 바퀴의 지름이 똑같은 자전거가 발명되었다. 1888년에는 스코틀랜드의 수의사 던롭이 공기 타이어를 고안했으며'라고 했으므로, 두 바퀴의 지름이 똑같은 자전거가 공기 타이어가 부착된 자전거보다 먼저 발명되었음을 알 수 있다.

오답 해설

㉠ 첫째 단락 전반부에서 '최초의 자전거는 1790년 시브락 백작이 발명한 '셀레리페르'라는 것이 정설이다. 이후 1813년 만하임의 드라이스 폰 자이에르브론 남작이 '드레지엔'을 선보였다. 방향 전환이 가능한 핸들이 추가된 이 자전거는'라고 하였으므로, 핸들로 방향 전환이 가능한 최초의 자전거는 '드레지엔'이라 할 수 있다.

㉢ 둘째 단락에서 '자전거가 인기를 끌자, 1868년 5월 생클루드 공원에서는 처음으로 자전거 스피드 경주가 열렸다. … 그는 다음 해 열린 파리–루앙 간 최초의 도로 사이클 경주에서도 우승했다'라고 했으므로, 처음으로 도로 사이클 경주가 개최된 것은 19세기 후반이다.

49 다음 〈그림〉은 어느 도시의 미혼남과 미혼녀의 인원수 추이 및 미혼남녀의 직업별 분포를 나타낸 자료이다. 이에 대한 〈보기〉의 설명 중 옳은 것을 모두 고르면?

〈그림1〉 2011~2017년 미혼남과 미혼녀의 인원수 추이

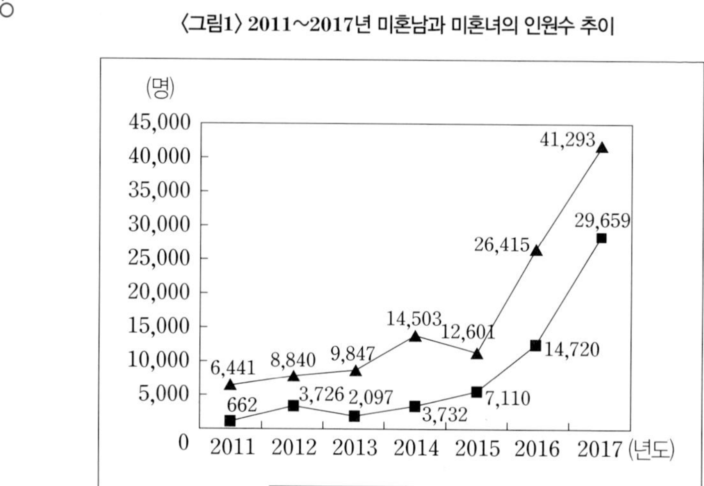

〈그림2〉 2017년 미혼남녀의 직업별 분포

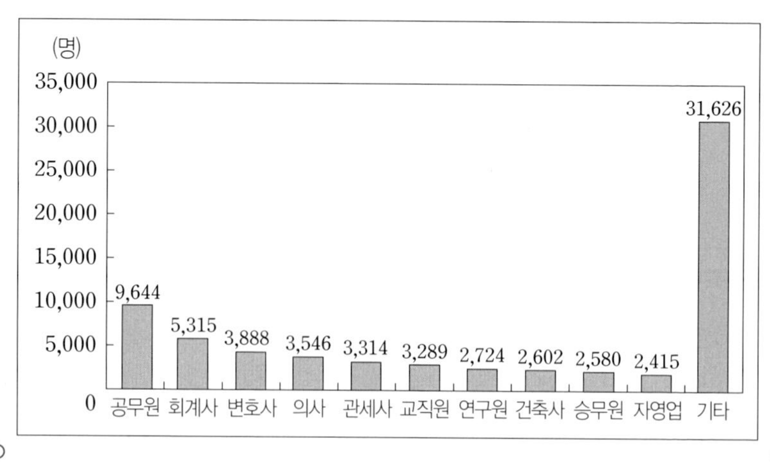

보기

㉠ 2015년 이후 미혼남의 인원수와 2014년 이후 미혼녀의 인원수는 매년 증가하였다.

㉡ 2016년 미혼녀 인원수는 2015년 미혼녀 인원수의 2배 이하이다.

㉢ 2017년 미혼남녀의 직업별 분포에서 회계사 수는 연구원 수의 2배 이상이다.

㉣ 2016년 미혼녀와 미혼남의 인원수 차이는 2017년의 차이보다 50명 이상 많다.

① ㉠, ㉡　　② ㉠, ㉣

③ ㉡, ㉢　　④ ㉡, ㉣

⑤ ㉢, ㉣

㉠ 〈그림1〉에서 미혼남의 인원수는 2015년 이후 매년 증가했고, 미혼녀의 인원수는 2014년 이후 매년 증가했다는 것을 알 수 있다.

㉣ 2016년 미혼녀와 미혼남의 인원수 차이는 '26,415－14,720＝11,695명'이며, 2017년 미혼녀와 미혼남의 인원수 차이는 '41,293－29,659＝11,634명'이므로, 전자는 후자보다 61명이 많다. 따라서 ㉣도 옳은 설명이다.

㉡ 2016년 미혼녀의 인원수는 14,720명이며, 2015년의 미혼녀 인원수는 7,110명이므로, 전자는 후자의 2배 이상이라는 것을 알 수 있다.

㉢ 2017년 미혼남녀의 직업별 분포에서 회계사 수는 5,315명이며, 연구원 수는 2,724명이므로, 전자는 후자의 2배 이하가 된다.

정답 49 ②

[50~51] 다음 〈표〉는 2011~2017년까지 '갑'국의 문화재 전시 및 국외반출 허가 현황에 관한 자료이다. 물음에 알맞은 답을 고르시오.

〈표〉 문화재 전시 및 국외반출 허가 현황

(단위 : 건, 개)

연도	전시건수		국외반출 허가 문화재 수량		
	국가별 전시건수 (국가 : 건수)	계	지정문화재 (문화재 종류 : 개수)	비지정 문화재	계
2011	일본 : 6, 중국 : 1, 영국 : 1, 프랑스 : 1, 호주 : 1	10	국보 : 3, 보물 : 4, 시도지정문화재 : 1	796	804
2012	일본 : 10, 미국 : 5, 그리스 : 1, 체코 : 1, 중국 : 1	18	국보 : 18, 보물 : 3, 시도지정문화재 : 1	902	924
2013	일본 : 5, 미국 : 3, 벨기에 : 1, 영국 : 1	10	국보 : 5, 보물 : 10	315	330
2014	일본 : 9, 미국 : 8, 중국 : 3, 이탈리아 : 3, 프랑스 : 2, 영국 : 2, 독일 : 2, 포르투갈 : 1, 네덜란드 : 1, 체코 : 1, 러시아 : 1	33	국보 : 2, 보물 : 13	1,399	1,414
2015	일본 : 9, 미국 : 5, 영국 : 2, 러시아 : 2, 중국 : 1, 벨기에 : 1, 이탈리아 : 1, 프랑스 : 1, 스페인 : 1, 브라질 : 1	24	국보 : 3, 보물 : 11	1,311	1,325
2016	미국 : 3, 일본 : 2, 호주 : 2, 중국 : 1, 타이완 : 1	9	국보 : 4, 보물 : 12	733	749
2017	미국 : 6, 중국 : 5, 일본 : 5, 영국 : 2, 브라질 : 1, 독일 : 1, 러시아 : 1	21	국보 : 4, 보물 : 9	1,430	1,443

※ 1) 지정문화재는 국보, 보물, 시도지정문화재만으로 구성됨.
2) 동일년도에 두 번 이상 전시된 국외반출 허가 문화재는 없음.

50 연도별 국외반출 허가 문화재 수량 중 지정문화재 수량의 비중이 가장 큰 해의 그 비중은 얼마인가? (단, 소수점 아래 셋째 자리에서 반올림한다.)

① 2.38%
② 3.16%
③ 3.81%
④ 4.55%
⑤ 5.22%

정답 해설 〈표〉를 통해 연도별 국외반출 허가 문화재 수량과 지정문화재 수량을 비교해 보면, 2012년과 2013년이 국외반출 허가 문화재 수량 중 지정문화재 수량의 비중이 크다는 것을 알 수 있다. 각 연도의 비중을 구하면 다음과 같다.

- 2012년 : $\frac{22}{924} \times 100 \fallingdotseq 2.38\%$
- 2013년 : $\frac{15}{330} \times 100 \fallingdotseq 4.55\%$

따라서 연도별 국외반출 허가 문화재 수량 중 지정문화재 수량의 비중이 가장 큰 해는 2013년이며, 그 비중은 4.55%이다.

51 다음 〈보기〉의 설명 중 옳은 것을 모두 고르면?

보기

㉠ 보물인 국외반출 허가 지정문화재의 수량이 가장 많은 해는 전시건 당 국외반출 허가 문화재 수량이 45개 이상이다.
㉡ 2014년 이후, 연도별 전시건수가 가장 많은 연도는 국외반출 허가 문화재 수량도 가장 많다.
㉢ 2013년 이후, 연도별 전시건수 중 미국 전시건수 비중이 가장 작은 해에는 프랑스에서도 전시가 있었다.
㉣ 국가별 전시건수의 합이 10건 이상인 국가는 일본, 미국, 중국뿐이다.

① ㉠, ㉡
② ㉠, ㉣
③ ㉡, ㉢
④ ㉡, ㉣
⑤ ㉢, ㉣

㉢ 2013년 이후, 연도별 전시건수 중 미국 전시건수 비중은 2015년이 '$\frac{5}{24}\times 100 \fallingdotseq 20.8\%$'로 가장 낮다. 2015년에는 프랑스에서도 전시가 1건 있었으므로, ㉢은 옳은 설명이다.

㉣ 국가별 전시건수의 합이 10건 이상인 국가는 일본(46건), 미국(30), 중국(12건)뿐이다.

㉠ 보물인 국외반출 허가 지정문화재의 수량이 가장 많은 해는 2014년이다. 2014년의 전시건 당 국외반출 허가 문화재 수량은 '$\frac{1,414}{33}\fallingdotseq 42.8$개'이므로, 45개 이하가 된다.

㉡ 2014년 이후, 연도별 전시건수가 가장 많은 연도는 2014년(33건)이다. 그러나 이 기간 동안 국외반출 허가 문화재 수량이 가장 많은 연도는 2017년(1,443개)이다. 따라서 ㉡은 옳지 않다.

52 다음 글을 근거로 판단할 때, 〈보기〉에서 같이 사용하면 부작용을 일으키는 화장품의 조합만을 모두 고른 것은?

화장품 간에도 궁합이 있다. 같이 사용하면 각 화장품의 효과가 극대화 되거나 보완되는 경우가 있는 반면 부작용을 일으키는 경우도 있다. 요즘은 화장품에 포함된 모든 성분이 표시되어 있으므로 기본 원칙만 알고 있으면 제대로 짝을 맞춰 쓸 수 있다.

트러블의 원인이 되는 묵은 각질을 제거하고 외부 자극으로부터 피부 저항력을 키우는 비타민 B 성분이 포함된 제품을 트러블과 홍조 완화에 탁월한 비타민 K 성분이 포함된 제품과 함께 사용하면, 양 성분의 효과가 극대화되어 깨끗하고 건강하게 피부를 관리하는 데 도움이 된다.

일반적으로 세안제는 알칼리성 성분이어서 세안 후 피부는 약알칼리성이 된다. 따라서 산성에서 효과를 발휘하는 비타민 A 성분이 포함된 제품을 사용할 때는 세안 후 약산성 토너로 피부를 정리한 뒤 사용해야 한다. 한편 비타민 A 성분이 포함된 제품은 오래된 각질을 제거하는 기능도 있다. 그러므로 각질관리 제품과 같이 사용하면 과도하게 각질이 제거되어 피부에 자극을 주고 염증을 일으킨다.

AHA 성분은 각질 결합을 느슨하게 해 묵은 각질이나 블랙헤드를 제거하고 모공을 축소시키지만, 피부의 수분을 빼앗고 탄력을 떨어뜨리며 자외선에 약한 특성도 함께 지니고 있다. 따라서 AHA 성분이 포함된 제품을 사용할 때는 보습 및 탄력관리에 유의해야 하며 자외선 차단제를 함께 사용해야 한다.

보기

㉠ 비타민 A 성분이 포함된 주름개선 제품+비타민 B 성분이 포함된 각질관리 제품

㉡ 보습기능이 있는 자외선 차단제+AHA 성분이 포함된 모공축소 제품

㉢ 비타민 B 성분이 포함된 로션+비타민 K 성분이 포함된 영양크림

① ㉠ ② ㉡

③ ㉢ ④ ㉠, ㉡

⑤ ㉡, ㉢

㉠ 셋째 단락 후반부에서 '한편 비타민 A 성분이 포함된 제품은 오래된 각질을 제거하는 기능도 있다. 그러므로 각질관리 제품과 같이 사용하면 과도하게 각질이 제거되어 피부에 자극을 주고 염증을 일으킨다'라고 하였으므로, 비타민 A 성분이 포함된 제품과 각질관리 제품을 같이 사용하는 경우 피부에 자극을 주어 염증을 일으킬 수 있다. 따라서 ㉠은 같이 사용하면 부작용을 일으키는 화장품의 조합에 해당한다.

㉡ 넷째 단락에서 'AHA 성분이 포함된 제품을 사용할 때는 보습 및 탄력관리에 유의해야 하며 자외선 차단제를 함께 사용해야 한다'라고 했으므로, AHA 성분이 포함된 제품과 보습기능이 있는 자외선 차단제를 사용하는 것은 권장되는 사용 조합에 해당한다.

㉢ 둘째 단락에서 '비타민 B 성분이 포함된 제품을 트러블과 홍조 완화에 탁월한 비타민 K 성분이 포함된 제품과 함께 사용하면, 양 성분의 효과가 극대화되어 깨끗하고 건강하게 피부를 관리하는데 도움이 된다'라고 했으므로, 비타민 B 성분이 포함된 로션과 비타민 K 성분이 포함된 영양크림은 권장되는 효과적인 조합에 해당한다.

53 다음 〈그림〉은 2012~2015년 '갑'국 기업의 남성육아휴직제 시행 현황에 관한 자료이다. 이에 대한 설명으로 옳은 것은?

〈그림〉 남성육아휴직제 시행기업수 및 참여직원수

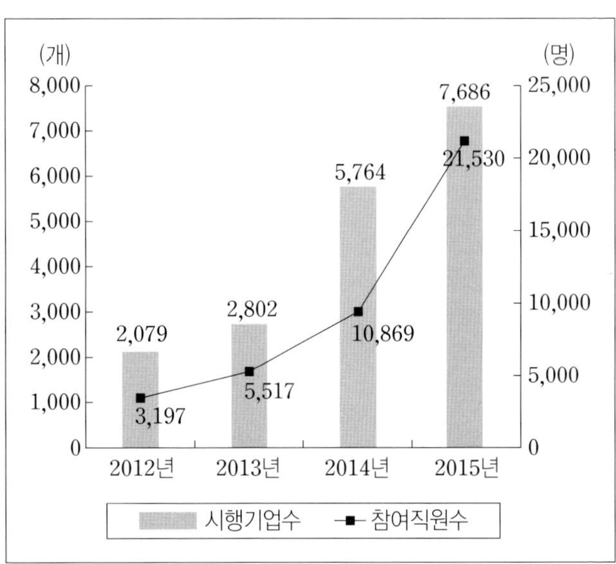

보기

㉠ 2013년 이후 전년보다 참여직원수가 가장 많이 증가한 해와 시행기업수가 가장 많이 증가한 해는 동일하다.
㉡ 2015년 남성육아휴직제 참여직원수는 2012년의 7배 이상이다.
㉢ 시행기업당 참여직원수가 가장 많은 해는 2015년이다.
㉣ 2012~2015년 참여직원수 연간 증가인원의 평균은 6,000명 이상이다.

① ㉠, ㉡
② ㉠, ㉣
③ ㉡, ㉢
④ ㉡, ㉣
⑤ ㉢, ㉣

ⓒ 〈그림〉의 시행기업수와 참여직원수를 비교해 볼 때, 시행기업당 참여직원수가 2명 이상인 해는 2015년뿐이므로, 2015년이 가장 많다는 것을 쉽게 알 수 있다. 2015년의 시행기업당 참여직원수는 '$\frac{21,530}{7,686}$≒2.8(명)'이 된다.

ⓔ 2012~2015년 참여직원수 연간 증가인원의 평균은 '$\frac{2,320+5,352+10,661}{3}$=6,111(명)'이므로, 6,000명 이상이 된다.

ⓐ 전년보다 참여직원수가 가장 많이 증가한 해는 1만명 이상이 증가한 2015년이며, 전년보다 시행기업수가 가장 많이 증가한 해는 2,900개 이상이 증가한 2014년이다. 따라서 두 해는 동일하지 않으므로, ⓐ은 옳지 않다.

ⓑ 2015년 남성육아휴직제 참여직원수는 21,530명이며, 2012년 남성육아휴직제 참여직원수는 3,197명이다. 따라서 전자는 후자의 7배 이하이므로, ⓑ도 옳지 않다.

54 다음 글을 근거로 판단할 때 옳은 것을 〈보기〉에서 모두 고르면?

제○○조(국민공천배심원단)

① 공정하고 투명한 국회의원 후보자 선발을 위하여 국민공천배심원단을 둔다.

② 국민공천배심원단은 국회의원 후보자 중 비전략지역 후보자를 제외한 전략지역 및 비례대표 후보자를 심사대상으로 한다.

제○○조(지역구 국회의원 후보자의 확정)

① 지역구 국회의원 후보자는 공천위원회의 추천을 받아 최고위원회의 의결로 확정한다.

② 공천위원회는 후보자의 적격여부에 대한 심사를 거쳐 단수 후보자를 최고위원회에 추천하거나 복수의 후보자를 선정한다.

③ 공천위원회는 제2항에 따라 선정된 복수의 후보자를 대상으로 여론조사를 실시하여 결정된 단수 후보자를 최고위원회에 추천한다.

④ 국민공천배심원단은 공천위원회에서 추천한 전략지역 후보자에 대해 적격여부를 심사하여 부적격하다고 판단할 경우, 재적 3분의 2 이상의 의결로 최고위원회에 재의요구를 권고할 수 있다.

제○○조(비례대표 국회의원 후보자 확정) 비례대표 국회의원 후보자는 공천위원회에서 지역 및 직역별로 공모를 실시한 후 후보자와 그 순위를 정하고, 국민공천배심원단의 심사를 거쳐 최고위원회의 의결로 확정한다.

보기

㉠ 국민공천배심원단은 전략지역 국회의원 후보자를 추천할 수 있다.

㉡ 최고위원회는 공천위원회의 추천을 받아 비전략지역 국회의원 후보자를 의결로 확정한다.

㉢ 전략지역 국회의원 후보자에 대하여 최고위원회에 재의요구를 권고할 수 있는 국민공천배심원단의 의결정족수는 재적 3분의 2 이상이다.

㉣ 국민공천배심원단은 비례대표 국회의원 후보자에 대한 심사를 거쳐 최종적으로 확정한다.

① ㉠, ㉡
② ㉠, ㉣
③ ㉡, ㉢
④ ㉡, ㉣
⑤ ㉢, ㉣

정답해설 ㉡ 제○○조(지역구 국회의원 후보자의 확정) 제1항에서 '지역구 국회의원 후보자는 공천위원회의 추천을 받아 최고위원회의 의결로 확정한다'라고 하였으므로, ㉡은 옳은 내용이다.

㉢ 제○○조(지역구 국회의원 후보자의 확정) 제4항에서 '국민공천배심원단은 공천위원회에서 추천한 전략지역 후보자에 대해 적격여부를 심사하여 부적격하다고 판단할 경우, 재적 3분의 2 이상의 의결로 최고위원회에 재의요구를 권고할 수 있다'라고 했으므로, ㉢도 옳은 내용이 된다.

오답해설 ㉠ 제○○조(지역구 국회의원 후보자의 확정) 제4항에서 '국민공천배심원단은 공천위원회에서 추천한 전략지역 후보자에 대해 적격여부를 심사하여 부적격하다고 판단할 경우, 재적 3분의 2 이상의 의결로 최고위원회에 재의요구를 권고할 수 있다'라고 하였다. 따라서 국민공천배심원단은 전략지역 국회의원 후보자를 추천하는 것이 아니라, 공천위원회에서 추천한 전략지역 후보의 적격여부를 심사하는 기능을 수행한다.

㉣ 제○○조(비례대표 국회의원 후보자 확정)에서 '비례대표 국회의원 후보자는 … 국민공천배심원단의 심사를 거쳐 최고위원회의 의결로 확정한다'라고 하였다. 따라서 비례대표 국회의원 후보자는 국민공천배심원단이 아니라 최고위원회의 의결로 확정한다.

55 다음 〈표〉는 2017년 국가별 실질세부담률에 관한 자료이다. 〈표〉와 〈조건〉에 근거하여 A~D에 해당하는 국가를 바르게 나열한 것은?

〈표〉 2017년 국가별 실질세부담률

구분 / 국가	독신 가구 실질세부담률(%)			다자녀 가구 실질세부담률(%)	독신 가구와 다자녀 가구의 실질세부담률 차이(%p)
		2007년 대비 증감(%p)	전년대비 증감(%p)		
A	55.3	−0.20	−0.28	40.5	14.8
독일	32.2	4.49	0.26	26.8	5.4
B	39.0	−2.00	−1.27	38.1	0.9
C	42.1	5.26	0.86	30.7	11.4
이탈리아	21.9	4.59	0.19	19.6	2.3
D	31.6	−0.23	0.05	18.8	12.8
멕시코	19.7	4.98	0.20	19.7	0.0
E	39.6	0.59	−1.16	33.8	5.8
스웨덴	36.4	−2.36	0.21	26.0	10.4

〈조건〉

㉠ 2007년 대비 2017년 독신 가구 실질세부담률이 가장 큰 폭으로 증가한 국가는 포르투갈이다.

㉡ 2017년 독신 가구와 다자녀 가구의 실질세부담률 차이가 스웨덴보다 큰 국가는 노르웨이, 네덜란드, 포르투갈이다.

㉢ 2017년 독신 가구 실질세부담률이 전년대비 감소한 국가는 네덜란드, 그리스, 스페인이다.

㉣ 스페인의 2017년 독신 가구 실질세부담률은 그리스의 2017년 독신 가구 실질세부담률보다 높다.

정답 55 ④

	A	C	E
①	네덜란드	포르투칼	그리스
②	노르웨이	이탈리아	그리스
③	노르웨이	포르투칼	스페인
④	네덜란드	포르투칼	스페인
⑤	노르웨이	이탈리아	스페인

 〈조건〉에 따라 해당 국가를 살펴보면 다음과 같다.

㉠ 2007년 대비 2017년 독신 가구 실질세부담률이 가장 큰 폭으로 증가한 국가는 5.26(%p) 증가한 C이므로, 'C는 포르투칼'이 된다.

㉡ 2017년 독신 가구와 다자녀 가구의 실질세부담률 차이가 스웨덴(10.4)보다 큰 국가는 A, C, D이므로, A와 D는 노르웨이 또는 네덜란드가 된다.

㉢ 2017년 독신 가구 실질세부담률이 전년대비 감소한 국가는 A, B, E인데, 이에 해당하는 국가가 네덜란드, 그리스, 스페인 중의 하나이다. 따라서 ㉡의 조건에 따라 'A는 네덜란드'가 된다는 것을 알 수 있다. 따라서 'D는 노르웨이'가 되며, B와 E는 그리스 또는 스페인이 된다.

㉣ 스페인의 2017년 독신 가구 실질세부담률은 그리스의 2017년 독신 가구 실질세부담률보다 높으므로, 'B는 그리스'가 되며, 'E는 스페인'이 된다.

따라서 'A는 네덜란드, C는 포르투칼, E는 스페인'이다.

[56~57] 다음을 〈층간소음 배상 기준 및 금액〉을 근거로 하여 물음에 알맞은 답을 고르시오.

〈층간소음 배상 기준 및 금액〉

층간소음 배상에 대한 기준 및 금액은 아래와 같다.

(1) 층간소음 수인(受忍)한도

• 주간 최고소음도 : 55dB(A)

• 야간 최고소음도 : 50dB(A)

• 주간 등가소음도 : 40dB(A)

• 야간 등가소음도 : 35dB(A)

(2) 층간소음 배상 기준금액 : 수인한도 중 하나라도 초과 시

피해기간	피해자 1인당 배상 기준금액
6개월 이내	600,000원
6개월 초과~1년 이내	750,000원
1년 초과~2년 이내	900,000원

(3) 배상금액 가산기준

• 주간 혹은 야간에 최고소음도와 등가소음도가 모두 수인한도를 초과한 경우에는 30% 가산

• 최고소음도 혹은 등가소음도가 주간과 야간에 모두 수인한도를 초과한 경우에는 30% 가산

• 피해자가 환자, 1세 미만 유아, 수험생인 경우에는 해당 피해자 개인에게 20% 가산

(4) 둘 이상의 가산기준에 해당하는 경우 기준금액을 기준으로 각각의 가산금액을 산출한 후 합산

㉮ 피해기간은 3개월이고, 주간의 최고소음도와 등가소음도가 수인한도를 모두 초과하였고, 피해자가 1인이며 환자인 경우 최대 배상금액 :

600,000원+(600,000원×0.3)+(600,000원×0.2)

※ 등가소음도 : 변동하는 소음의 평균치

56 다음의 상황에서 '갑'이 배상해야 할 금액은 얼마인가?

아파트 7층에 거주하는 갑이 7개월 전부터 지속적으로 소음을 발생시키자, 6층의 부부가 문제를 제기하였다. 소음을 측정한 결과 주간과 야간 모두 최고소음도는 수인한도를 초과하지 않았으나, 주간 등가소음도는 42dB(A)였으며, 야간 등가소음도는 37dB(A)였다. 부부는 모두 건강했으며, 현재 자녀 없이 두 사람만 거주하고 있는 상태였다.

① 1,500,000원
② 1,560,000원
③ 1,800,000원
④ 1,950,000원
⑤ 2,340,000원

정답 해설 6층의 층간소음 측정 결과 최고소음도는 수인한도를 초과하지 않았으나, 등가소음도는 주간과 야간 모두 수인한도를 초과하였다. 7층의 소음으로 인한 피해기간이 7개월이며, 등가소음도가 주간과 야간에 모두 수인한도를 초과하므로 기준금액을 기준으로 30% 가산하여 합산하여야 한다. 또한 피해자의 수는 2인이다. 따라서 이를 토대로 배상금액을 정하면
'{750,000원+(750,000원×0.3)}×2=1,950,000원'이 된다.

57 다음의 상황에서 '을'이 배상해야 할 금액은 얼마인가?

A씨 가족은 1년 3개월 전에 한 아파트로 이사를 왔다. 그런데 이사 온 첫날부터 바로 윗집에 사는 을이 야간에 지속적으로 소음을 발생시켰다. 모두 5인으로 구성된 A씨 가족들 중에는 몸이 아파 병원에 계속 다니고 있는 할머니 한 분과 수험생인 큰 아들이 하나 있었다. A씨 가족의 문제제기로 야간에 소음을 측정한 결과 등가소음도는 40dB(A)였으며, 최고소음도는 52dB(A)이었다.

① 5,850,000원
② 6,030,000원
③ 6,210,000원
④ 6,390,000원
⑤ 6,750,000원

정답 해설 A씨 가족의 경우 야간에 최고소음도와 등가소음도가 모두 수인한도를 초과한 경우에 해당하므로 기준금액에서 30%를 가산하여 합산한다. A씨 가족의 피해기간은 1년 3개월이며, 피해자 수는 모두 5인이다. 그리고 가족 중 할머니는 환자이고 큰 아들은 수험생이므로, 두 사람에 대해서는 기준금액에 20%를 가산하여 합산하여야 한다. 따라서 A씨 가족에게 을이 배상해야 할 금액은 '[{900,000원+(900,000원×0.3)}×5]+{(900,000원×0.2)}×2=6,210,000원'이 된다.

58 다음 〈표〉와 〈그림〉을 이용하여 환경 R&D 예산 현황에 관한 〈보고서〉를 작성하였다. 〈보고서〉 작성을 위하여 추가로 필요한 자료만을 〈보기〉에서 모두 고르면?

〈표〉 대한민국 정부 부처 전체 및 주요 부처별 환경 R&D 예산 현황

(단위 : 억 원)

구분 연도	정부 부처 전체	A부처	B부처	C부처	D부처	E부처
2008	61,417	14,338	18,431	1,734	1,189	1,049
2009	65,154	16,170	17,510	1,963	1,318	1,074
2010	70,827	19,851	25,730	1,949	1,544	1,301
2011	77,996	24,484	28,550	2,856	1,663	1,365
2012	89,096	27,245	31,584	3,934	1,877	1,469
2013	97,629	30,838	32,350	4,277	1,805	1,663
2014	108,423	34,970	35,927	4,730	2,265	1,840
2015	123,437	39,117	41,053	5,603	2,773	1,969
2016	137,014	43,871	44,385	5,750	3,085	2,142
2017	148,902	47,497	45,269	6,161	3,371	2,355

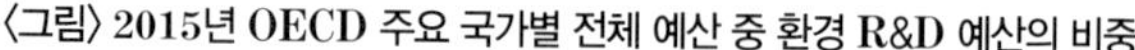

〈그림〉 2015년 OECD 주요 국가별 전체 예산 중 환경 R&D 예산의 비중

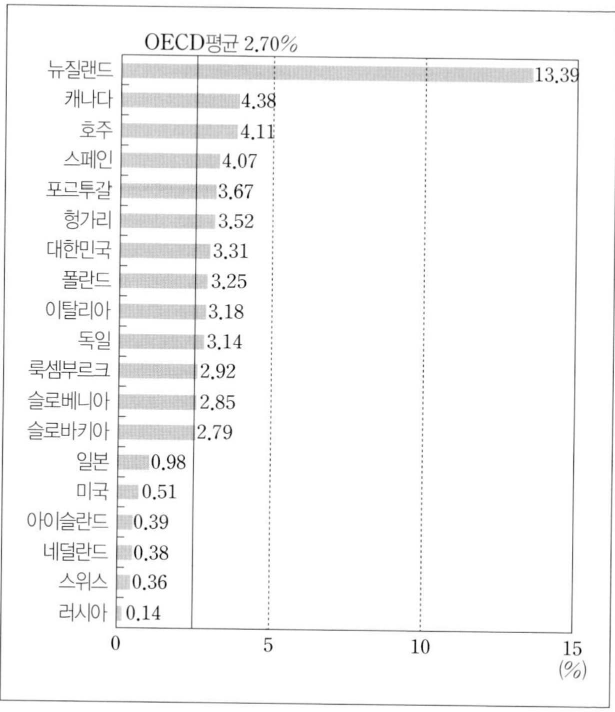

〈보고서〉

1. 환경에 대한 중요성이 강조됨에 따라 미국의 환경 R&D 예산은 2008년부터 2017년까지 증가 추세에 있음.
2. 대한민국의 2015년 전체 예산 중 환경 R&D 예산의 비중은 3.31%로 OECD 평균 2.70%에 비해 0.61%p 큼.
3. 미국의 2015년 전체 예산 중 환경 R&D 예산의 비중은 OECD 평균보다 작았지만, 2016년에는 환경 R&D 예산이 2015년 대비 30% 이상 증가하여 전체 예산 중 환경 R&D 예산의 비중이 커짐.
4. 2017년 대한민국 정부 부처 전체의 환경 R&D 예산은 약 14.9조원 규모로 2008년 이후 연평균 10% 이상의 증가율을 보이고 있음.
5. 2017년 대한민국 E부처의 환경 R&D 예산은 정부 부처 전체 환경 R&D 예산의 1.6% 수준으로 정부 부처 중 8위에 해당함.

보기

㉠ 2008년부터 2017년까지 뉴질랜드의 부처별 · 분야별 R&D 예산

㉡ 2008년부터 2017년까지 미국의 전체 예산 및 환경 R&D 예산

㉢ 2017년 대한민국 모든 정부 부처의 부처별 환경 R&D 예산

㉣ 2016년 대한민국 모든 정부 부처 산하기관의 전체 R&D 예산

① ㉠, ㉡ ② ㉠, ㉢

③ ㉡, ㉢ ④ ㉡, ㉣

⑤ ㉢, ㉣

㉡ 〈보고서〉의 1에서 '미국의 환경 R&D 예산은 2008년부터 2017년까지 증가 추세'에 있다고 하였고, 3에서 '미국의 2015년 전체 예산 중 환경 R&D 예산의 비중은 OECD 평균보다 작았지만, 2016년에는 환경 R&D 예산이 2015년 대비 30% 이상 증가하여 전체 예산 중 환경 R&D 예산의 비중이 커짐'이라고 하였다. 따라서 보고서 작성을 위해서는 ㉡(2008년부터 2017년까지 미국의 전체 예산 및 환경 R&D 예산)의 자료가 추가로 필요하다는 것을 알 수 있다.

㉢ 〈보고서〉의 5에서 '2017년 대한민국 E부처의 환경 R&D 예산은 정부 부처 전체 환경 R&D 예산의 1.6% 수준으로 정부 부처 중 8위에 해당함'이라고 했으므로, 보고서 작성을 위해서는 ㉢(2017년 대한민국 모든 정부 부처의 부처별 환경 R&D 예산)의 자료가 추가로 필요하다는 것을 알 수 있다.

㉠ 〈보고서〉의 내용에는 뉴질랜드 예산과 관련된 내용이 언급되지 않았으므로, '뉴질랜드의 부처별 · 분야별 R&D 예산'에 대한 자료는 필요하지 않다.

㉣ 〈보고서〉의 내용에는 정부 부처 산하기관과 관련된 내용은 나오지 않는다. 따라서 '2016년 대한민국 모든 정부 부처 산하기관의 전체 R&D 예산'에 대한 자료는 필요하지 않다.

59 다음 글을 근거로 판단할 때, 〈보기〉에서 옳은 것을 모두 고르면?

주민투표제도는 주민에게 과도한 부담을 주거나 중대한 영향을 미치는 주요사항을 결정하는 과정에서 주민에게 직접 의사를 표시할 수 있는 기회를 주기 위해 2004년 1월 주민투표법에 의해 도입되었다. 주민투표법에서는 주민투표를 실시할 수 있는 권한을 지방자치단체장에게만 부여하고 있다. 한편 중앙행정기관의 장은 지방자치단체장에게 주민투표 실시를 요구할 수 있고, 지방의회와 지역주민은 지방자치단체장에게 주민투표 실시를 청구할 수 있다.

주민이 직접 조례의 제정 및 개폐를 청구할 수 있는 주민발의제도는 1998년 8월 지방자치법의 개정으로 도입되었다. 주민발의는 지방자치단체장에게 청구하도록 되어 있는데, 지방자치단체장은 청구를 수리한 날로부터 60일 이내에 조례의 제정 또는 개폐안을 작성하여 지방의회에 부의하여야 한다. 주민발의를 지방자치단체장에게 청구하려면 선거권이 있는 19세 이상 주민 일정 수 이상의 서명을 받아야 한다. 청구에 필요한 주민의 수는 지방자치단체의 조례로 정하되 인구가 50만 명 이상인 대도시에서는 19세 이상 주민 총수의 100분의 1 이상 70분의 1 이하의 범위 내에서, 그리고 그 외의 시 · 군 및 자치구에서는 19세 이상 주민 총수의 50분의 1 이상 20분의 1 이하의 범위 내에서 정하도록 하고 있다.

주민소환제도는 선출직 지방자치단체장 또는 지방의회의원의 위법 · 부당행위, 직무유기 또는 직권남용 등에 대한 책임을 묻는 제도로, 2006년 5월 지방자치법 개정으로 도입되었다. 주민소환 실시의 청구를 위해서도 주민소환에 관한 법률에 따라 일정 수 이상 주민의 서명을 받아야 한다. 광역자치단체장을 소환하고자 할 때는 선거권이 있는 19세 이상 주민 총수의 100분의 10 이상, 기초자치단체장에 대해서는 100분의 15 이상, 지방의회 지역구의원에 대해서는 100분의 20 이상의 서명을 받아야 주민소환 실시를 청구할 수 있다.

보기

㉠ 지방의회는 주민투표를 실시할 수 있는 권한을 가지고 있지 않다.

㉡ 인구가 45만 명인 '갑'시에서 주민발의 청구를 위해서는 19세 이상 주민 총수의 50분의 1 이상 20분의 1 이하의 범위에서 정한 주민 수 이상의 서명을 받아야 한다.

㉢ 주민발의제도에 근거할 때 주민은 조례의 제정 및 개폐에 관한 사항을 지방의회에 직접 청구할 수 있다.

㉣ 기초자치단체인 '을'시의 '병'시장에 대한 주민소환 실시의 청구를 위해서는 선거권이 있는 19세 이상 주민의 100분의 20 이상의 서명을 받아야 한다.

① ㉠, ㉡
② ㉠, ㉣
③ ㉡, ㉢
④ ㉡, ㉣
⑤ ㉢, ㉣

정답해설

㉠ 첫째 단락에서 '주민투표법에서는 주민투표를 실시할 수 있는 권한을 지방자치단체장에게만 부여하고 있다. … 지방의회와 지역주민은 지방자치단체장에게 주민투표 실시를 청구할 수 있다'라고 하였으므로, 주민투표를 실시할 수 있는 권한은 지방자치단체장에게만 있으며, 지방의회는 단체장에게 실시를 청구할 수 있을 뿐이다. 따라서 ㉠은 옳은 내용이 된다.

㉡ 주민발의 청구를 위해서는 선거권이 있는 19세 이상 주민 일정 수 이상의 서명을 받아야 하는데, 둘째 단락 후반부에서 '청구에 필요한 주민의 수는 지방자치단체의 조례로 정하되 인구가 50만 명 이상인 대도시에서는 19세 이상 주민 총수의 100분의 1 이상 70분의 1 이하의 범위 내에서, 그리고 그 외의 시 · 군 및 자치구에서는 19세 이상 주민 총수의 50분의 1 이상 20분의 1 이하의 범위 내에서 정하도록 하고 있다'라고 하였다. 따라서 인구가 45만 명인 '갑'시의 경우 19세 이상 주민 총수의 50분의 1 이상 20분의 1 이하의 범위에서 정한 주민 수 이상의 서명을 요한다. 따라서 ㉡도 옳다.

오답해설

㉢ 둘째 단락에서 '주민발의는 지방자치단체장에게 청구하도록 되어 있는데'라고 하였으므로, 주민발의제도에 근거할 때 주민은 조례의 제정 및 개폐에 관한 사항을 지방의회에 직접 청구할 수는 없다.

㉣ 셋째 단락 후반부에서 '기초자치단체장에 대해서는 100분의 15 이상, 지방의회 지역구의원에 대해서는 100분의 20 이상의 서명을 받아야 주민소환 실시를 청구할 수 있다'라고 하였으므로, 기초자치단체장에 대한 주민소환 실시 청구를 위해서는 100분의 15 이상의 서명을 받아야 한다.

60 다음 〈그림〉은 음주운전 관련 자료이다. 이에 대한 〈보기〉의 설명 중 옳은 것을 모두 고르면?

〈그림1〉 연령대별 음주운전 교통사고 현황

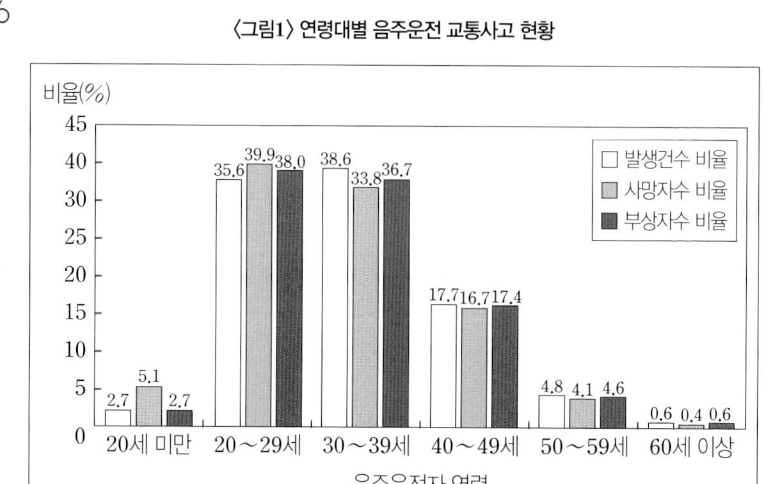

〈그림2〉 혈중 알코올 농도별 음주운전 교통사고 현황

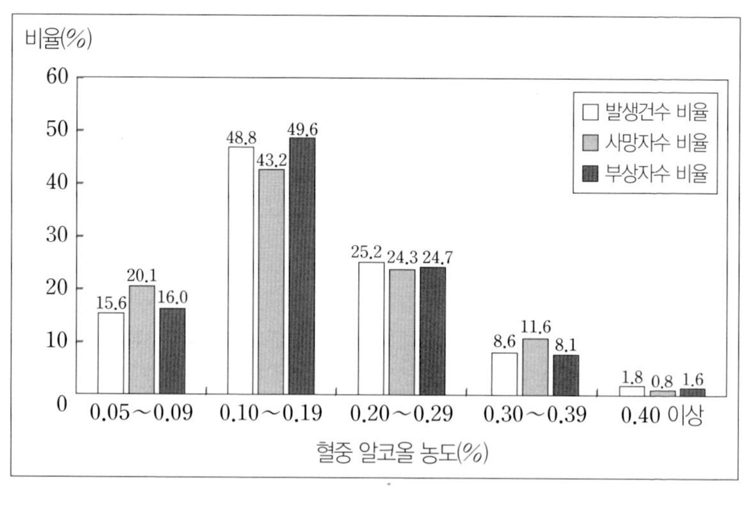

보기

㉠ 전체 음주운전 교통사고의 70% 이상은 20, 30대 운전자에 의해 발생한다.

㉡ 전체 음주운전 교통사고 발생건수 중에서 운전자의 혈중 알코올 농도가 0.30% 이상인 경우는 10% 이하이다.

㉢ 20대나 30대의 운전자가 혈중 알코올 농도 0.10~0.19%에서 운전할 경우에 음주운전 교통사고의 발생가능성이 가장 높다.

㉣ 각 연령대의 음주운전 교통사고 발생건수 대비 사망자수 비율이 가장 높은 연령대는 20세 미만이다.

① ㉠, ㉡ ② ㉠, ㉣

③ ㉡, ㉢ ④ ㉡, ㉣

⑤ ㉢, ㉣

㉠ 전체 음주운전 교통사고 발생건수 중 20대에 의해 발생하는 교통사고 비율은 35.6%, 30대에 의해 발생하는 교통사고는 38.6%이므로, 20대와 30대 운전자에 의해 발생하는 사고 비율은 74.2%가 된다. 따라서 ㉠은 옳은 설명이다.

㉣ 〈그림1〉에서 음주운전 교통사고 발생건수 대비 사망자수 비율은 20세 미만이 '$\frac{5.1}{2.7} \times 100 \fallingdotseq 189\%$'로 가장 높다는 것을 알 수 있다.

㉡ 전체 음주운전 교통사고 발생건수 중에서 운전자의 혈중 알코올 농도가 0.30% 이상인 경우는 '8.6+1.8=10.4%'이므로, ㉡은 옳지 않은 설명이다.

㉢ 〈그림1〉은 연령대별 음주운전 교통사고 현황을 나타낸 것이고, 〈그림2〉는 혈중 알코올 농도별 음주운전 교통사고 현황을 나타내는 것이므로, 이를 통해 20, 30대가 특정 혈중 알코올 농도에 운전할 경우에 음주운전 교통사고 발생가능성이 어느 정도인지는 알 수가 없다. 따라서 ㉢은 옳지 않다.

정답 60 ②

61 다음 〈그림〉과 〈표〉는 청에 다녀온 조선 사신의 이동경로와 구간별 숙박 일수를 나타낸 자료이다. 이에 대한 〈보기〉의 설명 중 옳은 것을 모두 고르면?

〈그림〉 조선 사신의 주요 경유지

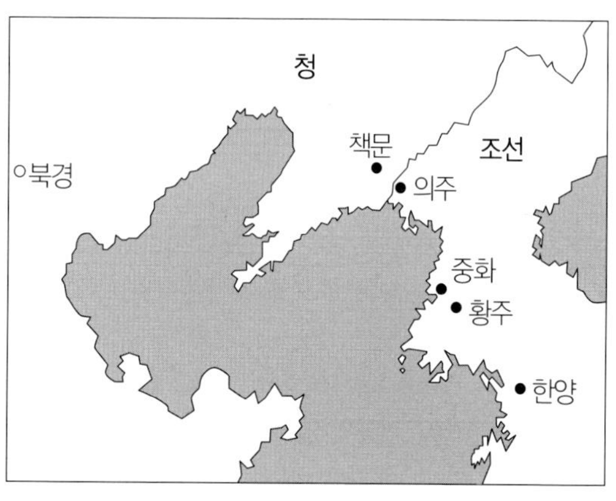

〈표〉 조선 사신의 구간별 숙박 일수

(단위 : 일)

구간 연도	한양 ↓ 황주	중화 ↓ 의주	책문 ↓ 북경 입구	북경	북경 입구 ↓ 책문	의주 ↓ 중화	황주 ↓ 한양	전체 일정
1712	7	16	29	47	27	12	5	143
1777	8	23	28	43	33	9	5	149
1803	9	24	28	37	35	9	5	147
1828	8	22	27	39	37	13	8	154

※ 위 〈표〉에 제시되지 않은 구간에서는 숙박하지 않았음.

보기

㉠ 조선 사신의 전체 일정 중 '한양 → 황주' 구간에서 숙박한 일수는 '의주 → 중화' 구간에서 숙박한 일수보다 항상 적었다.

㉡ 조선 사신의 전체 일정 중 '책문 ↔ 북경입구' 구간에서 숙박한 일수가 가장 많았으며, 전체 일수는 240일 이하이다.

㉢ 북경으로 가는 여정보다 북경에서 돌아오는 여정이 더 길었던 해에는 '한양 ↔ 황주' 구간에서 숙박한 일수가 조사한 다른 해의 같은 구간에서 숙박한 일수보다 많았다.

① ㉠
② ㉢
③ ㉠, ㉡
④ ㉡, ㉢
⑤ ㉠, ㉡, ㉢

㉢ 북경으로 가는 여정보다 북경에서 돌아오는 여정이 더 길었던 해는 1828년이며, 이 해의 '한양 ↔ 황주' 구간에서의 숙박 일수는 '16일'로서 다른 해의 '한양 ↔ 황주' 구간에서의 숙박 일수보다 더 많았다. 따라서 ㉢은 옳은 설명이다.

오답해설

㉠ 1803년 숙박 일수의 경우 '한양 → 황주' 구간에서 9일을 숙박했으며, '의주 → 중화' 구간에서도 9일을 숙박했다. 따라서 ㉠은 옳지 않은 설명이다.

㉡ 〈표〉에서 조선 사신의 전체 일정 중 '책문 ↔ 북경입구' 구간에서 숙박한 일수가 가장 많았다는 것을 쉽게 알 수 있다. 그런데 전체 일수는 '29+27+28+33+28+35+27+37=244일'이므로, 240일 이상이 된다.

[62~63] 다음 제시문의 내용과 〈예시〉, 〈그림〉의 내용을 근거로 하여 물음에 알맞은 답을 고르시오.

사회 네트워크란 '사람들이 연결되어 있는 관계망'을 의미한다. '중심성'은 한 행위자가 전체 네트워크에서 중심에 위치하는 정도를 표현하는 지표이다. 중심성을 측정하는 방법에는 여러 가지가 있는데, 대표적인 것으로 '연결정도 중심성'과 '근접 중심성'의 두 가지 유형이 있다.

'연결정도 중심성'은 사회 네트워크 내의 행위자와 직접적으로 연결되는 다른 행위자 수의 합으로 얻어진다. 이는 한 행위자가 다른 행위자들과 얼마만큼 관계를 맺고 있는가를 통하여 그 행위자가 사회 네트워크에서 중심에 위치하는 정도를 측정하는 것이다. 예를 들어 〈예시〉에서 행위자 A의 연결정도 중심성은 A와 직접 연결된 행위자의 숫자인 4가 된다.

'근접 중심성'은 사회 네트워크에서의 두 행위자 간의 거리를 강조한다. 사회 네트워크 상의 다른 행위자들과 가까운 위치에 있다면 그들과 쉽게 관계를 맺을 수 있고 따라서 그만큼 중심적인 역할을 담당한다고 간주한다. 연결정도 중심성과는 달리 근접 중심성은 네트워크 내에서 직·간접적으로 연결되는 모든 행위자들과의 최단거리의 합의 역수로 정의된다. 이때 직접 연결된 두 점의 거리는 1이다. 예를 들어 〈예시〉에서 A의 근접 중심성은 $\frac{1}{6}$이 된다.

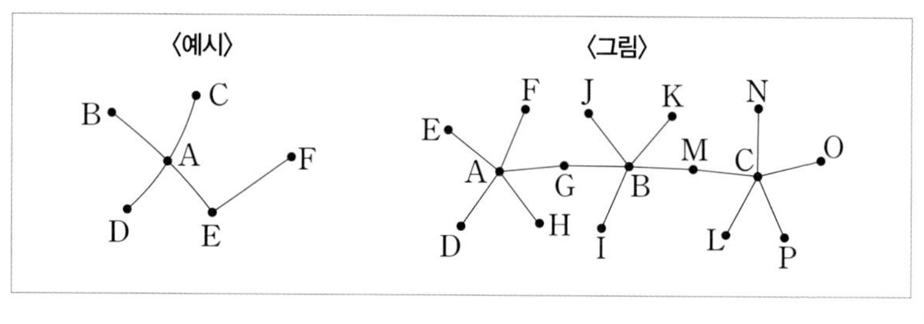

62 다음 중 〈그림〉의 행위자 'G'의 근접 중심성을 구하면?

① $\frac{1}{15}$

② $\frac{1}{35}$

③ $\frac{1}{37}$

④ $\frac{1}{39}$

⑤ $\frac{1}{43}$

1DAY 2DAY 3DAY

정답 해설 제시문의 둘째 단락에서 '근접 중심성은 네트워크 내에서 직 · 간접적으로 연결되는 모든 행위자들과의 최단거리의 합의 역수로 정의된다. 이때 직접 연결된 두 점의 거리는 1이다'라고 했으므로, 이를 토대로 G의 근접 중심성을 구하면 다음과 같다.

- G와 다른 행위자 간의 최단거리가 1인 경우는 2명이므로, 거리의 합은 2
- G와 다른 행위자 간의 최단거리가 2인 경우는 8명이므로, 거리의 합은 16
- G와 다른 행위자 간의 최단거리가 3인 경우는 1명이므로, 거리의 합은 3
- G와 다른 행위자 간의 최단거리가 4인 경우는 4명이므로, 거리의 합은 16
- G와 다른 행위자 간의 최단거리가 5 이상인 경우는 없음

근접 중심성은 직 · 간접적으로 연결되는 모든 행위자들과의 최단거리의 합(37)의 역수이므로, 행위자 G의 근접 중심성은 '$\frac{1}{37}$'이 된다.

63 다음 〈보기〉의 설명 중 옳은 것을 모두 고르면?

보기

㉠ 행위자 A의 연결정도 중심성은 행위자 B의 연결정도 중심성과 동일하지 않다.

㉡ 행위자 B의 근접 중심성은 행위자 C의 근접 중심성과 동일하다.

㉢ 행위자 C의 근접 중심성은 행위자 A의 근접 중심성과 동일하다.

㉣ 행위자 G의 연결정도 중심성과 행위자 C의 연결정도 중심성의 합은 7이다.

① ㉠, ㉡

② ㉠, ㉣

③ ㉡, ㉢

④ ㉡, ㉣

⑤ ㉢, ㉣

정답 해설 ⓒ 행위자 C의 근접 중심성은 '$\frac{1}{43}$'이 되며, 행위자 A의 근접 중심성도 '$\frac{1}{43}$'이 된다. 따라서 양자는 서로 동일하므로, ⓒ은 옳은 설명이다.

ⓓ 둘째 단락에서 "연결정도 중심성'은 사회 네트워크 내의 행위자와 직접적으로 연결되는 다른 행위자 수의 합으로 얻어진다'라고 하였으므로, 행위자 G의 연결정도 중심성은 '2'이며, C의 연결정도 중심성은 '5'가 된다. 따라서 그 합은 '7'이 되므로, ⓓ도 옳은 설명이다.

오답 해설 ⓐ 행위자 A의 연결정도 중심성은 '5'이며, 행위자 B의 연결정도 중심성도 '5'이므로, 서로 동일하다.

ⓑ 행위자 B의 근접 중심성을 구하면 '$\frac{1}{33}$'이 되고, 행위자 C의 근접 중심성은 '$\frac{1}{43}$'되므로, 서로 동일하지 않다.

[64~65] 다음 글과 〈상황〉을 근거로 하여 물음에 알맞은 답을 고르시오.

제○○조(경계표, 담의 설치권)

① 인접하여 토지를 소유한 자는 공동비용으로 통상의 경계표나 담을 설치할 수 있다. 이 경우 그 비용은 쌍방이 절반하여 부담한다.

② 전항에도 불구하고 토지의 경계를 정하기 위한 측량비용은 토지의 면적에 비례하여 부담한다.

제○○조(경계선 부근의 건축)

① 건물을 축조함에는 경계로부터 반미터 이상의 거리를 두어야 한다.

② 인접지소유자는 전항의 규정에 위반한 자에 대하여 건물의 변경이나 철거를 청구할 수 있다. 그러나 건축에 착수한 후 1년을 경과하거나 건물이 완성된 후에는 손해배상만을 청구할 수 있다.

제○○조(차면시설의무) 경계로부터 2미터 이내의 거리에서 이웃 주택의 내부를 관망할 수 있는 창이나 마루를 설치하는 경우에는 적당한 차면(遮面)시설을 하여야 한다.

제○○조(지하시설 등에 대한 제한) 우물을 파거나 용수, 하수 또는 오물 등을 저치(貯置)할 지하시설을 하는 때에는 경계로부터 2미터 이상의 거리를 두어야 하며, 지하실공사를 하는 때에는 경계로부터 그 깊이의 반 이상의 거리를 두어야 한다.

※ 차면(遮面)시설 : 서로 안 보이도록 가리는 시설

※ 저치(貯置) : 저축하거나 저장하여 둠

〈상황〉

• 갑과 을은 1,000m²의 토지를 공동으로 구매하였다. 그리고 다음과 같이 A토지와 B토지로 나누어 A토지는 갑이, B토지는 을이 소유하게 되었다.

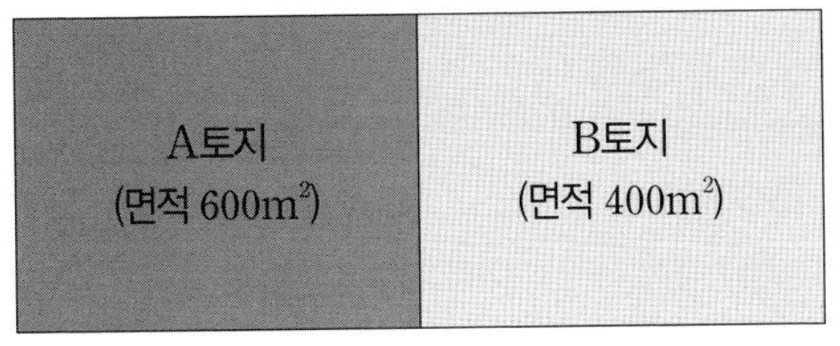

• 갑은 A토지와 B토지의 경계에 담을 설치하고, A토지 위에 C건물을 짓고자 한다. 을은 B토지를 주차장으로만 사용한다.

1DAY 2DAY 3DAY

64 **갑과 을은 담을 설치하기 위해 먼저 토지의 경계를 정하기 위한 측량을 하고자 한다. 측량비용이 100만 원이 든다면 갑과 을이 부담하여야 하는 액수를 바르게 연결한 것은?**

① 갑 : 50만 원, 을 : 50만 원
② 갑 : 40만 원, 을 : 60만 원
③ 갑 : 60만 원, 을 : 40만 원
④ 갑 : 100만 원, 을 : 100만 원
⑤ 갑 : 100만 원, 을 : 0원

정답 해설 제시된 글의 제00조(경계표, 담의 설치권) 제2항에서 '전항에도 불구하고 토지의 경계를 정하기 위한 측량비용은 토지의 면적에 비례하여 부담한다'라고 했다. 여기서 갑은 600m²의 토지를 소유하고 있으며, 을은 400m²를 소유하고 있으므로, 토지의 면적에 비례하여 '6 : 4'로 부담해야 한다. 따라서 갑은 60만 원, 을은 40만 원을 부담해야 한다.

정답 64 ③

65 다음 〈보기〉의 내용 중 옳은 것을 모두 고르면?

보기

㉠ 경계에 담을 설치하는 비용이 100만 원이라면 갑이 60만 원, 을이 40만 원을 부담해야 한다.

㉡ 갑이 B토지와의 경계로부터 40센티미터의 거리를 두고 C건물을 완성한 경우, 을은 그 건물의 철거를 청구할 수 없다.

㉢ C건물을 B토지와의 경계로부터 2미터 이내의 거리에 축조한다면, 갑은 C건물에 B토지를 향한 창을 설치할 수 없다.

㉣ 갑이 C건물에 지하 깊이 2미터의 지하실공사를 하는 경우, B토지와의 경계로부터 1미터 이상의 거리를 두어야 한다.

① ㉠, ㉡
② ㉠, ㉣
③ ㉡, ㉢
④ ㉡, ㉣
⑤ ㉢, ㉣

㉡ 제시된 글의 제00조(경계선 부근의 건축) 제1항에서 '건물을 축조함에는 경계로부터 반미터 이상의 거리를 두어야 한다'라고 하였고, 제2항에서 '인접지소유자는 전항의 규정에 위반한 자에 대하여 건물의 변경이나 철거를 청구할 수 있다. 그러나 건축에 착수한 후 1년을 경과하거나 건물이 완성된 후에는 손해배상만을 청구할 수 있다'라고 하였다. 따라서 반미터(50센티미터) 이상의 거리를 두지 않고 건축에 착수하여 건물을 완공한 경우는, 철거를 청구할 수는 없고 손해배상만을 청구할 수 있다. 따라서 ㉡은 옳은 내용이다.

㉣ 제시된 글의 제00조(지하시설 등에 대한 제한)에서 '지하실공사를 하는 때에는 경계로부터 그 깊이의 반 이상의 거리를 두어야 한다'라고 했으므로, C건물에 지하 깊이 2미터의 지하실공사를 하는 경우, B토지 경계로부터 1미터 이상의 거리를 두어야 한다. 따라서 ㉣도 옳은 내용이 된다.

오답해설

㉠ 제시된 글의 제00조(경계표, 담의 설치권) 제1항에서 '인접하여 토지를 소유한 자는 공동비용으로 통상의 경계표나 담을 설치할 수 있다. 이 경우 그 비용은 쌍방이 절반하여 부담한다'라고 했으므로, 경계에 담을 설치하는 비용은 쌍방이 절반하여 50만 원씩 부담해야 한다.

㉢ 제시된 글의 제00조(차면시설의무)에서는 '경계로부터 2미터 이내의 거리에서 이웃 주택의 내부를 관망할 수 있는 창이나 마루를 설치하는 경우에는 적당한 차면(遮面)시설을 하여야 한다'라고 했으므로, B토지와의 경계로부터 2미터 이내의 거리에 축조한 건물에는 창을 설치할 수 있으며, 여기에 적당한 차면시설을 하여야 한다.

66 다음 〈보고서〉는 자동차 오염물질 및 배출가스 관리여건에 관한 것이다. 〈보고서〉를 작성하는 데 활용되지 않은 자료는?

〈보고서〉

'갑'국은 국토면적에 비해 자동차 수가 많아 자동차 배기오염물질 관리에 많은 어려움이 있다. '갑'국내 자동차 등록대수는 매년 꾸준히 증가하여 2017년 1,732만대를 넘어섰다. 운송수단별 수송분담률에서도 자동차가 차지하는 비중은 2017년 75% 이상이다. 한편 2017년 자동차 1대당 인구는 2.9명으로 미국에 비해 2배 이상이다.

'갑'국내 자동차 등록현황을 사용 연료별로 살펴보면 휘발유 차량이 가장 많고 다음으로 경유, LPG 차량 순이다. 최근 '갑'국의 휘발유 가격대비 경유 가격이 상승하였다. 그 여파로 '갑'국내에서 경유 차량의 신규 등록이 휘발유 차량에 비해 줄어드는 추세를 보이고 있다. 이런 추세는 OECD 선진국에서 경유 차량이 일반화되는 현상과 대비된다.

자동차 등록대수의 빠른 증가는 대기오염은 물론이고 지구온난화를 야기하는 자동차 배기가스 배출량에 큰 영향을 미치고 있다. 2016년 기준으로 '갑'국내 대기오염물질 배출량 중 자동차 배기가스가 차지하는 비중은 일산화탄소(CO) 67.5%, 질소산화물(NOx) 41.7%, 미세먼지(PM10) 23.5%이다. 특히 질소산화물은 태양광선에 의해 광화학반응을 일으켜 오존을 발생시키고 호흡기질환 등을 유발하므로 이에 대한 저감 대책이 필요하다.

① 연도별 '갑'국내 자동차 등록현황

(단위 : 천대)

연도	2011	2012	2013	2014	2015	2016	2017
등록대수	14,586	14,934	15,397	15,895	16,428	16,794	17,325

② 2016년 '갑'국내 주요 대기오염물질 배출량

(단위 : 천톤/년)

구분	배출량	
		자동차 배기가스(비중)
일산화탄소(CO)	809	546(67.5%)
질소산화물(NOx)	1,188	495(41.7%)

1DAY 2DAY 3DAY

이산화황(SO2)	403	1(0.2%)
미세먼지(PM10)	98	23(23.5%)
휘발성유기화합물(VOCs)	875	95(10.9%)
암모니아(NH3)	309	10(3.2%)
계	3,682	1,170(31.8%)

③ 2017년 '갑'국내 운송수단별 수송분담률

(단위 : 백만 명, %)

구분	자동차	지하철	철도	항공	해운	합
수송인구	9,798	2,142	1,020	16	14	12,990
수송분담률	75.4	16.5	7.9	0.1	0.1	100.0

④ 2017년 OECD 국가의 자동차 연료별 상대가격

(휘발유 기준)

구분	휘발유	경유	LPG
OECD 회원국 전체	100	86	45
OECD 선진국	100	85	42
OECD 비선진국	100	87	54
OECD 산유국	100	86	50
OECD 비산유국	100	85	31

⑤ 2017년 국가별 자동차 1대당 인구

(단위 : 명)

국가	'갑'국	일본	미국	독일	프랑스
자동차 1대당 인구	2.9	1.7	1.2	1.9	1.7

〈보고서〉의 둘째 단락에서 '최근 '갑'국의 휘발유 가격대비 경유 가격이 상승하였다'라고 하여 자동차 연료가격에 대해 언급하였으나, ④의 경우 2017년 OECD 국가의 자동차 연료별 상대가격에 관한 자료이므로, 특정 연료 가격이 최근에 다른 연료의 가격에 비해 증가했다는 것을 나타내지는 않으므로, ④는 이 〈보고서〉 작성에 활용된 자료로 볼 수 없다.

① 첫째 단락에서 "'갑'국내 자동차 등록대수는 매년 꾸준히 증가하여 2017년 1,732만대를 넘어섰다'라고 했으므로, ①의 연도별 '갑'국내 자동차 등록현황에 관한 자료가 활용되었다는 것을 알 수 있다.

② 셋째 단락에서 '2016년 기준으로 '갑'국내 대기오염물질 배출량 중 자동차 배기가스가 차지하는 비중은 일산화탄소(CO) 67.5%, 질소산화물(NOx) 41.7%, 미세먼지(PM10) 23.5%이다'라고 했으므로, '2016년 '갑'국내 주요 대기오염물질 배출량'에 대한 자료가 활용되었음을 알 수 있다.

③ 첫째 단락에서 '운송수단별 수송분담률에서도 자동차가 차지하는 비중은 2017년 75% 이상이다'라고 했으므로, '2017년 '갑'국내 운송수단별 수송분담률'에 대한 자료가 활용되었음을 알 수 있다.

⑤ 첫째 단락의 마지막 문장에서 '2017년 자동차 1대당 인구는 2.9명으로 미국에 비해 2배 이상이다'라고 했으므로, '2017년 국가별 자동차 1대당 인구'에 대한 자료가 활용되었음을 알 수 있다.

67 다음 글을 근거로 판단할 때, 〈보기〉에서 옳은 것을 모두 고르면?

□ 증여세의 납세의무자는 누구이며 부과대상은 무엇입니까?

- 증여세는 타인으로부터 재산을 무상으로 받은 사람, 즉 수증자가 원칙적으로 납세의무를 부담합니다.
- 또한 법인 아닌 사단 · 재단, 비영리법인은 증여세 납세의무를 부담합니다. 다만 증여받은 재산에 대해 법인세가 과세되는 영리법인은 증여세 납부의무가 없습니다.
- 수증자가 국내거주자이면 증여받은 '국내외 모든 재산', 수증자가 국외거주자이면 증여받은 '국내소재 재산, 국외 예금과 국외 적금'이 증여세 부과대상입니다.

□ 증여자가 예외적으로 수증자와 함께 납세의무를 부담하는 경우도 있습니까?

- 수증자가 국외거주자인 경우, 증여자는 연대납세의무를 부담합니다.
- 또한 수증자가 다음 중 어느 하나에 해당하는 경우에도 증여자는 연대납세의무를 부담합니다.
  - 수증자의 주소 또는 거소가 분명하지 아니한 경우로서 조세채권의 확보가 곤란한 경우
  - 수증자가 증여세를 납부할 능력이 없다고 인정되는 경우로서 체납처분을 하여도 조세채권의 확보가 곤란한 경우

보기

㉠ 서울에서 시골로 귀향한 갑은 서울에 거주하는 자신의 딸에게 자신의 서울 소재 빌딩(시가 20억 원 상당)을 증여한 경우, 갑은 원칙적으로 증여세를 납부할 의무가 있다.
㉡ 어머니가 천안시에 거주하는 아들 정에게 5억 원을 증여하였으나 현재 정은 파산판정을 받은 상태로 체납처분을 하여도 조세채권 확보가 곤란한 경우라면, 정의 증여세 납부의무는 면제된다.
㉢ 병은 자신의 국외 예금(70만 달러 상당)을 캐나다에 거주하고 있는 아들에게 증여한 경우, 병은 아들과 연대납세의무를 부담한다.
㉣ 을이 자신의 퇴직금과 예금액 등 6억 원 정도를 경기도 수원시에 있는 한 장애인복지원(비영리법인)에 기부한 경우, 이 장애인복지원은 증여세를 납부할 의무를 부담한다.

① ㉠, ㉡ ② ㉠, ㉣
③ ㉡, ㉢ ④ ㉡, ㉣
⑤ ㉢, ㉣

㉢ 수증자가 국외거주자인 경우는 증여자가 수증자와 연대납세의무를 부담한다고 했으므로, 병은 증여세에 대한 연대납세의무를 부담한다.
㉣ 비영리법인은 증여세 납세의무를 부담한다고 했으므로, 6억 원을 받은 장애인복지원은 증여세 납부의무를 부담한다.

㉠ 증여세는 타인으로부터 재산을 무상으로 받은 사람(수증자)이 원칙적으로 납세의무를 부담한다고 하였으므로, 빌딩을 증여 받은 딸에게 증여세 납부의무가 있다.
㉡ 수증자가 증여세를 납부할 능력이 없다고 인정되는 경우로서, 체납처분을 하여도 조세채권의 확보가 곤란한 경우에는 증여자가 수증자와 연대납세의무를 부담하므로, 수증자인 정은 증여세에 대한 연대납세의무를 진다.

68 다음 글을 근거로 추론할 때, 〈보기〉에서 옳은 것을 모두 고르면?

작위 등급을 5개로 하는 오등작제(五等爵制)는 중국 주나라와 당나라의 제도를 따른 것이다. 오등작제의 작위는 높은 순부터 공(公), 후(侯), 백(伯), 자(子), 남(男)으로 불렀다. 작위를 받으면 봉건귀족으로 인정되며 나라에서 주는 식읍(食邑)을 받기도 했다.

왕족이나 공신을 작위에 봉하는 봉작제(封爵制)는 고려 때 처음 들여왔다. 왕족은 공·후·백의 삼등작제를 사용한 것으로 보인다. 이와 달리 비왕족에 대해서는 오등작제를 사용하였다. 비왕족에 대한 오등작제가 제도적으로 완성된 것은 고려 문종 때로, 국공(國公)은 식읍 3,000호에 품계는 정2품으로, 군공(郡公)은 2,000호에 종2품으로, 현후(縣侯)는 식읍 1,000호, 현백(縣伯)은 700호, 개국자(開國子)는 500호에 품계는 셋 모두 정5품으로, 현남(縣男)은 300호에 종5품으로 하였다. 그러나 제도가 정한대로 식읍을 주는 것은 아니었고 실제 받는 식읍은 달랐다.

조선 개국 후인 1401년 조선 태종은 명나라와의 관계를 고려하여 왕족인 공(公)을 부원대군(府院大君)으로, 공신인 후(侯)와 백(伯)을 각각 군(君)과 부원군(府院君)으로 바꾸도록 했다. 이후 1897년 조선이 대한제국으로 격상되었지만 여전히 군(君)으로 봉했다.

보기

㉠ 조선 태종시대의 공신은 부원군 또는 부원대군의 작위를 받을 수 있었을 것이다.

㉡ 고려 문종 때 완성된 봉작제에 따르면 현후와 현백이 받는 식읍과 품계는 달랐을 것이다.

㉢ 고려 문종 때 종5품 품계와 식읍 300호로 정해진 현남 작위에 봉해진 사람은 왕족이 아니라 비왕족이었을 것이다.

① ㉠　　② ㉢

③ ㉠, ㉡　　④ ㉡, ㉢

⑤ ㉠, ㉡, ㉢

정답 해설 ㉢ 둘째 단락에서 '왕족은 공·후·백의 삼등작제를 사용한 것으로 보인다. 이와 달리 비왕족에 대해서는 오등작제를 사용하였다. 비왕족에 대한 오등작제가 제도적으로 완성된 것은 고려 문종 때로, … 현남(縣男)은 300호에 종5품으로 하였다'라고 하였으므로, 식읍 300호에 종5품 품계를 받은 현남은 비왕족이었다는 것을 알 수 있다. 따라서 ㉢은 옳은 내용이다.

정답 68 ②

㉠ 셋째 단락에서 '조선 개국 후인 1401년 조선 태종은 명나라와의 관계를 고려하여 왕족인 공(公)을 부원대군(府院大君)으로, 공신인 후(侯)와 백(伯)을 각각 군(君)과 부원군(府院君)으로 바꾸도록 했다'라고 하였다. 따라서 부원대군(府院大君)은 왕족이 받을 수 있는 작위였고, 공신은 군(君) 또는 부원군(府院君)의 작위를 받을 수 있었다.

㉡ 둘째 단락에서 '현후(縣侯)는 식읍 1,000호, 현백(縣伯)은 700호, 개국자(開國子)는 500호에 품계는 셋 모두 정5품으로' 하였다는 내용이 언급되어 있다. 따라서 현후와 현백은 받는 식읍은 달랐으나, 품계는 모두 정5품으로 같았음을 알 수 있다.

69 다음 밑줄 친 결론을 이끌어내기 위해 추가해야 할 전제로 가장 알맞은 것은?

만약 세계적으로 휴대폰 수요가 증가한다면, A국은 연구개발 투자비 지출을 늘릴 것이다. 그런데 A국 앞에 놓은 선택은 연구개발 투자비 지출을 늘리지 않거나 증세 정책을 실행하는 것이다. 그러나 A국이 증세 정책을 실행한다면, 세계 경제는 반드시 침체한다. 그러므로 세계 경제는 결국 침체하고 말 것이다.

① 세계적으로 휴대폰 수요가 증가한다.

② A국이 감세 정책을 실행한다.

③ A국이 연구개발 투자비 지출을 늘리지 않는다.

④ 만약 A국이 증세 정책을 실행한다면, A국이 연구개발 투자비 지출을 늘릴 것이다.

⑤ 만약 A국의 연구개발 투자비 지출을 늘린다면, 세계적으로 휴대폰 수요는 증가하지 않을 것이다.

정답 해설 제시문을 분석하면 다음과 같다.

㉠ 세계적으로 휴대폰 수요가 증가한다면, A국은 연구개발 투자비 지출을 늘림

㉡ A국이 증세 정책을 실행한다면, 세계 경제는 반드시 침체함

ⓒ A국 앞에 놓은 선택은 연구개발 투자비 지출을 늘리지 않거나 증세 정책을 실행하는 것임

ⓓ 세계 경제는 결국 침체함(결론)

여기서 A국이 선택할 수 있는 것은 ⓒ의 2가지(연구개발 투자비 지출을 늘리지 않거나 증세 정책을 실행하는 것) 중 하나인데, ⓛ에 따라 증세 정책을 하는 경우에 '세계 경제는 반드시 침체'(결론)하게 된다. 따라서 결론을 도출하기 위해 추가해야 할 전제는, 선택지 중 증세 정책을 선택하도록 하는 것이 된다. 즉, A국이 연구개발 투자비 지출을 늘리지 않는 경우가 선택되지 않아야 한다. 이는 ㉠에서와 같이 "세계적으로 휴대폰 수요가 증가"하여 A국이 연구개발 투자비 지출을 늘리게 되면, A국은 증세 정책을 선택할 수밖에 없고, 그러면 결과적으로 세계 경제는 반드시 침체하게 되는 것이다. 따라서 ①이 추가해야 할 전제로 가장 적절하다.

1DAY 2DAY 3DAY

[70~71] 다음 〈표〉는 '갑'국 개인의 연소득에 대한 자료이고, 개인별 소득세산출액은 〈소득세 결정기준〉에 따라 계산한다. 물음에 알맞은 답을 고르시오.

〈표〉 개인별 연소득 현황

(단위 : 만 원)

개인	근로소득	금융소득
A	19,000	5,000
B	23,000	0
C	21,000	3,000
D	0	30,000

※ 1) 근로소득과 금융소득 이외의 소득은 존재하지 않음.
2) 모든 소득은 과세대상이고, 어떤 종류의 공제 · 감면도 존재하지 않음.

〈소득세 결정기준〉

- 5천만 원 이하의 금융소득에 대해서는 15%의 '금융소득세'를 부과함.
- 과세표준은 금융소득 중 5천만 원을 초과하는 부분과 근로소득의 합이고, 〈과세표준에 따른 근로소득세율〉에 따라 '근로소득세'를 부과함.
- 소득세산출액은 '금융소득세'와 '근로소득세'의 합임.

정답 69 ①

〈표〉 과세표준에 따른 근로소득세율

(단위 : %)

과세표준	세율
1,000만 원 이하분	5
1,000만 원 초과 5,000만 원 이하분	10
5,000만 원 초과 1억 원 이하분	15
1억 원 초과 2억 원 이하분	20
2억 원 초과분	25

※ 예) 과세표준이 2,500만 원인 사람의 '근로소득세'는 다음과 같다.

1,000만 원×5%+(2,500만 원−1,000만 원)×10%=200만 원

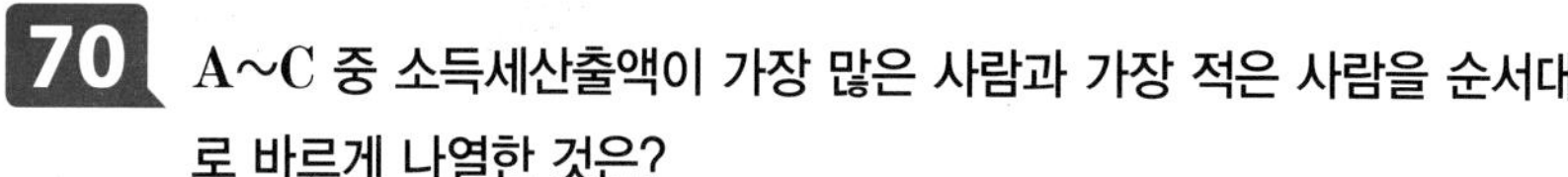

70 A~C 중 소득세산출액이 가장 많은 사람과 가장 적은 사람을 순서대로 바르게 나열한 것은?

① A, C
② B, A
③ B, C
④ C, A
⑤ C, B

A~C의 소득세산출액을 제시된 〈소득세 결정기준〉과 〈과세표준에 따른 근로소득세율〉에 따라 계산하면 다음과 같다.

㉠ A의 소득세산출액

- 근로소득세 : 1,000×0.05+4,000×0.1+5,000×0.15+9,000×0.2=3,000만 원
- 금융소득세 : 5,000×0.15=750만 원

따라서 A의 소득세산출액은 '3,750만 원'이 된다.

㉡ B의 소득세산출액

- 근로소득세 : 1,000×0.05+4,000×0.1+5,000×0.15+10,000×0.2+3,000×0.25 =3,950만 원
- 금융소득세 : 0원

따라서 B의 소득세산출액은 '3,950만 원'이 된다.

㉢ C의 소득세산출액

- 근로소득세 : 1,000×0.05+4,000×0.1+5,000×0.15+10,000×0.2+1,000×0.25 =3,450만 원

- 금융소득세 : 3,000 × 0.15 = 450만 원

따라서 C의 소득세산출액은 '3,900만 원'이 된다.

따라서 A~C 중 소득세산출액이 가장 많은 사람은 B이고, 가장 적은 사람은 A이다.

71 다음 중 D의 소득세산출액으로 알맞은 것은?

① 3,950만 원　② 4,500만 원

③ 5,200만 원　④ 5,850만 원

⑤ 6,450만 원

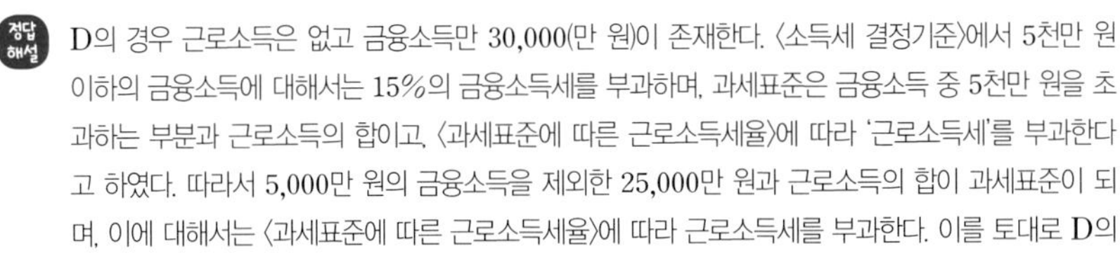

정답해설 D의 경우 근로소득은 없고 금융소득만 30,000(만 원)이 존재한다. 〈소득세 결정기준〉에서 5천만 원 이하의 금융소득에 대해서는 15%의 금융소득세를 부과하며, 과세표준은 금융소득 중 5천만 원을 초과하는 부분과 근로소득의 합이고, 〈과세표준에 따른 근로소득세율〉에 따라 '근로소득세'를 부과한다고 하였다. 따라서 5,000만 원의 금융소득을 제외한 25,000만 원과 근로소득의 합이 과세표준이 되며, 이에 대해서는 〈과세표준에 따른 근로소득세율〉에 따라 근로소득세를 부과한다. 이를 토대로 D의 소득세산출액을 구하면 다음과 같다.

- 금융소득세 : 5,000 × 0.15 = 750만 원
- 근로소득세 : 1,000 × 0.05 + 4,000 × 0.1 + 5,000 × 0.15 + 10,000 × 0.2 + 5,000 × 0.25 = 4,450만 원

따라서 D의 소득세산출액은 '5,200만 원'이 된다.

72 다음 (가)와 (나)에 대한 평가로 적절한 것을 〈보기〉에서 모두 고르면?

(가) 탄수화물은 우리 몸의 에너지원으로 쓰이는 필수 영양소이다. 건강한 신체 기능을 유지하기 위해서는 탄수화물 섭취 열량이 하루 총 섭취 열량의 55~70%가 되는 것이 이상적이다. 이에 해당하는 탄수화물의 하루 필요섭취량은 성인 기준 100~130g이다. 국민건강영양조사에 따르면, 우리나라 성인의 하루 탄수화물 섭취량은 평균 289.1g으로 필요섭취량의 약 2~3배에 가깝다. 이에 비추어 볼 때, 한국인은 탄수화물을 지나치게 많이 섭취하고 있다.

(나) 우리가 탄수화물을 계속 섭취하지 않으면 우리 몸은 에너지로 사용되던 연료가 고갈되는 상태에 이르게 된다. 이 경우 몸은 자연스레 '대체 연료'를 찾기 위해 처음에는 근육의 단백질을 분해하고, 이어 내장지방을 포함한 지방을 분해한다. 지방 분해 과정에서 '케톤'이라는 대사성 물질이 생겨나면서 수분 손실이 나타나고 혈액 내의 당분이 정상보다 줄어들게 된다. 이 과정에서 체내 세포들의 글리코겐 양이 감소한다. 특히 이러한 현상은 간세포에서 두드러지게 나타난다. 이로 인해 혈액 및 소변 등의 체액과 인체조직에서는 케톤 수치가 높아지면서 신진대사 불균형이 초래된다. 이를 '케토시스 현상'이라 부른다. 케토시스 현상이 생기면 두통, 설사, 집중력 저하, 구취 등의 불편한 증상이 나타난다. 따라서 탄수화물을 극단적으로 제한하는 식단은 바람직하지 않다.

보기

㉠ 아시아의 경우 탄수화물 섭취 열량이 하루 총 섭취 열량의 70% 이상이 되어도 아무 문제가 없다는 연구결과가 제시된다면 (가)의 설득력은 약화된다.

㉡ 우리 몸의 탄수화물이 충분한 상황에서 케토시스 현상이 나타나지 않는다는 연구결과는 (나)의 설득력을 약화시킨다.

㉢ 우리나라 성인뿐 아니라 성인이 아닌 사람들의 탄수화물 섭취량 또한 과하다는 것이 밝혀지면 (가)의 설득력은 약화된다.

① ㉠
② ㉢
③ ㉠, ㉡
④ ㉡, ㉢
⑤ ㉠, ㉡, ㉢

㉠ (가)의 주장은 탄수화물 섭취 열량이 하루 총 섭취 열량의 55~70%가 되는 것이 이상적이며, 이에 해당하는 성인의 탄수화물의 하루 필요섭취량은 100~130g인데, 우리나라 성인의 하루 탄수화물 섭취량은 평균 289.1g으로 지나치게 많다는 것이다. 따라서 아시아의 경우 탄수화물 섭취 열량이 하루 총 섭취 열량의 70% 이상이 되어도 아무 문제가 없다는 연구결과는 이러한 (가)의 설득력을 약화시키게 된다.

㉡ (나)는 탄수화물을 계속 섭취하지 않으면(부족하면) 케토시스 현상이 생겨 두통, 설사, 집중력 저하 등의 불편한 증상이 나타난다는 것이므로, ㉡과는 직접적인 관련이 없는 내용이다. 따라서 ㉡은 옳지 않다.

㉢ (가)는 한국인은 탄수화물을 지나치게 많이 섭취하고 있다는 주장이므로, 우리나라 성인뿐 아니라 성인이 아닌 사람들의 탄수화물 섭취량 또한 과하다는 것이 밝혀지면 (가)의 설득력은 높아지게 된다.

73 다음 〈표〉는 8개 기관의 장애인 고용 현황이다. 〈표〉와 〈조건〉에 근거하여 A~D에 해당하는 기관을 바르게 나열한 것은?

〈표〉 기관별 장애인 고용 현황

(단위 : 명, %)

기관	전체 고용인원	장애인 고용의무인원	장애인 고용인원	장애인 고용률
남동청	4,013	121	58	1.45
A	2,818	85	30	1.06
B	22,323	670	301	1.35
북동청	92,385	2,772	1,422	1.54
C	22,509	676	361	1.60
D	19,927	598	332	1.67
남서청	53,401	1,603	947	1.77
북서청	19,989	600	357	1.79

정답 72 ① | 73 ⑤

※ 장애인 고용률(%)$=\frac{\text{장애인 고용인원}}{\text{전체 고용인원}}\times 100$

조건

㉠ 동부청의 장애인 고용의무인원은 서부청보다 많고, 남부청보다 적다.
㉡ 장애인 고용률은 서부청이 가장 낮다.
㉢ 장애인 고용의무인원은 북부청이 남부청보다 적다.
㉣ 동부청은 남동청보다 장애인 고용인원은 많으나, 장애인 고용률은 낮다.

	A	B	C	D
①	북부청	동부청	남부청	서부청
②	북부청	남부청	동부청	서부청
③	동부청	북부청	서부청	남부청
④	서부청	남부청	동부청	북부청
⑤	서부청	동부청	남부청	북부청

㉡에서 장애인 고용율은 서부청이 가장 낮다고 했으므로, 'A는 서부청'이 된다.
㉠에서 동부청의 장애인 고용의무인원은 서부청보다 많고, 남부청보다 적다고 했고, ㉢에서 장애인 고용의무인원은 북부청이 남부청보다 적다고 했다. 따라서 장애인 고용의무인원수는 '남부청 > 동부청 > 서부청', '남부청 > 북부청'으로 표시할 수 있다. 따라서 장애인 고용의무인원은 남부청이 가장 많으므로, 'C가 남부청'이 된다는 것을 알 수 있다.
㉣에서 동부청은 남부청보다 장애인 고용인원은 많으나, 장애인 고용률은 낮다고 했으므로, B와 D 중 'B가 동부청'이 되며, 남은 'D는 북부청'이 된다.

74 다음 글에서 바르게 추론한 것을 〈보기〉에서 모두 고르면?

우리가 현재 가지고 있는 믿음들은 추가로 획득된 정보에 의해서 수정된다. 한 고객이 착오로 보낸 자금을 횡령한 죄로 한 은행의 갑, 을, 병이 용의자로 지목되었고 이 중 단 한 명만 범인이라고 하자. 수사관 K는 개인의 근무 습성, 범죄 이력 등을 근거로 각 용의자가 범인일 확률을 추측하여, '갑이 범인'이라는 것을 0.3, '을이 범인'이라는 것을 0.45, '병이 범인'이라는 것을 0.25만큼 믿게 되었다고 하자. 얼마 후 병의 자금거래 내역을 증명함으로써 횡령죄의 용의자에서 제외되었다. 그렇다면 K의 믿음의 정도는 어떻게 수정되어야 할까?

믿음의 정도를 수정하는 두 가지 방법이 있다. 방법 A는 0.25를 다른 두 믿음에 동일하게 나누어 주는 것이다. 따라서 병이 용의자에서 제외된 후 '갑이 범인'이라는 것과 '을이 범인'이라는 것에 대한 K의 믿음의 정도는 각각 0.425와 0.575가 된다.

방법 B는 기존 믿음의 정도에 비례해서 분배하는 것이다. 위 사례에서 '을이 범인'이라는 것에 대한 기존 믿음의 정도 0.45는 '갑이 범인'이라는 것에 대한 기존 믿음의 정도 0.3의 1.5배이다. 따라서 믿음의 정도 0.25도 이 비율에 따라 나누어주어야 한다. 즉 방법 B는 '갑이 범인'이라는 것에는 0.1을, '을이 범인'이라는 것에는 0.15를 추가하는 것이다. 결국 방법 B에 따르면 병이 용의자에서 제외된 후 '갑이 범인'이라는 것과 '을이 범인'이라는 것에 대한 K의 믿음의 정도는 각각 0.4와 0.6이 된다.

보기

ㄱ 만약 기존 믿음의 정도들이 위 사례와 달랐다면, 병이 용의자에서 제외된 뒤 '갑이 범인'과 '을이 범인'에 대한 믿음 정도의 합에 따른 대소관계는, 방법 A와 방법 B 중 무엇을 이용하는지에 따라 바뀔 수 있다.

ㄴ 만약 기존 믿음의 정도들이 위 사례와 달랐다면, 병이 용의자에서 제외된 뒤 '갑이 범인'과 '을이 범인'에 대한 믿음의 정도의 차이는 방법 A를 이용한 결과가 방법 B를 이용한 결과보다 클 수 있다.

ㄷ 만약 '갑이 범인'에 대한 기존 믿음의 정도와 '을이 범인'에 대한 기존 믿음의 정도가 같았다면, '병이 범인'에 대한 기존 믿음의 정도에 상관없이 병이 용의자에서 제외된 뒤 방법 A를 이용한 결과와 방법 B를 이용한 결과는 서로 같다.

① ㉠　　② ㉢
③ ㉠, ㉡　　④ ㉡, ㉢
⑤ ㉠, ㉡, ㉢

정답 해설 ㉢ 제시문에서 언급한 믿음의 정도를 수정하는 두 가지 방법 중, 방법 A는 제외된 믿음을 두 믿음에 동일하게 나눠주는 것이며, 방법 B는 제외된 믿음을 기존 믿음의 정도에 비례해서 나눠주는 것이다. 만약 '갑이 범인'에 대한 기존 믿음의 정도와 '을이 범인'에 대한 기존 믿음의 정도가 같았다면, 방법 A를 이용하든 B를 이용하든 관계없이 동일하게 나누어주게 된다. 따라서 이 경우라면 '병이 범인'에 대한 기존 믿음의 정도에 상관없이 병이 용의자에서 제외된 뒤 방법 A를 이용한 결과와 방법 B를 이용한 결과는 서로 같게 된다. 따라서 ㉢은 바르게 추론한 것이다.

오답 해설 ㉠ 방법 A는 제외된 믿음을 두 믿음에 동일하게 나눠주는 것이며, 방법 B는 제외된 믿음을 기존 믿음의 정도에 비례해서 나눠주는 것이다. 따라서 병이 용의자에서 제외된 뒤에도 믿음 정도의 합의 대소관계는 바뀌지는 않는다. 다만 두 믿음의 정도가 서로 달랐다는 가정 하에, 병이 제외된 뒤 믿음의 정도를 수정하는(나누어주는) 경우, 방법 A에 따를 경우 두 믿음의 차이가 그대로 유지되고 방법 B에 따를 경우 그 차이가 더 늘어나는 차이만 있지만, 방법에 따라 두 믿음 합의 대소관계가 바뀌지는 않는다는 것이다.

㉡ 위에서 언급한 것처럼, 병이 용의자에서 제외된 뒤 두 믿음 정도의 차이는, 방법 A를 이용하는 결과가 방법 B를 이용하는 결과보다 클 수는 없다.

75 다음 〈표〉는 2015~2017년 '갑'국의 수출 주력 품목에 관한 자료이다. 이에 대한 〈보기〉의 설명 중 옳은 것을 모두 고르면?

〈표1〉 전체 수출액 대비 13대 수출 주력 품목의 수출액 비중

(단위 : %)

품목 \ 연도	2015	2016	2017
가전	1.83	2.35	2.12
무선통신기기	6.49	6.42	7.28
반도체	8.31	10.04	11.01
석유제품	9.31	8.88	6.09
석유화학	8.15	8.35	7.11
선박류	10.29	7.09	7.75
섬유류	2.86	2.81	2.74
일반기계	8.30	8.49	8.89
자동차	8.16	8.54	8.69
자동차부품	4.09	4.50	4.68
철강제품	6.94	6.22	5.74
컴퓨터	2.25	2.12	2.28
평판디스플레이	5.22	4.59	4.24
계	82.20	80.40	78.62

〈표2〉 13대 수출 주력 품목별 세계수출시장 점유율

(단위 : %)

품목 \ 연도	2015	2016	2017
가전	2.95	3.63	2.94
무선통신기기	6.77	5.68	5.82
반도체	8.33	9.39	8.84
석유제품	5.60	5.20	5.18

석유화학	8.63	9.12	8.42
선박류	24.55	22.45	21.21
섬유류	2.12	1.96	1.89
일반기계	3.19	3.25	3.27
자동차	5.34	5.21	4.82
자동차부품	5.55	5.75	5.50
철강제품	5.47	5.44	5.33
컴퓨터	2.23	2.11	2.25
평판디스플레이	23.23	21.49	18.50

보기

㉠ 13대 수출 주력 품목 중 2015년 수출액이 큰 품목부터 차례대로 나열하면 선박류, 석유제품, 반도체, 일반기계, 자동차, 석유화학 등의 순이다.

㉡ 13대 수출 주력 품목 중 2015년에 비해 2017년에 전체 수출액 대비 수출액 비중이 상승한 품목은 총 7개이다.

㉢ 13대 수출 주력 품목 중 세계수출시장 점유율 상위 5개 품목의 순위는 2016년과 2017년이 동일하다.

① ㉠　　② ㉢

③ ㉠, ㉡　　④ ㉡, ㉢

⑤ ㉠, ㉡, ㉢

㉠ 전체 수출액 대비 수출액의 비중이 클수록 수출액도 크므로, 〈표1〉에서 13대 수출 주력 품목 중 2015년 수출액이 큰 품목부터 차례대로 나열하면 선박류, 석유제품, 반도체, 일반기계, 자동차, 석유화학의 순서가 된다는 것을 알 수 있다.

㉡ 〈표1〉에서 13대 수출 주력 품목 중 2015년에 비해 2017년에 전체 수출액 대비 수출액 비중이 상승한 품목은 '가전, 무선통신기기, 반도체, 일반기계, 자동차, 자동차부품, 컴퓨터'의 7개임을 알 수 있다.

오답해설 ㉢ 〈표2〉에서 13대 수출 주력 품목 중 2016년 세계수출시장 점유율 상위 5개 품목의 순위는 '선박류, 평판디스플레이, 반도체, 석유화학, 자동차부품'이라는 것을 알 수 있다. 이에 비해 2017년 세계수출시장 점유율 상위 5개 품목의 순위는 '선박류, 평판디스플레이, 반도체, 석유화학, 무선통신기기'가 된다. 따라서 세계수출시장 점유율 상위 5개 품목의 순위는 2016년과 2017년이 서로 다르다.

76 다음 〈표〉와 〈그림〉은 2011~2015년 국가공무원 및 지방자치단체공무원 현황에 관한 자료이다. 이에 대한 설명으로 옳은 것을 〈보기〉에서 모두 고르면?

〈표〉 국가공무원 및 지방자치단체공무원 현황

(단위 : 명)

구분 \ 연도	2011	2012	2013	2014	2015
국가 공무원	621,313	622,424	621,823	634,051	637,654
지방자치단체 공무원	280,958	284,273	287,220	289,837	296,193

〈그림〉 국가공무원 및 지방자치단체공무원 중 여성 비율

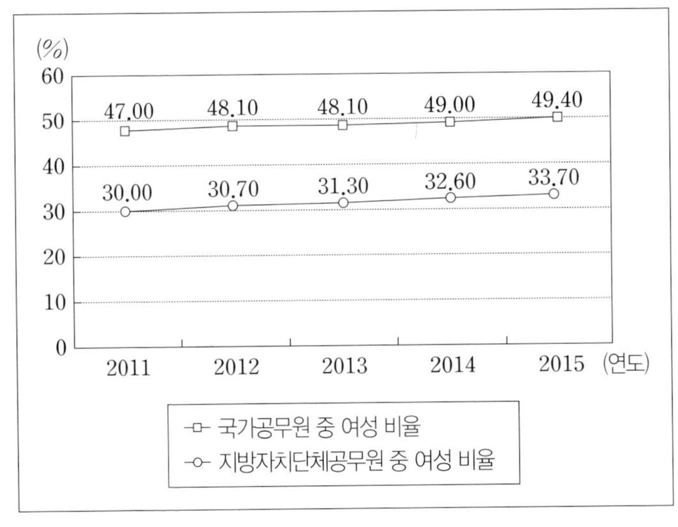

보기

㉠ 국가공무원 중 여성 비율과 지방자치단체공무원 중 여성 비율의 차이는 매년 감소한다.

㉡ 국가공무원 중 남성 수는 2012년이 2013년보다 적다.

㉢ 지방자치단체공무원 중 여성 수는 매년 증가하였다.

㉣ 매년 국가공무원 중 여성 수는 지방자치단체공무원 수보다 많다.

① ㉠, ㉡ ② ㉠, ㉣

③ ㉡, ㉢ ④ ㉡, ㉣

⑤ ㉢, ㉣

㉢ 〈표〉에서 지방자치단체공무원 수가 매년 증가하고 있다는 것을 알 수 있으며, 〈그림〉에서 지방자치단체공무원 중 여성 비율도 매년 커졌다는 것을 알 수 있다. 따라서 지방자치단체공무원 중 여성 수는 매년 증가하였다고 할 수 있다.

㉣ 국가공무원 중 여성의 비율이 가장 낮은 연도는 2011년이다. 2011년 국가공무원 중 여성의 수는 '621,313×0.47≒292,017명'이므로, 2011년의 지방자치단체공무원의 수(280,958명)보다 많다. 다른 연도도 이런 방식으로 계산해보면 모두 국가공무원 중 여성의 수가 지방자치단체공무원 수보다 많다는 것을 알 수 있다. 따라서 ㉣도 옳은 설명이 된다.

㉠ 〈그림〉에서 2011년의 국가공무원 중 여성 비율과 지방자치단체공무원 중 여성 비율의 차이(47.0－30.0＝17.0)보다 2012년의 차이(48.1－30.7＝17.4)가 더 크다는 것을 알 수 있다. 따라서 ㉠은 옳지 않은 설명이다.

㉡ 국가공무원 중 남성 수는 전체 국가공무원 수에서 여성 수를 뺀 값이 된다. 따라서 2012년 국가공무원 중 남성 수는 '622,424－(622,424×0.481)≒323,038명'이며, 2013년 국가공무원 중 남성 수는 '621,823－(621,823×0.481)＝322,726명'이 된다. 따라서 국가공무원 중 남성 수는 2012년이 2013년보다 많다.

77 다음 〈요금규정〉과 〈조건〉에 근거할 때, 아래의 〈상황〉에서 갑, 을, 병 일행 중 지불할 총요금의 금액이 가장 큰 일행과 가장 작은 일행을 순서대로 바르게 나열한 것은?

〈휴양림 요금규정〉

• 휴양림 입장료(1인당 1일 기준)

구분	요금(원)	입장료 면제 및 할인
어른	2,000	– 동절기(12월~3월) : 50% 할인 – 다자녀 가정 : 면제
청소년 (만 13세 이상~19세 미만)	1,000	
어린이(만 13세 미만)	500	

※ '다자녀 가정'은 만 19세 미만의 자녀가 3인 이상 있는 가족을 말한다.

• 야영시설 및 숙박시설(시설당 1일 기준)

<table>
<tr><th colspan="2" rowspan="2">구분</th><th colspan="2">요금(원)</th><th rowspan="2">비고</th></tr>
<tr><th>성수기
(7~8월)</th><th>비수기
(7~8월 외)</th></tr>
<tr><td rowspan="2">야영시설
(10인 이내)</td><td>황토데크(개)</td><td colspan="2">20,000</td><td rowspan="2">휴양림
입장료 별도</td></tr>
<tr><td>캐빈(동)</td><td colspan="2">50,000</td></tr>
<tr><td rowspan="2">숙박시설</td><td>3인용(실)</td><td>45,000</td><td>24,000</td><td rowspan="2">휴양림
입장료 별도</td></tr>
<tr><td>5인용(실)</td><td>85,000</td><td>46,000</td></tr>
</table>

※ 일행 중 '장애인'이 있는 경우 비수기에 한해 야영시설 및 숙박시설 요금의 20%를 할인한다.

〈조건〉

• 총요금=(휴양림 입장료)+(야영시설 또는 숙박시설 요금)

• 휴양림 입장료는 머문 일수만큼, 야영시설 및 숙박시설 요금은 숙박 일수만큼 계산함.
(예) : 2박 3일의 경우 머문 일수는 3일, 숙박 일수는 2일)

〈상황〉

• 갑(만 45세)은 아내(만 45세), 자녀 3명(각각 만 17세, 15세, 10세)과 함께 휴양림에 7월 중 3박 4일간 머물렀다. 갑 일행은 5인용 숙박시설 1실을 이용하였다.

• 을(만 25세)은 어머니(만 55세, 장애인), 아버지(만 58세)를 모시고 휴양림에서 12월 중 6박 7일간 머물렀다. 을 일행은 캐빈 1동을 이용하였다.

• 병(만 21세)은 동갑인 친구 3명과 함께 휴양림에서 10월 중 9박 10일 동안 머물렀다. 병 일행은 황토데크 1개를 이용하였다.

① 갑, 을　　② 갑, 병
③ 을, 갑　　④ 을, 병
⑤ 병, 갑

정답 해설 갑~병 일행이 지불해야 할 총요금은 다음과 같다.

㉠ **갑 일행의 총요금**

• 휴양림 입장료 : 면제(∵ 다자녀 면제)
• 야영시설 또는 숙박시설 요금 : 85,000×3=255,000원(∵ 성수기 5인용 숙박시설에서 3일간 숙박)

따라서 갑 일행의 총요금은 '255,000원'이 된다.

㉡ **을 일행의 총요금**

• 휴양림 입장료 : 6,000×7×0.5=21,000원(∵ 동절기 50% 할인)
• 야영시설 또는 숙박시설 요금 : 50,000×6×0.8=240,000원(∵ 일행 중 '장애인'이 있는 경우 비수기에 한해 야영시설 및 숙박시설 요금의 20%를 할인)

따라서 을 일행의 총요금은 '261,000원'이 된다.

㉢ **병 일행의 총요금**

• 휴양림 입장료 : 6,000×10=60,000원
• 야영시설 또는 숙박시설 요금 : 20,000×9=180,000원

따라서 병 일행의 총요금은 '240,000원'이 된다.

이상을 종합하면, 갑~병 일행 중 지불해야할 총요금이 가장 큰 일행은 '을'이고 가장 작은 일행은 '병'이 된다.

[78~79] 다음 〈조건〉과 〈7월 날씨〉를 근거로 하여 물음에 알맞은 답을 고르시오.

조건

• 날씨 예측 점수는 매일 다음과 같이 부여한다.

실제 \ 예측	맑음	흐림	비
맑음	10점	6점	0점
흐림	4점	10점	6점
비	0점	2점	10점

• 한 주의 주중(월~금) 날씨 예측 점수의 평균은 매주 5점 이상이다.

• 7월 1일부터 19일까지 요일별 날씨 예측 점수의 평균은 다음과 같다.

요일	월	화	수	목	금
날씨 예측 점수 평균	7점 이하	5점 이상	7점 이하	5점 이상	7점 이하

〈7월 날씨〉

구분	월	화	수	목	금	토	일
날짜			1	2	3	4	5
예측			맑음	흐림	맑음	비	흐림
실제			맑음	맑음	흐림	흐림	맑음
날짜	6	7	8	9	10	11	12
예측	맑음	흐림	맑음	맑음	맑음	흐림	흐림
실제	흐림	흐림	(　)	맑음	흐림	비	흐림
날짜	13	14	15	16	17	18	19
예측	비	비	흐림	비	비	흐림	흐림
실제	맑음	맑음	흐림	(　)	비	흐림	비

※ 위 달력의 같은 줄을 한 주로 한다.

78 다음 중 7월 8일의 실제 날씨로 가장 알맞은 것은?

① 맑음
② 흐림
③ 비
④ 맑음 또는 흐림
⑤ 흐림 또는 비

정답해설 7월 8일은 수요일이고, 수요일의 날씨 예측 점수 평균은 '7점 이하'이다. 여기서 7월 1일의 날씨 예측은 '맑음'이고 실제 날씨도 '맑음'이므로, 날씨 예측 점수는 '10점'이 된다. 또한 7월 15일의 날씨 예측은 '흐림'이고 실제 날씨도 '흐림'이므로 날씨 예측 점수는 '10점'이 된다. 따라서 8일을 제외한 수요일의 날씨 예측 점수가 모두 '10점'이며, 수요일 날씨 예측 점수 평균은 '7점 이하'가 되므로, 8일의 날씨 예측 점수는 '1점' 이하, 즉 '0점'이 되어야 한다. 8일의 날씨 예측은 '맑음'이므로, 날씨 예측 점수가 0점이 되려면, 실제 날씨는 '비'가 되어야 한다.

79 다음 중 7월 16일의 실제 날씨로 가장 알맞은 것은?

① 맑음
② 흐림
③ 비
④ 맑음 또는 흐림
⑤ 비 또는 흐림

정답해설 7월 16일은 목요일고, 목요일의 날씨 예측 점수 평균은 '5점 이상'이다. 그런데, 7월 1일과 9일의 날씨 예측 점수가 각각 6점, 10점이므로, 16일의 점수와 관계없이 날씨 예측 점수의 평균은 5점 이상이 된다. 따라서 다른 조건, 즉 '한 주의 주중(월~금) 날씨 예측 점수의 평균은 매주 5점 이상'이라는 조건에 따라서 실제 날씨를 파악해야 한다. 7월 13일(월)부터 17일(금)요일까지의 날씨 예측 점수의 합은 '0점+0점+10점+(16일의 예측 점수)+10점=(16일의 예측 점수)+20점'이 되므로, 이 점수의 평균이 5점 이상이 되려면, (16일의 예측 점수)는 5점 이상이 되어야 한다. 16일의 날씨 예측은 '비'이므로, 날씨 예측 점수가 5점 이상이 되려면 실제 날씨는 '흐림' 또는 '비'가 되어야 한다.

80 다음의 글과 〈상황〉을 근거로 판단할 때, '을'이 차순위매수신고를 하기 위해서는 '을'의 매수신고액이 최소한 얼마를 넘어야 하는가?

법원이 진행하는 부동산 경매를 통해 부동산을 매수하려는 사람은 법원이 정한 해당 부동산의 '최저가매각가격' 이상의 금액을 매수가격으로 하여 매수신고를 하여야 한다. 이때 신고인은 최저가매각가격의 10분의 1을 보증금으로 납부하여야 입찰에 참가할 수 있다. 법원은 입찰자 중 최고가매수가격을 신고한 사람(최고가매수신고인)을 매수인으로 결정하며, 매수인은 신고한 매수가격(매수신고액)에서 보증금을 공제한 금액을 지정된 기일까지 납부하여야 한다. 만일 최고가매수신고인이 그 대금을 기일까지 납부하지 않으면, 최고가매수신고인 외의 매수신고인은 자신이 신고한 매수가격대로 매수를 허가하여 달라는 취지의 차순위매수신고를 할 수 있다. 다만 차순위매수신고는 매수신고액이 최고가매수신고액에서 보증금을 뺀 금액을 넘어야 할 수 있다.

〈상황〉

갑과 을은 법원이 최저가매각가격을 3억 원으로 정한 A주택의 경매에 입찰자로 참가하였다. 갑은 매수가격을 3억 5천만 원으로 신고하여 최고가매수신고인이 되었다. 그런데, 갑이 지정된 기일까지 대금을 납부하지 않았다.

① 3천만 원
② 2억 7천만 원
③ 3억 원
④ 3억 2천만 원
⑤ 3억 3천만 원

정답해설 〈상황〉에서 A주택의 최저매각가격은 3억 원이므로, 보증금은 최저가매각가격의 10분의 1인 3천만 원이 된다. 제시된 글이 마지막 문장에서 '차순위매수신고는 매수신고액이 최고가매수신고액에서 보증금을 뺀 금액을 넘어야 할 수 있다'라고 했으므로, 을이 차순위매수신고를 하기 위해서는 매수신고액이 최고가매수신고액인 3억 5천만 원에서 보증금 3천만 원을 뺀 '3억 2천만 원'을 넘어야 한다.

81 다음 글과 〈상황〉을 근거로 판단할 때, 〈보기〉에서 옳은 것을 모두 고르면?

제○○조(우수현상광고)

① 광고에 정한 행위를 완료한 자가 수인(數人)인 경우에 그 우수한 자에 한하여 보수(報酬)를 지급할 것을 정하는 때에는 그 광고에 응모기간을 정한 때에 한하여 그 효력이 생긴다.

② 전항의 경우에 우수의 판정은 광고에서 정한 자가 한다. 광고에서 판정자를 정하지 아니한 때에는 광고자가 판정한다.

③ 우수한 자가 없다는 판정은 할 수 없다. 그러나 광고에서 다른 의사표시가 있거나 광고의 성질상 판정의 표준이 정하여져 있는 때에는 그러하지 아니하다.

④ 응모자는 제2항 및 제3항의 판정에 대하여 이의를 제기하지 못한다.

⑤ 수인의 행위가 동등으로 판정된 때에는 각각 균등한 비율로 보수를 받을 권리가 있다. 그러나 보수가 그 성질상 분할할 수 없거나 광고에 1인만이 보수를 받을 것으로 정한 때에는 추첨에 의하여 결정한다.

※ 현상광고 : 어떤 목적으로 조건을 붙여 보수(상금, 상품 등)를 지급할 것을 약속한 광고

〈상황〉

NH는 아래와 같은 내용으로 신규 발행카드 홍보를 위한 우수디자인 공모를 위한 우수현상광고를 실시하였고, 이에 갑, 을, 병 등이 응모하였다.

우수디자인 공모

- 목적 : 신규카드 발급 및 건전한 카드 사용의 홍보
- 참여대상 : 제한 없음
- 응모기간 : 2018년 7월 3일~7월 28일
- 제출처 : NH농협본사
- 수상자 : 1명(아래 상금 전액 지급)
- 상금 : 금 1,000만 원정
- 특이사항
  - 디자인 작업 및 응모는 단독으로 하여야 한다.
  - 기준을 충족한 디자인이 없다고 판정된 경우, 우수디자인 선정을 하지 않을 수 있다.

보기

㉠ 우수디자인의 판정은 NH농협본사에서 한다.

㉡ 우수디자인이 없다는 판정이 이루어질 수 있다.

㉢ 우수디자인 공모에서 수상하지 못한 갑은 우수의 판정에 대해 이의를 제기할 수 있다.

㉣ 심사결과 을과 병의 디자인이 동등한 최고점수로 판정되었다면, 두 사람은 500만 원씩 상금을 나누어 받는다.

① ㉠, ㉡
② ㉠, ㉣
③ ㉡, ㉢
④ ㉡, ㉣
⑤ ㉢, ㉣

㉠ 제○○조(우수현상광고) 제2항에서 '전항의 경우에 우수의 판정은 광고에서 정한 자가 한다'라고 하였으므로, 우수디자인 판정은 NH농협본사에서 한다고 볼 수 있다.

㉡ 제○○조(우수현상광고) 제3항에서 '우수한 자가 없다는 판정은 할 수 없다. 그러나 광고에서 다른 의사표시가 있거나 광고의 성질상 판정의 표준이 정하여져 있는 때에는 그러하지 아니하다'라고 했는데, 현상광고의 특이사항에서 '기준을 충족한 디자인이 없다고 판정된 경우, 우수디자인 선정을 하지 않을 수 있다'라고 했으므로, 우수디자인이 없다는 판정도 가능하다는 것을 알 수 있다.

㉢ 제○○조(우수현상광고) 제4항에서 '응모자는 제2항 및 제3항의 판정에 대하여 이의를 제기하지 못한다'라고 했으므로, 갑은 공모 결과와 관련된 이의를 제기하지 못한다.

㉣ 제○○조(우수현상광고) 제5항에서 '수인의 행위가 동등으로 판정된 때에는 각각 균등한 비율로 보수를 받을 권리가 있다. 그러나 보수가 그 성질상 분할할 수 없거나 광고에 1인만이 보수를 받을 것으로 정할 때에는 추첨에 의하여 결정한다'라고 했으며, 현상광고에서 수상자 1명에게 상금 전액을 지급한다고 정하였으므로, 을과 병 중에서 추첨으로 수상자를 결정해 상금 전액(1,000만 원)을 지급한다.

82 다음의 〈○○법〉 규정을 근거로 아래의 〈상황〉을 판단할 때 옳은 것은?

〈○○법〉

제11조

① 청약은 상대방에게 도달한 때에 효력이 발생한다.

② 청약은 철회될 수 없는 것이더라도, 철회의 의사표시가 청약의 도달 전 또는 그와 동시에 상대방에게 도달하는 경우에는 철회될 수 있다.

제12조 청약은 계약이 체결되기까지는 철회될 수 있지만, 상대방이 승낙의 통지를 발송하기 전에 철회의 의사표시가 상대방에게 도달되어야 한다. 다만 승낙기간의 지정 또는 그 밖의 방법으로 청약이 철회될 수 없음이 청약에 표시되어 있는 경우에는 청약은 철회될 수 없다.

제13조

① 청약에 대한 동의를 표시하는 상대방의 진술 또는 그 밖의 행위는 승낙이 된다. 침묵이나 부작위는 그 자체만으로 승낙이 되지 않는다.

② 청약에 대한 승낙은 동의의 의사표시가 청약자에게 도달하는 시점에 효력이 발생한다. 청약자가 지정한 기간 내에 동의의 의사표시가 도달하지 않으면 승낙의 효력이 발생하지 않는다.

제14조 계약은 청약에 대한 승낙의 효력이 발생한 시점에 성립된다.

제15조 청약, 승낙, 그 밖의 의사표시는 상대방에게 구두로 통고된 때 또는 그 밖의 방법으로 상대방 본인, 상대방의 영업소나 우편주소에 전달된 때, 상대방이 영업소나 우편 주소를 가지지 아니한 경우에는 그의 상거소(常居所)에 전달된 때에 상대방에게 도달된다.

※ 상거소는 한 장소에 주소를 정하려는 의사 없이 상당기간 머무는 장소를 말한다.

〈상황〉

2018년 1월 1일 갑은 을과 전화통화를 하면서 자기 소유의 X물건을 천만 원에 매도하겠다는 청약을 하고, 그 승낙 여부를 2018년 1월 15일까지 통지해 달라고 하였다. 다음날 갑은 "2018년 1월 1일에 했던 청약을 철회합니다."라고 을과 전화통화를 하였는데, 같은 해 1월 12일 을은 "X 물건에 대한 A의 청약을 승낙합니다."라는 내용의 서신을 발송하여 같은 해 1월 14일에 갑에게 도달하였다.

① 계약은 2018년 1월 15일에 성립되었다.
② 계약은 2018년 1월 14일에 성립되었다.
③ 갑의 청약은 2018년 1월 2일에 철회되었다.
④ 을의 승낙은 2018년 1월 1일에 효력이 발생하였다.
⑤ 을의 승낙은 2018년 1월 12일에 효력이 발생하였다.

1DAY 2DAY 3DAY

정답 해설 제시된 〈○○법〉을 근거로 〈상황〉을 검토해보면 다음과 같다.
제11조 제1항에 따라 갑의 청약은 1월 1일 전화를 통해 상대방에게 도달되었으므로 그날 이루어졌다. 갑은 청약 다음날인 1월 2일 청약을 철회한다는 의사표시를 하여 상대방 을이 승낙의 통지를 발송하기 전에 이루어졌다. 그러나 제12조의 단서 규정에 '승낙기간의 지정 또는 그 밖의 방법으로 청약이 철회될 수 없음이 청약에 표시되어 있는 경우에는 청약은 철회될 수 없다'라는 규정이 있는데, 최초 청약에서 갑이 승낙 여부를 1월 15일까지로 통지해 달라고 한 것이 바로 승낙기간을 지정한 것으로 판단할 수 있으므로, 이 청약에 대한 철회는 효력이 없다. 따라서 청약 또한 계속 유효하다.
을은 이러한 갑의 청약에 대한 승낙을 1월 12일에 서신이라는 유효한 방법으로 발송하였고, 갑이 지정한 기간(1월 15일) 이내인 1월 14일에 갑에게 도달하였다. 제13조 제2항에서 '청약에 대한 승낙은 동의의 의사표시가 청약자에게 도달하는 시점에 효력이 발생한다'라는 규정에 따라 도달한 때(1월 14일)부터 승낙의 효력이 발생한다. 또한, 제14조에서 '계약은 청약에 대한 승낙의 효력이 발생한 시점에 성립된다'라고 했으므로, 바로 이날이 계약 성립일이 되는 것이다.
따라서 결론적으로 1월 14일부터 승낙의 효력이 발생하며, 계약이 성립한 날은 1월 14일이 되므로, ②만 옳다.

83 다음 중 직업인들이 업무를 공적으로 수행할 수 있는 힘을 의미하는 말로 가장 적절한 것은?

① 업무 기능
② 업무 능력
③ 업무 역할
④ 업무 책임
⑤ 업무 권한

정답 해설 직업인들이 업무를 공적으로 수행할 수 있는 힘을 '업무 권한'이라고 하며, 직업인은 업무 권한에 따라 자신이 수행한 일에 대한 책임도 부여받게 된다. 이러한 업무 권한은 자신의 결정에 다른 사람들이 따르게 할 수 있는 힘이 되기도 한다. 일반적으로 '권한'이란 한 개인이 조직 내에서 차지하고 있는 위치로 인하여 갖게 되는 공식적인 힘을 말하며, 한 개인이나 집단을 지배할 수 있는 권리(right)를 의미하기도 한다. 권한은 다른 사람을 그의 의사에 반하더라도 복종시키거나 지배할 수 있는 힘을 의미하는 권력의 한 요소라고 볼 수 있다.

84 다음 중 세계화와 국제 감각에 대한 설명으로 옳지 않은 것은?

① 업무의 효율적 수행을 위해서는 국제법규와 규정을 정확하게 파악해야 하고 업무동향을 파악하고 있어야 한다.

② 이문화 커뮤니케이션은 언어적 · 비언어적 커뮤니케이션으로 구분할 수 있다.

③ 국제 감각을 배양함으로써 이문화의 우열을 객관적으로 파악할 수 있어야 한다.

④ 세계화가 진행됨에 따라 직업인들도 세계 수준으로 의식 · 태도를 확대해야 한다.

⑤ 국제관계에서는 언어적 커뮤니케이션보다 비언어적 커뮤니케이션에서 오해를 초래할 가능성이 크다.

정답 해설 이문화 이해는 내가 속한 문화와 다르다고 해서 무조건 나쁘거나 저급한 문화로 여기는 것이 아니라, 그 나라 고유의 문화를 인정하고 해야 할 일과 해서는 안 되는 일을 구별할 수 있는 것을 말한다. 따라서 이문화의 우열관계를 파악하는 태도는 바람직하지 않다. 또한 국제 감각은 단순히 외국어를 잘하는 능력이 아니라, 나와 다른 나라의 문화를 이해하는 이문화 이해와 국제적 동향을 자신의 업무에 적용하는 능력을 모두 포함하는 개념이므로, 국제 감각을 배양하는 것이 이문화의 우열을 판단하기 위한 수단이 되는 것은 바람직하지 않다.

오답 해설 ① 세계화 시대에 업무를 효과적으로 수행하기 위해서는 조직의 업무와 관련된 국제적인 법규나 규정을 숙지하고, 관련된 국제동향을 파악할 필요가 있다. 이는 구체적으로, 관련된 국가에서의 업무동향과 관련된 국제법규를 점검함으로써 국제적인 상황변화에 능동적으로 대처하는 것을 의미한다.

②·⑤ 이문화 커뮤니케이션은 상이한 문화 간의 의사소통으로 언어적 커뮤니케이션과 비언어적인 커

뮤니케이션으로 구분될 수 있다. 국제관계에서는 언어적 커뮤니케이션보다 비언어적 커뮤니케이션에서 오해를 불러일으키는 경우가 많은데, 같은 행동이라 하더라도 문화적 배경에 따라 다르게 받아들여질 수 있으므로 인사하는 법이나 식사예절과 같은 국제매너를 알아둘 필요가 있다.

④ 세계화가 진행됨에 따라 조직의 구성원들도 직장생활을 하는 동안에 직 · 간접적으로 영향을 받게 되고, 세계 수준으로 의식, 태도 및 행동을 확대해야 한다.

85 다음 글을 근거로 판단할 때 옳은 것을 〈보기〉에서 모두 고르면?

우리나라는 1948년 7월 17일 공포된 제헌 헌법에서 처음으로 근대적인 지방자치제도의 도입 근거를 마련하였다. 이후 1949년 7월 4일 지방자치법이 제정되어 지방선거를 통해 지방의회를 구성할 수 있게 되었다. 지방자치법의 주요 내용을 살펴보면 다음과 같다. 첫째, 지방자치단체의 종류는 서울특별시와 도, 시 · 읍 · 면으로 한다. 둘째, 의결기관과 집행기관을 따로 둔다. 셋째, 지방자치단체장 중 서울특별시장과 도지사는 대통령이 임명하고, 시 · 읍 · 면장은 지방의회가 선출한다. 넷째, 지방의회의원은 임기 4년의 명예직으로 한다. 다섯째, 지방의회에는 지방자치단체장에 대한 불신임권을, 지방자치단체장에게는 지방의회해산권을 부여한다.

그러나 실제로 지방자치법에 따른 지방선거는 사회가 불안정하다는 이유로 실시되지 못한 채 연기되었다. 이후 대통령은 1951년 12월 31일 헌법 개정과 함께 갑작스럽게 지방선거 실시를 발표하였다. 이에 따라 전쟁 중인 1952년 4월 25일에 치안 불안 지역과 미수복 지역을 제외한 지역에서 시 · 읍 · 면의회 의원선거를 실시하였고, 5월 10일에 서울특별시, 경기도, 강원도 등을 제외한 7개 도에서 도의회 의원선거를 실시하였다. 1953년 5월에는 선거를 치르지 못했던 지역에서 도의회의원을 선출하는 선거가 실시되었다.

1956년에는 지방자치법을 개정하여 시 · 읍 · 면장을 주민직선을 통해 선출하도록 하였다. 이에 따라 같은 해 8월 8일 제2차 시 · 읍 · 면의회 의원선거와 동시에 최초로 주민직선에 의한 시 · 읍 · 면장 선거가 실시되었다. 그리고 8월 13일에는 서울특별시의회 및 도의회 의원선거가 실시되었다. 4년 뒤인 1960년 12월에는 지방자치법을 다시 개정하고, 서울특별시장 및 도지사도 주민직선제로 선출하도록 하였다. 이에 따라 같은 해 12월 12

일에 서울특별시의회 및 도의회 의원선거, 19일에 시 · 읍 · 면의회 의원선거, 26일에 시 · 읍 · 면장 선거, 29일에 서울특별시장 및 도지사 선거가 실시되었다.

보기

㉠ 1949년에 제정된 지방자치법에서는 주민들에 의한 지방자치단체장의 직선제를 규정하였다.

㉡ 1952년에는 모든 지역에서 지방선거를 통해 지방의회의원이 선출되었다.

㉢ 1956년에는 지방선거를 통해 시 · 읍 · 면장이 처음으로 주민에 의해 직접 선출되었다.

㉣ 오늘날의 광역자치단체장에 대한 주민직선제는 1960년에 처음으로 실시되었다.

① ㉠, ㉡
② ㉠, ㉣
③ ㉡, ㉢
④ ㉡, ㉣
⑤ ㉢, ㉣

정답해설

㉢ 셋째 단락에서 '1956년에는 지방자치법을 개정하여 시 · 읍 · 면장을 주민직선을 통해 선출하도록 하였다. 이에 따라 같은 해 8월 8일 제2차 시 · 읍 · 면의회 의원선거와 동시에 최초로 주민직선에 의한 시 · 읍 · 면장 선거가 실시되었다'라고 했으므로, 1956년 8월 8일에 처음으로 시 · 읍 · 면장이 주민에 의해 직접 선출되었다는 것을 알 수 있다. 따라서 ㉢은 옳은 내용이다.

㉣ 셋째 단락 후반부에서 '1960년 12월에는 지방자치법을 다시 개정하고, 서울특별시장 및 도지사도 주민직선제로 선출하도록 하였다. 이에 따라 같은 해 … 29일에 서울특별시장 및 도지사 선거가 실시되었다'라고 했으므로, 서울특별시장과 도지사 등 광역자치단장의 주민직선제는 1960년에 처음으로 실시되었다는 것을 알 수 있다.

오답해설

㉠ 첫째 단락에서 '셋째, 지방자치단체장 중 서울특별시장과 도지사는 대통령이 임명하고, 시 · 읍 · 면장은 지방의회가 선출한다'라고 하였으므로, 1949년 제정 당시 지방자치법에서 주민에 의한 지방자치단체장의 직선제를 규정한 것이 아님을 알 수 있다.

㉡ 둘째 단락에서 '이에 따라 전쟁 중인 1952년 4월 25일에 치안 불안 지역과 미수복 지역을 제외한 지역에서 시 · 읍 · 면의회 의원선거를 실시하였고, … 1953년 5월에는 선거를 치르지 못했던 지역에서 도의회의원을 선출하는 선거가 실시되었다'라고 했으므로, 1952년에 모든 지역에서 지방선거를 통해 지방의회의원이 선출된 것은 아님을 알 수 있다.

86 다음은 한 관광회사에서 〈관광지 운영 및 이동시간〉과 〈조건〉을 근거로 하여 일일 관광패키지를 구성하려고 한다. 아래 〈보기〉에서 옳은 것을 모두 고르면?

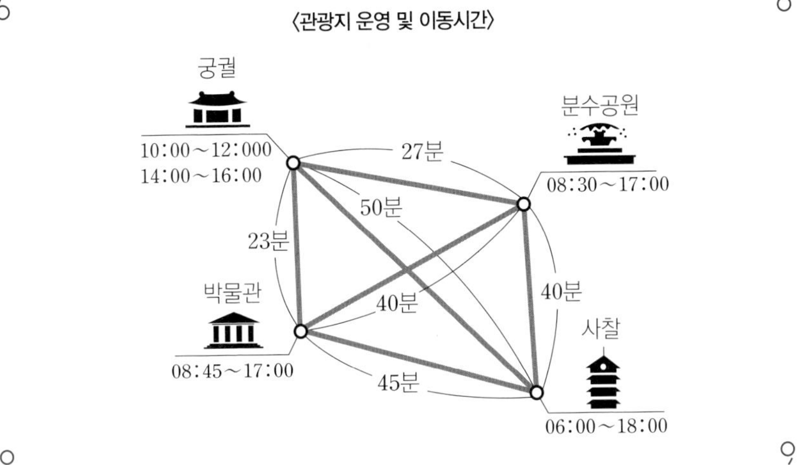

조건

- 하루에 4개 관광지를 모두 한 번씩 관광한다.
- 각 관광에 소요되는 시간은 2시간이며, 관광지 운영시간 외에는 관광할 수 없다.
- 궁궐에서는 가이드투어만 가능하다. 가이드투어는 10시와 14시에 시작하며, 시작 시각까지 도착하지 못하면 가이드투어를 할 수 없다.

※ 식사 및 휴식시간은 없는 것으로 가정한다.

보기

㉠ 사찰에서부터 관광을 시작해야 한다.

㉡ 박물관과 분수공원의 관광 순서가 바뀌어도 무방하다.

㉢ 마지막 관광을 종료하는 시각은 16시 30분 이후이다.

① ㉠

② ㉢

③ ㉠, ㉡

④ ㉡, ㉢

⑤ ㉠, ㉡, ㉢

정답 86 ③

하루에 4개 관광지를 모두 관광해야 하고, 각 관광에 소요되는 시간은 2시간이다. 또한 늦어도 18:00까지는 관광이 종료되어야 하며, 궁궐에서는 정해진 시간에 관광을 해야 한다. 따라서 되도록 이른 시간에 관광을 시작해야 하고, 중간에 공백 시간을 최소화하는 것이 좋다. 이를 토대로 일일 관광패키지를 구성하면 다음과 같다.

- 4개 관광지 중 가장 이른 시간에 관광을 시작하는 '사찰' 관광을 가장 먼저 한다.
- '사찰' 관광이 08시에 종료된 후 '박물관'으로 45분간 이동한 후 바로 관광에 들어간다면, 10시 45분에 박물관 관광을 마칠 수 있다.
- 10시 45분에 '분수공원'으로 40분간 이동한 후, 11시 25분부터 13시 25분까지 분수공원 관광을 마친다.
- 13시 25분부터 27분간 '사찰'로 이동하면, 13시 52분에 사찰에 도착할 수 있다. 14시부터 사찰 가이드투어를 실시하면 2시간 후인 16시에 관광을 모두 마칠 수 있다.

㉠ 사찰에서부터 관광을 시작하지 않는 경우 16시 30분까지 4개 관광지를 모두 관광할 수 없으므로, ㉠은 옳은 내용이다.

㉡ 위의 일정에서 '박물관'과 '분수공원' 관광의 순서를 바뀌는 경우, 08시 40분부터 분수공원 관광이 가능하며, 10시 40분 종료 후 40분간 박물관으로 이동하여 11시 20분부터 13시 20분까지 관광을 하게 된다. 박물관에서 궁궐로 이동하는 시간은 23분이므로, 14시부터 궁궐 가이드투어가 가능하며, 마치는 시간도 16시로 같아진다. 따라서 박물관과 분수공원의 관광 순서가 바뀌어도 무방하다.

㉢ 위와 같은 패키지를 구성하는 경우 모두 마지막 관광을 종료하는 시간은 16시가 된다. 따라서 ㉢은 옳지 않다.

87 다음 글을 근거로 판단할 때 옳은 내용은?

이슬람권 국가에서는 여성들이 베일을 쓴 모습을 흔히 볼 수 있다. 그런데 이슬람교 경전인 코란이 여성의 정숙함을 강조하지만, 베일로 얼굴을 감싸는 것을 의무로 규정하고 있는 것은 아니다. 겸허한 태도를 지키고 몸의 윤곽, 그것도 얼굴이 아니라 상반신을 베일로 가리라고 충고할 뿐이다. 베일로 얼굴을 감싸는 관습은 코란에 따른 의무라기보다는, 예전부터 존재했던 겸허와 존중의 표시였다.

날씨가 더운 나라의 여성들도 베일을 착용하였는데, 남성에 대한 순종의 의미보다 햇볕이나 사막의 뜨거운 모래바람으로부터 얼굴을 보호하려는 것이 목적이었다. 이란의 반다르 에아바스에 사는 수니파 여성들은 얼굴 보호를 위해 자수 장식이 있는 두꺼운 면직물로 된 붉은색 마스크를 썼다. 이것도 이슬람 전통이 정착되기 전부터 존재했을 가능성이 크다. 사우디아라비아의 베두인족 여성들은 은과 진주로 장식한 천이나 가죽 소재의 부르카로 얼굴 전체를 감쌌다. 부르카 위에 다시 커다란 검은색 베일을 쓰기도 했다.

외부 침입이 잦은 일부 지역에서 베일은 낯선 이방인의 시선으로부터 자신을 보호하는 수단으로 사용됐다. 북아프리카의 투아레그족 남자들이 리탐이라고 부르는 남색의 면직물로 된 큰 베일을 썼던 것이 그 예이다. 전설에 따르면 전쟁에서 패하고 돌아온 투아레그족 남자들이 수치심 때문에 머리에 감았던 터번으로 얼굴을 가리고 다녔는데, 그 뒤로는 타인의 시선으로부터 자신을 보호하기 위해 계속해서 얼굴을 감싸게 되었다고 한다.

① 베일은 여성만 착용하는 것으로 겸허와 존중의 의미를 담고 있었을 것이다.
② 반다르 에아바스 지역의 수니파 여성들은 은으로 장식한 천으로 얼굴을 감쌌을 것이다.
③ 이슬람권 여성이 베일로 얼굴을 감싸는 것은 코란의 의무규정으로부터 시작되었을 것이다.
④ 뜨거운 모래바람으로부터 얼굴을 보호하거나 타인의 시선으로부터 자신을 보호하는 것도 베일을 쓰는 이유가 되었다.
⑤ 사우디아라비아 베두인족 여성의 부르카와 북아프리카 투아레그족의 리탐은 모두 가죽 소재로 만들었을 것이다.

정답 해설 둘째 단락의 첫 번째 문장에서 '날씨가 더운 나라의 여성들도 베일을 착용하였는데, 남성에 대한 순종의 의미보다 햇볕이나 사막의 뜨거운 모래바람으로부터 얼굴을 보호하려는 것이 목적이었다'라고 하였고, 셋째 단락의 마지막 문장에서 '그 뒤로는 타인의 시선으로부터 자신을 보호하기 위해 계속해서 얼굴을 감싸게 되었다고 한다'라고 하였으므로, ④는 옳은 내용임을 알 수 있다.

오답 해설
① 셋째 단락에서 '북아프리카의 투아레그족 남자들이 리탐이라고 부르는 남색의 면직물로 된 큰 베일을 썼던 것이 그 예이다'라고 하였으므로, 베일을 여성만 착용했다는 것은 사실이 아님을 알 수 있다.
② 둘째 단락에서 '이란의 반다르 에아바스에 사는 수니파 여성들은 얼굴 보호를 위해 자수 장식이 있는 두꺼운 면직물로 된 붉은색 마스크를 썼다. … 사우디아라비아의 베두인족 여성들은 은과 진주로 장식한 천이나 가죽 소재의 부르카로 얼굴 전체를 감쌌다'라고 했으므로, 은으로 장식한 천으로 얼굴을 감쌌던 것은 반다르 에아바스 지역의 수니파 여성들이 아니라 사우디아라비아의 베두인족

여성임을 알 수 있다.

③ 첫째 단락의 '그런데 이슬람교 경전인 코란이 여성의 정숙함을 강조하지만, 베일로 얼굴을 감싸는 것을 의무로 규정하고 있는 것은 아니다'라는 내용과 배치되는 내용이다.

⑤ 셋째 단락에서 '북아프리카의 투아레그족 남자들이 리탐이라고 부르는 남색의 면직물로 된 큰 베일을 썼던 것이 그 예이다'라고 했으므로, 투아레그족의 리탐은 가죽 소재가 아니라 면직물 된 것임을 알 수 있다.

88 **다음 〈표〉는 둘씩 짝지은 A~F 대학 현황 자료이다. 〈조건〉을 근거로 'A – B', 'C – D', 'E – F' 대학을 순서대로 바르게 짝지어 나열한 것은?**

〈표〉 둘씩 짝지은 대학 현황

(단위 : 점)

짝지은 대학	A – B		C – D		E – F	
	A	B	C	D	E	F
입학허가율(%)	7	12	7	7	9	7
졸업률(%)	96	96	96	97	95	94
학생 수(명)	7,000	24,600	12,300	28,800	9,270	27,600
교수 1인당 학생 수(명)	7	6	6	8	9	6
연간 학비(달러)	43,500	49,500	47,600	45,300	49,300	53,000

조건

㉠ 짝지어진 두 대학끼리만 비교한다.

㉡ 입학허가율은 마리가 바론보다 높다.

㉢ 졸업률은 라온이 다한보다 높다.

㉣ 바론과 마리의 학생 수 차이는 18,000명 이상이다.

㉤ 교수 수는 가람이 나래보다 많다.

	A – B	C – D	E – F
①	나래 – 가람	다한 – 라온	마리 – 바론
②	가람 – 나래	다한 – 라온	마리 – 바론
③	마리 – 바론	다한 – 라온	가람 – 나래
④	바론 – 마리	라온 – 다한	나래 – 가람
⑤	나래 – 가람	라온 – 다한	바론 – 마리

정답 해설 〈조건〉의 ㉠에서 짝지어진 두 대학끼리만 비교한다고 하였는데, ㉣에서 짝지어진 두 대학 중 학생 수 차이가 18,000명 이상인 경우는 'E – F'밖에 없으므로, 'E'와 'F'는 '마리' 또는 '바론'이 된다. 그리고 ㉡에서 입학허가율은 마리가 바론보다 높다고 했으므로, 'E'는 '마리', 'F'는 '바론'이 된다는 것을 알 수 있다.

다음으로 ㉢에서 졸업률은 라온이 다한보다 높다고 했으므로, 'C – D'는 '다한 – 라온'이 된다는 것을 알 수 있다.

마지막으로, ㉤에서 교수 수는 가람이 나래보다 많다고 했는데, '학생 수'와 '교수 1명당 학생 수'를 통해 교수의 수를 구하면, A는 1,000명, B는 4,100명이다. 따라서 'A'는 '나래' 'B'는 '가람'이 된다.

따라서 'A – B', 'C – D', 'E – F' 대학은 각각 '나래 – 가람', '다한 – 라온', '마리 – 바론'이 된다.

[89~90] 다음 제시문을 읽고 물음에 알맞은 답을 고르시오.

하나의 공공사업에 여러 가지의 대안이 있을 때에는 비용 · 편익분석을 통해 순편익(편익–비용)이 가장 큰 것을 선택하는 것이 바람직하다. 이때 공공사업의 편익과 비용은 일시에 발생하는 것이 아니라 수년에 걸쳐 발생한다. 공공사업에 대한 타당성 여부는 현재시점에서 평가되어야 하므로 미래에 발생하는 편익과 비용을 모두 현재가치로 환산시켜 비교할 필요가 있다. 이 때 사용되는 이자율을 할인율(r, discount rate)이라고 한다. 예를 들어 어떤 공공사업이 실시된 해부터 연간 1,000억 원의 편익이 발생되고 할인율이 15%라면, 그 공공사업의 현재가치는 사업 첫 해에는 1,000억 원, 2차 년도에는 870억 원(1,000억 원× 할인계수)이 되는 것이다.

정답 88 ①

다음 표는 P자치단체가 2013년도에 S공공사업을 실행하기 위한 세 가지 대안의 소요 비용을 나타낸 것이다. 할인율은 15%이며, 세 대안의 실행결과로 발생하는 편익은 동일하다고 가정한다.

(단위 : 억 원)

구분		연도					합계
		2013	2014	2015	2016	2017	
대안 A	시설비	–	500	500	1,500	–	
	토지비용	500	500	–	–	–	
	인건비	–	–	1,000	2,000	4,000	
	기타운영비	–	–	500	500	2,000	
	총비용	500	1,000	2,000	4,000	6,000	13,500
대안 B	시설비	1,000	3,500	–	–	–	
	인건비	1,000	500	500	500	500	
	기타운영비	3,000	–	1,000	–	–	
	총비용	5,000	4,000	1,500	500	500	11,500
대안 C	시설비	500	500	200	600	–	
	인건비	–	–	1,000	3,000	4,500	
	기타운영비	–	–	300	400	500	
	총비용	500	500	1,500	4,000	5,000	11,500

※ 할인계수 $=1/(1+r)^t$

할인율(r)이 15%일 때, 사업시행 연도부터 미래에 발생하는 편익 및 비용의 할인계수는 다음과 같다(t는 사업개시 후 경과연수임).

연도	할인계수
사업 당해 연도	1.000
사업 2차 연도	0.870
사업 3차 연도	0.756
사업 4차 연도	0.658
사업 5차 연도	0.572

89 다음 중 대안 A~C 중 가장 바람직한 대안부터 순서대로 나열한 것은?

① A, B, C
② A, C, B
③ B, A, C
④ C, A, B
⑤ C, B, A

정답해설 제시문에서 여러 대안이 있을 경우 비용 · 편익분석을 통해 순편익(편익－비용)이 가장 큰 것을 선택하는 것이 바람직하다고 했으며, 이때의 편익과 비용은 모두 현재가치로 환산시켜 비교한다고 하였다. 제시된 세 대안의 실행결과로 발생하는 편익은 모두 동일하다고 하였으므로, 비용의 현재가치의 합이 가장 적은 것(순편익이 가장 큰 것)이 가장 바람직한 대안이 된다. 여기서 비용의 현재가치는 비용과 할인계수의 곱으로 구할 수 있으므로, 제시된 연도별 비용과 연도별 할인계수를 통해 비용의 현재가치의 합을 구하면 다음과 같다.

(단위 : 억 원)

연도		2013	2014	2015	2016	2017	합계
할인계수		1.000	0.870	0.756	0.658	0.572	
대안A	총비용	500	1,000	2,000	4,000	6,000	13,500
	총비용의 현재가치	500	870	1,512	2,632	3,432	8,946
대안B	총비용	5,000	4,000	1,500	500	500	11,500
	총비용의 현재가치	5,000	3,480	1,134	329	286	10,229
대안C	총비용	500	500	1,500	4,000	5,000	11,500
	총비용의 현재가치	500	435	1,134	2,632	2,860	7,561

총비용의 현재가치의 합이 적은 것부터 나열하면 'C, A, B'의 순서가 되므로, 가장 바람직한 대안부터 순서대로 나열하면 'C, A, B'가 된다.

정답 89 ④

90 다음 〈보기〉 중 추론한 내용으로 옳은 것을 모두 고르면?

보기

㉠ 할인율을 15%보다 높인다면, 총비용의 현재가치는 떨어진다.
㉡ 사업 연도가 경과할수록 연도별 총비용의 현재가치가 꾸준히 상승하는 것은 대안 A뿐이다.
㉢ 할인율을 10%로 낮출 때, 순편익의 하락폭이 가장 작은 것은 대안 A이다.

① ㉠
② ㉢
③ ㉠, ㉡
④ ㉡, ㉢
⑤ ㉠, ㉡, ㉢

㉠ '할인계수=$1/(1+r)^t$'이므로, 할인율(r)을 15%보다 높인다면 할인계수는 작아지게 된다. 총비용의 현재가치는 총비용에 할인계수를 곱하여 산출한 것이므로, 할인계수가 작아진다면 총비용의 현재가치도 역시 작아진다(떨어진다). 따라서 ㉠은 옳은 내용이다.

㉡ 연도별 총비용과 할인계수를 통해 연도별 총비용의 현재가치를 구할 때, 매년 꾸준히 상승하는 것은 '대안 A'뿐이다(앞 문제 해설참고).

㉢ 할인율이 하락시 순편익의 하락폭이 가장 작다는 것은 할인율 하락에 따라 추가적으로 발생하는 총비용의 현재가치의 합계가 가장 작다는 것을 의미한다. 여기서의 합계는 변동에 따른 할인계수의 차(=할인율이 10%일 때의 할인계수−할인율이 15%일 때의 할인계수)를 각 연도의 총비용에 곱한 값들을 합한 것이다. 여기서 '변동에 따른 할인계수의 차'는 A, B, C 모두 같으므로 추가적으로 발생하는 총비용의 현재가치의 합은 결국 연도별 총비용의 크기에 의해 결정된다. 그런데 A의 경우 모든 연도에 있어 연도별 총비용이 C의 총비용보다 같거나 크므로, A는 C보다 추가되는 총비용의 현재가치의 합이 크다. 따라서 A가 C보다 순편익의 하락폭이 크다.

또한 A와 B를 다른 방식으로 비교해보면 다음과 같다. 순편익의 하락폭이 작다는 것은 순비용의 상승폭이 작다는 것이고 이는 할인율의 감소(할인계수의 증가)에 영향을 적게 받아야 하는데, 이는 초기 연도에 비용이 상대적으로 더 집중된 경우 더욱 뚜렷하게 나타난다. A보다 B의 경우가 상대적으로 초기 연도에 비용이 더 집중되어 있으므로 B가 A보다 할인율 감소에 영향을 적게 받는다. 따라서 A보다 B가 할인율 감소로 인한 순비용의 상승폭이 작다(순편익의 하락폭이 작다).

91 다음 제시문에서 추론할 수 있는 내용으로 적절한 것을 아래 <보기>에서 모두 고르면?

연구자 A는 외부와 접촉이 차단되고 고립된 상태에서 인간이 어떤 행동을 보이는지를 관찰하기 위하여 실험을 고안하였다. 건강하고 평범한 대학생들을 연구 대상자로 선정하였다. 선정된 연구 대상자 중 일부는 교도관 역할을, 나머지는 죄수 역할을 맡았으며, 교도관의 행태를 감시하는 기구나 규율은 없었다. A는 제복을 입은 교도관 역할자와 죄수복을 입고 죄수 역할을 하는 자의 심리를 분석하였다. 특별한 의미가 담긴 복장이 사람에게 미치는 영향은 컸다. 죄수복은 그 자체로 사람을 위축시켰으며, 교도관들의 제복과 선글라스 그리고 곤봉은 권위 의식을 갖게 했다. 흥미롭게도 교도관 역할자는 둘째 날부터 진짜 교도관이 된 것처럼 행동하기 시작했다. 죄수 역할자는 실험이 아닌 실제 상황에 처한 것이 아니냐는 의심을 품기 시작했고, 난동을 부리다 교도관 역할자에게 제압당하는 사건도 발생했다. 실험 셋째 날부터 교도관 역할자는 무력으로 죄수 역할자를 완벽하게 통제하였다. 그들은 죄수 역할자를 독방에 가두거나, 스스로 체벌을 고안하여 강제했으며 구타도 하였다. 다섯째 날에 이르자 정신적인 충격으로 발작을 일으키는 사람도 목격되었다. 결국 이들이 집단 광기를 보이자 모든 실험은 중단되었다.

보기

㉠ 인간의 행동은 지위에 따라 달라질 수 있다.
㉡ 견제장치가 없는 권력은 남용될 가능성이 크다.
㉢ 인간의 의지력은 극한 상황을 극복할 수 있는 중요한 원동력이다.
㉣ 외부와 접촉이 차단되고 고립된 상태에서는 행동에 대한 자기 통제력이 극대화된다.

① ㉠, ㉡
② ㉠, ㉣
③ ㉡, ㉢
④ ㉡, ㉣
⑤ ㉢, ㉣

㉠ 제시문 중반부의 '흥미롭게도 교도관 역할자는 둘째 날부터 진짜 교도관이 된 것처럼 행동하기 시작했다. 죄수 역할자는 실험이 아닌 실제 상황에 처한 것이 아니냐는 의심을 품기 시작했고, 난동을 부리다 교도관 역할자에게 제압당하는 사건도 발생했다'라는 부분에서, 인간의 행동이 지위나 역할에 따라 달라질 수 있다는 것을 추론할 수 있다. 따라서 ㉠은 적절한 추론에 해당한다.

ⓛ 제시문에서 교도관의 역할을 담당한 사람을 견제할 감시 기구나 규율 등이 마련되지 않았는데, 이 경우 교도관 역할은 날이 갈수록 권력이 남용되어 행사된다는 것을 알 수 있다. 제시문의 중반부 이후의 '흥미롭게도 교도관 역할자는 둘째 날부터 진짜 교도관이 된 것처럼 행동하기 시작했다. … 실험 셋째 날부터 교도관 역할자는 무력으로 죄수 역할자를 완벽하게 통제하였다. 그들은 죄수 역할자를 독방에 가두거나, 스스로 체벌을 고안하여 강제했으며 구타도 하였다'라는 내용에서 교도관의 권력 남용을 확인할 수 있다. 따라서 ⓛ도 추론할 수 있는 내용으로 적절하다.

ⓒ 제시문은 인간의 의지력이 극한 상황을 극복할 수 있는 중요한 원동력이 된다는 사실을 보여주기보다는, 주어진 역할과 지위가 인간의 행동이나 사고를 지배하게 되는 것을 보여주고 있다. 따라서 ⓒ은 추론할 수 있는 내용으로 적절하지 않다.

ⓔ 제시문에서는 교도소와 같이 외부와의 접촉이 차단되고 고립된 상태에서는 행동에 대한 자기 통제력이 약화될 수 있다는 것을 보여주고 있다. 따라서 ⓔ도 적절한 추론 내용이 아니다.

92 **다음은 '갑'공기업의 팀별 성과급 지급 기준이다. '을'팀의 성과평가결과가 〈보기〉와 같다면 '을'팀에 지급되는 성과급의 1년 총액은 얼마인가?**

〈성과급 지급 방법〉

가. 성과급 지급은 성과평가 결과와 연계함

나. 성과평가는 효율성, 안전성, 봉사성의 총합으로 평가하며, 효율성, 안전성, 봉사성의 가중치를 각각 0.4, 0.4, 0.2로 부여함

다. 성과평가 결과를 활용한 성과급 지급 기준

성과평가 점수	성과평가 등급	분기별 성과급 지급액
9.0이상	A	100만 원
8.0이상 9.0미만	B	90만 원
7.0이상 8.0미만	C	70만 원
7.0미만	D	40만 원

보기

구분	1/4분기	2/4분기	3/4분기	4/4분기
효율성	7	6	10	8
안전성	9	7	8	9
봉사성	7	8	9	7

① 290만 원 ② 300만 원

③ 320만 원 ④ 330만 원

⑤ 350만 원

〈성과급 지급 방법〉에서 성과평가는 효율성, 안전성, 봉사성의 종합으로 평가하며, 효율성, 안전성, 봉사성의 가중치를 각각 0.4, 0.4, 0.2로 부여한다고 했으므로, 이를 토대 분기별 성과평가 점수를 구하면 다음과 같다.

- 1/4분기 : $7 \times 0.4 + 9 \times 0.4 + 7 \times 0.2 = 7.8$이므로 분기별 성과급 지급액은 '70만 원'
- 2/4분기 : $6 \times 0.4 + 7 \times 0.4 + 8 \times 0.2 = 6.8$이므로 분기별 성과급 지급액은 '40만 원'
- 3/4분기 : $10 \times 0.4 + 8 \times 0.4 + 9 \times 0.2 = 9.0$이므로 분기별 성과급 지급액은 '100만 원'
- 4/4분기 : $8 \times 0.4 + 9 \times 0.4 + 7 \times 0.2 = 8.2$이므로 분기별 성과급 지급액은 '90만 원'

따라서 '을'팀에 지급되는 성과급의 1년 총액은 '300만 원'이 된다.

93 다음 〈표〉와 〈그림〉은 각 국가가 가지고 있는 문화적 환경을 분석한 결과 확인된 고배경문화와 저배경문화의 특성과 해당 국가들을 보여주고 있다. 글로벌경영활동을 수행하는 과정에서 가장 적절하지 못한 것은?

구분	고배경문화	저배경문화
법률 또는 법률가	덜 중요하다.	매우 중요하다.
개인의 말	매우 중요하며 개인의 비공식적인 의사표시가 보증의 역할을 한다.	크게 중시하지 않는다. 서면으로 보증한다.
공간개념	서로 어울리는 공간을 중요시 여긴다.	개인적인 공간을 중요하게 여기고 침해받는 것을 싫어한다.
시간개념	시간구분이 분명하지 않다.	'시간은 돈이다'하는 개념이 매우 강하다.
협상	오래 끄는 것이 보통이다. 협상의 목적은 모든 당사자 들이 서로 충분히 이해하여 저절로 해결되도록 한다.	매우 신속히 수행한다.
경쟁입찰	빈번하지 않다.	일반적이다.

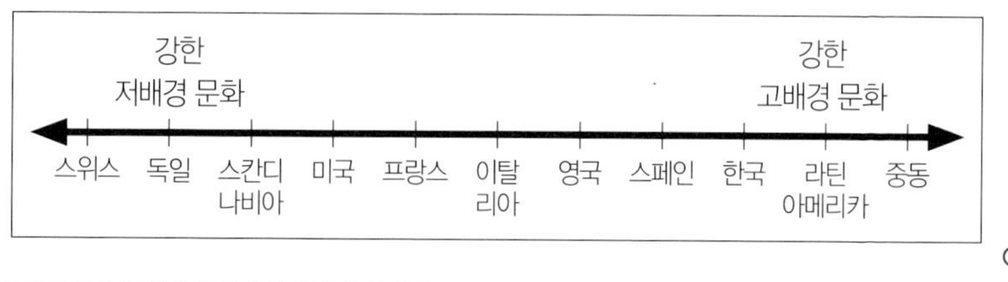

① 스위스는 강한 저배경국가로서 개인적인 공간을 중요하게 여기고 침해받는 것을 싫어한다. 따라서 한국의 수출업자는 스위스의 수입업자와 처음 만나 이야기할 때 지나치게 접근하는 것을 피해야한다.

② 독일의 경우 저배경국가로서 법률을 매주 중요시한다. 따라서 독일에서 현지기업과 분쟁이 발생한 경우 법적 조치를 통해 해결하는 것이 바람직하다고 할 것이다.

③ 중동은 강한 고배경국가로서 협상을 오래 끌며 협상 당사자들이 서로 충분히 이해하여 저절로 협상이 해결되도록 하는 것을 중시한다. 따라서 중동에 진출한 프랑스기업이 현지기업과 신속하게 협상을 진행하여 시간을 단축함으로써 문화적 갈등의 발생가능성을 낮추어야 한다.

④ 스칸디나비아 국가는 저배경국가에 가깝고 영국은 중간수준이며, 스페인은 다소 고배경국가에 가깝다. 따라서 스칸디나비아 기업의 경우 영국기업보다 스페인기업과의 사업활동에서 문화적 차이로 인한 갈등 발생가능성이 더 높다.

⑤ 저배경국가인 스위스에서 활동하는 글로벌기업들은 고배경국가에 가까운 스페인에서 활동하는 기업보다 약속시간을 더욱 철저히 준수하여야 한다.

1DAY 2DAY 3DAY

정답해설 중동은 강한 고배경국가로서 협상을 오래 끄는 것이 보통이며, 협상의 목적을 모든 당사자 들이 서로 충분히 이해하여 저절로 해결되도록 하는 것에 둔다. 따라서 중동에 진출한 프랑스기업이 현지기업과 신속한 협상을 통해 시간을 단축하려고 하는 것은 문화적 차이로 인한 갈등의 발생가능성을 높일 수 있으므로 피해야 한다. 따라서 ③은 적절한 글로벌경영활동으로 볼 수 없다.

오답해설

① 스위스는 강한 저배경국가로서 개인적 공간을 중시하고 침해받는 것을 싫어한다는 것을 알 수 있다. 따라서 스위스의 수입업자와 처음 만나는 경우 지나치게 접근해서 개인적 공간을 침해하는 것을 피해야 한다.

② 독일도 저배경국가로서, 법률을 매우 중요하게 생각한다. 따라서 독일의 기업과 분쟁이 발생한 경우 법적 조치를 통해 해결하는 것이 바람직하다.

④ 스칸디나비아 국가는 강한 저배경국가에 더 가깝다. 이에 비해 영국은 중간수준에 해당하며, 스페인은 중간수준에서 다소 고배경국가에 가깝다고 볼 수 있다. 저배경국가인가 고배경국가인가에 따라 문화적 차이가 크게 발생하므로, 스칸디나비아 기업은 영국기업보다 스페인기업과의 사업활동에서 문화적 차이로 인한 갈등 발생가능성이 더 크다고 할 수 있다.

⑤ 저배경국가는 '시간은 돈이다'하는 개념이 매우 강한데 비해 고배경국가의 경우 상대적으로 시간구분이 분명하지 않다. 따라서 스위스에서 활동하는 글로벌기업들은 스페인에서 활동하는 기업보다 약속시간 더 철저히 지켜야 한다.

94 다음은 다양한 자본(Capital)의 유형에 대한 설명이다. 이를 바탕으로 추론한 설명 중 적절한 것을 〈보기〉에서 모두 고르면?

지속적 발전이란 미래의 세대가 인구당 자본을 지금의 세대만큼 또는 그 이상 갖게 되는 과정을 의미한다. 전통적으로 사람들은 지속적 발전을 위해 A 자본, B 자본, 그리고 C 자본이 필요했고, 이들의 총합은 국가의 부를 이루고 더불어 경제발전과 성장의 근간을 이룬다고 믿어왔다. 하지만 이 과정에서 자본의 구성요소가 바뀌기 시작한다. 즉, 일부 A자본은 개발을 통해 자연적으로 소모되어 공장과 설비를 짓기 위한 B 자본으로 변환되었다. 또한 B 자본은 시간이 흐름에 따라 그 가치가 절하될 가능성이 큰 반면, 교육이나 훈련을 통해 습득한 C 자본의 중요성이 증대하기 시작하였다. 하지만 최근에 들어 이들 세 가지 유형의 자본이 경제성장 과정에 필요한 전부가 아니라는 사실이 일부 학자들로부터 나오게 되었다. 이들은 이 세 가지 자본에는 경제행위의 주체들이 상호작용하고 성장과 발전을 추진하기 위해 스스로를 조직하는 방법이 결여되어 있다고 주장하였다. 따라서 이들에게 '빠뜨린 연결고리(the missing link)'가 바로 D 자본이다. 즉, 위의 A, B, C 세 가지 자본의 조합에 D 자본이 추가되지 않을 경우 지속적 발전은 불가능하다는 것이다.

보기

㉠ B 자본은 법적인 소유권의 대상이 된다.
㉡ C 자본은 개인의 속성이며, 개인이 부분적 혹은 전적으로 체화해 소지하는 것이다.
㉢ D 자본은 어느 한 행위자가 독점적인 소유권을 주장하기 쉬운 자본이다.
㉣ C 자본은 신뢰와 더불어 구성원들의 기회주의적 행동을 억제하고 공동의 이익을 극대화하는 규범을 확립시킨다.

① ㉠, ㉡　　② ㉠, ㉣
③ ㉡, ㉢　　④ ㉡, ㉣
⑤ ㉢, ㉣

㉠ 제시문의 중반부에서 '일부 A자본은 개발을 통해 자연적으로 소모되어 공장과 설비를 짓기 위한 B 자본으로 변환되었다'라고 하였는데, 여기서 B 자본은 공장이나 설비를 짓기 위한 자본임을 알 수 있다. 공장이나 설비가 법적인 소유권의 대상이 되므로, B 자본도 소유권의 대상이 된다고 할 수 있다. 따라서 ㉠은 적절한 추론이 된다.

㉡ 제시문의 중반부에서 '교육이나 훈련을 통해 습득한 C 자본의 중요성이 증대하기 시작하였다'라고 하였는데, 이를 통해 C 자본은 교육이나 훈련을 통해 습득하는 기술이나 지식 등의 자본임을 알 수 있다. 따라서 C 자본은 개인의 속성으로, 개인이 부분적으로 혹은 전적으로 체화해 소지하는 것이라 할 수 있다. 따라서 ㉡도 적절한 추론이 된다.

오답해설 ㉢ 제시문의 후반부에서 '이들 세 가지 자본에는 경제행위의 주체들이 상호작용하고 성장과 발전을 추진하기 위해 스스로를 조직하는 방법이 결여되어 있다고 주장하였다. 따라서 이들에게 '빠뜨린 연결고리'가 바로 D 자본이다'라고 하였다. 따라서 D 자본은 경제행위의 주체들이 상호작용하고 성장 · 발전하기 위해 스스로를 조직하는 방법 또는 이를 가능하게 하기 위한 '연결고리'와 관련되는 자본이 된다고 볼 수 있다. 따라서 이러한 자본은 한 행위자에 의해 독점되지 않고 사회적 관계를 맺은 행위자들 간에 공유되는 것이 주요한 특징이 된다.

㉣ 신뢰와 더불어 구성원들의 기회주의적 행동을 억제하고 공동의 이익을 극대화하는 규범을 확립시키는 것과 관련된 것은 C 자본이 아닌 D 자본이다. C 자본은 개인의 속성이 강한 자본인데 비해, D 자본은 경제 주체들이 상호작용하고 성장 · 발전을 하기 위해 스스로를 조직하거나 연결고리로 작용하는 자본으로서, 이를 통해 지속적 발전이 가능하다 하였다.

95 A국가와 B국은 자유무역협정(FTA)을 체결하기 위하여 협상 중에 있다. 그런데 B국가는 〈보기〉와 같은 조건이 충족될 때만 A국과 자유무역협정을 체결한다고 최종적으로 통보하였다. A국이 B국가와 자유무역협정을 체결하기 위해서는 최소한 몇 가지 품목을 개방해야 하는가?

보기

〈B국이 제시한 개방조건〉

㉠ '자동차'를 개방하려면 반드시 '농산물'도 개방해야 한다.
㉡ '농산물'과 '제약' 중에서 한 가지만 개방해야 한다.
㉢ '의료'와 '건설' 중에서 한 가지는 반드시 개방해야 한다.
㉣ '제약'과 '의료'는 반드시 함께 개방해야 한다.
㉤ '건설'을 개방하려면 '자동차'와 '의료'도 반드시 개방해야 한다.

① 1개 품목
② 2개 품목
③ 3개 품목
④ 4개 품목
⑤ 5개 품목

정답해설 제시된 개방조건의 ㉡에서 농산물과 제약 중 한 가지만 개방해야 한다고 하였다. 따라서 이를 통해 자유무역협정(FTA)체결을 가능하게 하는 최소 개방 품목수를 검토해 보면 다음과 같다.

(ⅰ) 농산물을 개방하고 제약을 개방하지 않는 경우
- ㉣의 조건에 따라 의료는 개방하지 않는다.
- 의료가 개방되지 않으므로 ㉢에 따라 건설은 개방해야 한다.
- 건설을 개방하는 경우 ㉤에 따라 의료도 개방해야 하는데, 이는 앞의 조건과 모순된다.

따라서 (ⅰ)은 적절하지 않다.

(ⅱ) 제약을 개방하고 농산물을 개방하지 않는 경우
- 제약을 개방하였으므로 ㉣에 따라 의료도 개방해야 한다.
- 의료가 개방되었으므로, ㉢에 따라 건설은 개방하지 않아도 된다.
- 농산물이 개방되지 않았으므로, ㉠에 의해 자동차도 개방하지 않아도 된다.

따라서 (ⅱ)의 경우 B국의 조건을 모두 충족하면서 제약과 의료의 '2개 품목'만 개방하고 자유무역협정의 체결이 가능하다.

96 다음의 〈상황〉과 〈표〉를 근거로 할 때, 〈보기〉의 설명 중 옳은 것을 모두 고르면?

〈상황〉

어느 도시는 5개의 지역으로 구분되어 있다. 이 도시에는 5개의 업종들이 있고 이들 업종은 토지를 구입하여 건물 또는 공장을 건축하려고 한다. 아래의 〈표〉는 각 지역별로 개별 업종이 원하는 토지를 구입하기 위해 토지시장의 경쟁에 참여하여 지불할 수 있는 지대의 최고 금액(억 원)을 나타낸 것이다. 지역별로 업종에 대한 입지규제 등은 없고, 한 업종이 1개 이상의 토지를 구입할 수 있으며, 지역별 토지소유지는 이윤극대화를 추구하는 경제적 인간임을 가정한다.

(단위 : 점)

구분	A 업종	B 업종	C 업종	D 업종	E 업종
가 지역	30	40	20	0	0
나 지역	28	35	19	0	0
다 지역	26	0	18	30	0
라 지역	24	0	17	25	40
마 지역	22	0	16	20	30

보기

㉠ A 업종과 C 업종은 5개 지역에서 토지구입을 위한 경쟁을 하며, D 업종과 E 업종은 2개 지역에서 경쟁을 한다.

㉡ 나 지역에서는 C 업종이 토지를 구입하여 건물 또는 공장을 건축한다.

㉢ 토지구입 경쟁에서 4개 업종은 토지를 구입한다.

㉣ 다 지역에서는 3개 업종이 경쟁을 하고 D업종이 토지를 구입한다.

① ㉠, ㉡

② ㉠, ㉣

③ ㉡, ㉢

④ ㉡, ㉣

⑤ ㉢, ㉣

㉠ A 업종과 C 업종 5개 지역에서 토지 구입을 위한 경쟁에 참여하여 지불할 금액을 가지고 있으므로, 5개 지역에서 구입경쟁을 하게 된다. D 업종과 E 업종은 라와 마 지역의 2개 지역에서 토지 구입을 위한 경쟁을 하게 된다. 따라서 ㉠은 옳은 설명이다.

㉣ 다 지역에서는 A, C, D의 3개 업종이 토지 구입을 위한 경쟁에 참여하며, 이 중 지불할 수 있는 최고 금액(30억 원)을 가진 D 업종이 토지를 구입하게 된다. 따라서 ㉣도 옳은 설명이 된다.

오답 해설

㉡ 나 지역에서는 B 업종이 토지 구입을 위해 최대 금액(35억 원)을 지불할 수 있으므로, B 업종이 토지를 구입하여 건물 또는 공장을 건축할 수 있다.

㉢ 토지구입 경쟁에서 토지를 구입하기 위해서는 그 토지 구입을 위해 지불할 수 있는 금액이 최대가 되어야 한다. 따라서 가와 나 지역에서는 B 업종이 토지를 구입하며, 다 지역은 D 업종이, 라와 마 지역은 E 업종이 토지를 구입하게 된다. 따라서 토지구입 경쟁에서 토지를 구입하는 업종은 모두 3개이다.

97 다음은 국내의 한 커피전문점의 경쟁력과 시장 환경에 관한 SWOT 분석이다. 대응 전략과 그 내용 연결이 가장 적절하지 않은 것은?

강점(Strength)	약점(Weakness)
• 테이크아웃(take－out) 커피 전문점 시장의 선도 기업 • 커피 분야의 확고한 브랜드 이미지 보유 • 커피의 우수한 질 확보 • 고급화 전략의 정착 • 직원 중심의 기업문화 지향	• 일회용품의 과다 발생 • 브랜드 이미지 부각에 대한 반감 • 좁고 다소 혼잡한 매장 • 높은 가격으로 인한 가격경쟁력 약화 • 직영점 중심의 경영체제로 인한 높은 비용부담
기회(Opportunity)	**위협(Threat)**
• 소비자들의 커피 인식 및 취향의 변화 • 최신 트렌드 및 신세대 문화와의 결합 • 해외 경험자들의 증가 • 일상 속의 휴식 공간으로서의 매장 • 다른 회사와의 협력 및 연계를 통한 시너지 효과	• 커피전문점의 증가로 인한 경쟁심화 • 불안정한 원두 가격 • 외국 커피전문점이라는 거부감 • 경쟁 회사들의 공격적 마케팅 증가

① SO전략 : 고급화 전략을 통해 최신 트렌드를 선도하는 이미지를 구축한다.

② ST전략 : 브랜드 경쟁력을 강화하여 다른 회사와의 경쟁에서 차별성을 유지한다.

③ WO전략 : 커피의 질적 우수성을 소비자들의 호감과 연결시키는 광고전략을 전개한다.

④ WT전략 : 가맹점을 늘림으로써 원두가격 인상에 따른 가격경쟁력 약화를 방지한다.

⑤ ST전략 : 직원 복지를 강화하여 해외 시장에서의 기업이미지를 개선한다.

1DAY 2DAY 3DAY

정답 해설 ③의 '커피의 질적 우수성을 소비자들의 호감과 연결시키는 광고전략'은 커피의 우수한 질 확보를 통해 소비자들의 커피에 대한 호감을 불러일으키는 전략이므로, SO전략에 해당한다.

오답 해설
① 고급화 전략을 최신 트렌드와 결합시키는 것이므로 SO전략에 해당한다.
② 커피 분야의 확고한 브랜드 이미지를 강화하여 커피전문점의 증가로 인한 경쟁심화에 대응하는 전략이므로, ST전략에 해당한다.
④ 직영점 중심의 경영체제로 인한 높은 비용부담을 해결하기 위해 가맹점을 늘림으로써 불안정한 원두 가격의 인상에 대비하는 것이므로, WT전략에 해당한다.
⑤ 직원 중심의 기업문화를 강화하여 외국 커피전문점이라는 거부감을 개선하는 전략이므로, ST전략에 해당한다.

정답 97 ③

98 다음은 한 기업의 〈직무전결표〉의 내용 중 일부이다. 이에 따라 업무를 처리할 때 적절한 내용을 〈보기〉에서 모두 고르면?

〈표〉 직무전결표

직무내용	대표이사	위임전결권자		
		전무	상무	부서장
신입 및 경력사원 채용	○			
사원 교육훈련 승인			○	
부서장급 인사업무		○		
부서 단위 인수인계업무			○	
월별 업무 보고				○
해외 관련 업무 보고		○		
신규 사업 계약	○			
일반 관리비 집행			○	
사내 운영위원회 위원 위촉		○		

보기

㉠ 신입사원을 대상으로 진행되는 교육훈련의 승인을 상무이사의 결재를 받아 집행하였다.
㉡ 경영지원부와 홍보부의 인수인계업무는 부서장의 전결로 처리하였다.
㉢ 대표이사의 부재로 인해 2018년 하반기에 체결 예정인 사업 계약을 전무이사가 전결로 처리하였다.
㉣ 중국 관련 업무에 대한 보고와 운영위원회 위촉에 관한 내용의 결재권자는 같다.

① ㉠, ㉡
② ㉠, ㉣
③ ㉡, ㉢
④ ㉢, ㉣
⑤ ㉠, ㉡, ㉢

㉠ 사원 교육훈련 승인은 상무이사의 위임 위임전결사항이므로, 신입사원을 대상으로 진행되는 교육훈련을 상무이사 결재로 진행할 수 있다.

㉣ 해외 관련 업무 보고와 사내 운영위원회 위촉에 관한 사항은 모두 전무이사의 위임전결사항에 해당한다.

오답해설 ㉡ 부서 단위 인수인계업무의 위임전결권자는 상무이사이므로, 경영지원부와 홍보부의 인수인계업무는 부서장의 전결로 처리할 수는 없다.

㉢ 신규 사업 계약에 대한 결재권자는 대표이사이며, 위인전결사항이 아니다. 따라서 2018년 하반기에 체결 예정인 사업 계약을 전무이사가 전결로 처리하는 것은 적절하지 않다.

1DAY 2DAY 3DAY

99 다음 중 조직문화의 기능 또는 역할에 대한 설명으로 적절하지 않은 것은?

① 조직몰입을 방지한다.

② 조직구성원의 정체성을 부여한다.

③ 조직구성원의 가치를 공유하게 한다.

④ 조직이 나아갈 방향을 유도한다.

⑤ 조직의 안정성을 유지한다.

정답해설 조직몰입은 개인이 조직에 대해 애착을 가지고 그 조직에 남고 싶어 하며, 조직을 위해서 더 노력하고 조직의 가치 · 목표를 기꺼이 수용하게 되는 심리적 상태를 의미한다. 조직문화는 조직구성원들 간에 생활양식이나 가치를 공유하는 것으로, 구성원들의 일체감을 부여하고 조직몰입을 향상시킨다고 할 수 있다. 따라서 ①은 조직문화의 기능이나 역할로 적절하지 않다.

오답해설 ② 조직문화는 조직구성원의 일체감과 정체성을 부여한다.

③ · ④ 조직문화는 조직구성원들이 가치를 공유하게 하며, 행동지침으로서 사고와 행동에 영향을 미쳐 조직이 나아갈 방향을 유도할 수 있다.

⑤ 조직문화는 조직을 안정적으로 유지하는 기능을 수행한다.

정답 98 ② | 99 ①

100 경영활동은 외부경영활동과 내부경영활동으로 구분하여 볼 수 있다. 다음 〈보기〉 중 외부경영활동에 대한 설명으로 적절한 것을 모두 고른 것은?

보기

㉠ 조직 내부에 대한 관리를 통해 조직 효과성을 높이는 활동이다.
㉡ 기업에서는 주로 시장에서 이루어진다.
㉢ 인사관리, 재무관리, 생산관리 등이 해당된다.
㉣ 총수입을 극대화하고 총비용을 극소화하는 활동이다.

① ㉠, ㉡
② ㉠, ㉣
③ ㉡, ㉢
④ ㉡, ㉣
⑤ ㉢, ㉣

㉡ 외부경영활동은 조직외부에서 조직의 효과성을 높이기 위해 이루어지는 활동을 말하는데, 이러한 외부경영활동은 기업의 경우 주로 시장에서 이루어진다.

㉣ 외부경영활동은 총수입을 극대화하고 총비용을 극소화하여 이윤을 창출하는 것을 말한다.

㉠ 외부경영활동은 조직 내부를 관리 · 운영하는 것이 아니라, 조직외부에서 조직의 효과성을 높이기 위해 이루어지는 활동을 말한다.

㉢ 내부경영활동은 조직내부에서 인적 · 물적 자원 및 생산기술을 관리하는 것으로, 여기에는 인사관리, 재무관리, 생산관리 등이 해당된다.

정답 100 ④

NH 지역농협 6급 직업기초능력평가

제2회 NH 지역농협 6급 직업기초능력평가

01 다음 기사의 내용에 대한 설명으로 가장 적절하지 않은 것은?

NH농협은행은 지난해 사회공헌 비용으로 1,093억 원을 투입해 전체 은행권 1위를 기록했다고 26일 밝혔다. 전국은행연합회가 지난 23일 공시한 '2017 은행 사회공헌활동 보고서'에 따르면 지난해 농협은행은 은행권에서 가장 많은 사회공헌활동비를 지출했다. 농협은행은 연평균 1,000억 원 이상을 사회공헌활동에 지출하며, 2011년부터 7년째 은행권 사회공헌 1위 자리를 유지하고 있다.

사회공헌비용은 소외계층 지원 등 지역사회 공익부문에 가장 많이 지원됐으며, 장학금 등 미래인재육성을 위한 학술 · 교육지원과 문화예술 및 지역축제 등 메세나(Mecenat) 부문에도 지원하고 있다. 분야별로는 지역사회 · 공익 분야 656억 원, 서민금융 분야 236억 원, 학술 · 교육 분야 106억 원, 메세나 · 체육 분야 94억 원, 환경 및 글로벌 분야에 1억 원 등이다.

NH농협은행은 임직원 자원봉사 활동도 활발히 진행 중이다. 지난 한 해 동안 총 2,571회에 걸쳐 6만 2,656명이 봉사활동에 참여하였으며, 이는 1만 6,000여명의 임직원이 매분기마다 1차례씩 봉사활동에 참여한 셈이다. 임직원 재능 나눔 봉사활동인 '행복채움금융교실'과 농촌지역 독거어르신을 위한 '말벗서비스'는 농협은행의 대표적인 임직원 재능기부 봉사활동이다.

농협은행은 또 지난 2012년부터 행복채움금융교실을 통해 청소년 금융교육에도 앞장서 왔다. 1사1교 금융교육 결연을 통해 지난해 말 기준 전국 960개 학교와 결연을 맺어 은행권에서 가장 많은 학교에 금융교육을 진행하고 있다. 또 지난 2008년부터 10년째 추진 중인 말벗서비스는 농협의 뿌리인 농촌에 홀로 거주하는 어르신은 물론, 독거노인을 대상으로 800여 명의 고객행복센터 상담사들이 매주 전화로 안부 인사를 통해 불편사항을 확인하며 어르신들의 따뜻한 말벗이 되어 드리고 있다.

김○○ NH농협은행 경남본부장은 "다양한 사회공헌활동을 통해 지역주민과 고객들에게 사랑받는 은행이 되도록 노력하겠다"고 말했다.

① NH농협은행은 최근 7년간 매년 1,000억 원 이상을 사회공헌활동에 지출하여, 은행권 사회공헌 부문에서 1위를 차지하고 있다.

② 사회공헌비용 중 지역사회 공익부문에 650억 원 이상을 지원하여 지원 비중에서 가장 큰 부분을 차지하고 있다.

③ NH농협은행은 1사1교 금융교육 결연을 토대로 하여 전국 은행권 중 가장 많은 학교에서 금융교육을 진행하고 있다.

④ NH농협은행의 사회공헌은 소외계층이나 서민 지원뿐만 아니라 교육, 메세나, 체육, 환경 분야에도 지원이 이루어지고 있다.

⑤ NH농협은행의 임직원 자원봉사 활동은 전체 인원을 기준으로 할 때, 연 4회 이상 자원봉사 활동실적을 기록하고 있다.

1DAY 2DAY 3DAY

정답 해설 첫째 단락에서 '전국은행연합회가 지난 23일 공시한 '2017 은행 사회공헌활동 보고서'에 따르면 지난해 농협은행은 은행권에서 가장 많은 사회공헌활동비를 지출했다. 농협은행은 연평균 1,000억 원 이상을 사회공헌활동에 지출하며, 2011년부터 7년째 은행권 사회공헌 1위 자리를 유지하고 있다'라고 하였는데, 7년간 1위를 차지하고 있는 것은 사실이나 매년 1,000억 원 이상을 사회공헌활동에 지출했다는 것은 알 수 없는 내용이다. 즉, '2017 은행 사회공헌활동 보고서'에 따르면 연평균 1,000억 원 이상을 지출했다는 것이므로, 2011년부터 2016년까지 지출 금액이 얼마인지는 알 수 없다는 것이다. 따라서 ①은 적절한 내용으로 보기 어렵다.

오답 해설 ② 둘째 단락의 '사회공헌비용은 소외계층 지원 등 지역사회 공익부문에 가장 많이 지원됐으며, … 분야별로는 지역사회 · 공익 분야 656억 원'라는 내용과 부합되는 내용이다.

③ 넷째 단락의 '1사1교 금융교육 결연을 통해 지난해 말 기준 전국 960개 학교와 결연을 맺어 은행권에서 가장 많은 학교에 금융교육을 진행하고 있다'에서 알 수 있는 내용이다.

④ 둘째 단락의 '분야별로는 지역사회 · 공익 분야 656억 원, 서민금융 분야 236억 원, 학술 · 교육 분야 106억 원, 메세나 · 체육 분야 94억 원, 환경 및 글로벌 분야에 1억 원 등이다'라는 내용을 통해 소외계층과 서민금융 분야의 지원, 학술 · 교육 분야, 메세나 · 체육 및 환경 분야 등에 지원이 이루어지고 있다는 것을 알 수 있다.

⑤ 셋째 단락에서 '지난 한 해 동안 총 2,571회에 걸쳐 6만 2,656명이 봉사활동에 참여하였으며, 이는 1만 6,000여명의 임직원이 매분기마다 1차례씩 봉사활동에 참여한 셈이다'라고 하였는데, 이를 통해 NH농협은행의 전체 임직원들이 연평균 4회 이상 자원봉사 활동에 참여했음을 알 수 있다.

정답 01 ①

02 다음 글을 통해 알 수 있는 내용으로 적절하지 않은 것은?

지구, 달, 태양의 운동이 매우 잘 알려져 있기 때문에 일식은 비교적 먼 미래까지 분 단위 이하의 정확도로 예측할 수 있다. 일식은 사로스 주기라고 알려져 있는 6585.32일, 다시 말해서 약 223 삭망월마다 반복된다. 한 사로스 주기마다 일정한 비율로 일식과 월식이 일어난다(월식 29회, 개기 일식 10회, 부분 일식 14회, 금환 일식 17회). 만일 사로스 주기가 정확히 6585일이라면 사로스 주기마다 지구상의 같은 지점에서 일식이 일어날 것이다. 그러나 0.32일(약 8시간)의 차이가 있기 때문에 그 시간 동안 지구가 117°만큼 더 자전하므로 일식이 일어나는 지점도 달라진다. 따라서 일식 자체는 주기적으로 일어나는 현상이지만 이를 쉽게 알아챌 수 없게 된다.

개기 일식을 관찰할 수 있다는 것은 매우 우연적인 결과이다. 지구의 위성인 달이 태양보다 1/400 정도로 그 크기가 작지만, 현재 시점에서 달은 태양보다 우리에게 400배 정도 가까이에 위치해 있다. 그러므로 하늘에 떠 있는 달과 태양은 겉보기 크기가 거의 비슷하여 개기 일식을 연출할 수 있는 것이다. 태양계 내의 행성이나 위성의 궤도는 그들 간의 상호 작용 또는 혜성의 근접에 의해 변화될 가능성이 있다. 우리 태양계에서는 지구와 명왕성을 제외하고 개기 일식을 볼 수 있는 행성이 없다. 그러나 명왕성은 지구에 비해 태양에서 아주 멀리 떨어져 있기 때문에 그곳에서는 지구에서와 같은 장관을 보기는 어려울 것이다. 화성, 목성, 토성 등의 다른 행성에서는 위성의 크기가 너무 작거나 또는 너무 멀리 떨어져 있기 때문에 위성이 태양을 완전히 가리는 것은 불가능하다.

① 개기 일식은 미래의 상당한 기간 동안 비교적 정확하게 예측할 수 있다.
② 일식 위치가 매번 바뀌는 현상은 사로스 주기의 소수 부분 0.32와 관련이 있다.
③ 명왕성에서도 일식이 일어날 수 있으며, 그 주기는 사로스 주기와 같을 것이다.
④ 만일 달이 현재의 위치보다 지구에서 두 배 더 멀리 떨어져 있다면 개기 일식은 일어날 수 없을 것이다.
⑤ 지구상의 특정 위치에서 일식을 관찰하기보다 지구 전체로 생각하는 것이 일식의 주기를 알아내는 더 쉬운 방법이다.

첫째 단락 앞부분에서 '지구, 달, 태양의 운동이 매우 잘 알려져 있기 때문에 일식은 비교적 먼 미래까지 분 단위 이하의 정확도로 예측할 수 있다. … 한 사로스 주기마다 일정한 비율로 일식과 월식이 일어난다'라고 하였는데, 이를 통해 사로스 주기는 지구에서 일어나는 일식과 월식의 주기에 해당한다는 것을 알 수 있다. 둘째 단락 중반부에서 명왕성도 지구와 같이 일식이 일어난다는 것을 알 수 있지만, 그 주기는 명왕성와 그 위성, 태양의 위치 및 크기에 따라 결정될 것이다. 따라서 ③은 이 글을 통해 알 수 있는 내용으로 적절하지 않다.

오답 해설

① 제시문의 첫 문장인 '지구, 달, 태양의 운동이 매우 잘 알려져 있기 때문에 일식은 비교적 먼 미래까지 분 단위 이하의 정확도로 예측할 수 있다'라는 내용은 일치하는 내용이다.

② 첫째 단락 중반부의 '만일 사로스 주기가 정확히 6585일이라면 사로스 주기마다 지구상의 같은 지점에서 일식이 일어날 것이다. 그러나 0.32일(약 8시간)의 차이가 있기 때문에 그 시간 동안 지구가 117°만큼 더 자전하므로 일식이 일어나는 지점도 달라진다'라는 부분을 통해 알 수 있는 내용이다.

④ 둘째 단락 전반부에서 '지구의 위성인 달이 태양보다 1/400 정도로 그 크기가 작지만, 현재 시점에서 달은 태양보다 우리에게 400배 정도 가까이에 위치해 있다. 그러므로 하늘에 떠 있는 달과 태양은 겉보기 크기가 거의 비슷하여 개기 일식을 연출할 수 있는 것이다'라고 하였는데, 이를 통해 달이 현재의 위치보다 두 배 더 멀리 떨어져 있다면 겉보기 크기가 달라져 개기 일식이 일어날 수 없을 것이라는 추론이 가능하다.

⑤ 첫째 단락의 후반부에서 '그러나 0.32일(약 8시간)의 차이가 있기 때문에 그 시간 동안 지구가 117° 만큼 더 자전하므로 일식이 일어나는 지점도 달라진다. 따라서 일식 자체는 주기적으로 일어나는 현상이지만 이를 쉽게 알아챌 수 없게 된다'라고 하였으므로, 지구상의 특정 위치에서 일식을 관찰하기보다는 지구 전체로 생각하는 것이 일식의 주기를 더 쉽게 파악하는 방법이 된다는 것을 알 수 있다.

정답 02 ③

03 다음 글에서 추론할 수 있는 내용으로 가장 알맞은 것은?

14세기 스콜라철학자들이 '전능한 신이 현실적으로 무한한 돌을 창조할 수 있는지' 또는 '연속체의 무한 분할을 완료할 수 있는지' 따위를 물을 때 그들은 아리스토텔레스와는 달리 물리적, 자연적 모순을 문제 삼은 것은 아니다. 답이 '아니오'일 경우 그 파장은 그저 자연철학적 문제의 차원에만 머무를 것이 아니기 때문이다. 중세인들에게 절실했던 무한의 역설 문제는 다음과 같이 정리된다.

1. 만일 현실적 무한들의 존재를 허용한다면, 어떤 무한들은 그것의 부분들인 다른 무한들보다 분명히 클 것이다.
2. 모든 현실적 무한들이 동등하다는 것은 하나의 공리로 보아야 한다. 이 경우 한 부분이 전체보다 작지 않고 그와 동등하게 된다.
3. 1과 2를 모두 인정하는 것은 불합리하다.

이 역설과 관련된 당시의 반응들은 크게 세 전통으로 구분된다. 첫째 전통은 그 역설을 야기한 전제 조건, 즉 현실적 무한의 존재 자체를 부정하기 위해 이 역설을 이용하려 했다. 영원한 세계는 불가능함을 입증하고자 했던 13세기 프란체스코 수도회의 철학자들이 그러한 부류에 속한다.

둘째 전통은 14세기 파리의 철학자들에게서 찾아볼 수 있는데, 그들은 어떤 무한도 다른 무한보다 크거나 작지 않고, 어떤 무한들은 서로 동등하지 않다는 데 근거하여 모든 무한은 상호 비교가 불가능하다는 결론을 끌어내려고 했다. 다시 말해서 그들은 동등성, 비동등성 등의 개념이 애당초 무한들에 적용될 수 없다고 주장함으로써 역설을 제거하려 했다.

마지막으로, 셋째 전통은 그러한 적용 가능성을 부정하려 하지 않고, 그 대신 '전체는 부분보다 크다'는 부분 – 전체 공리에 초점을 맞추어 역설을 해소하려 했다고 한다. 이 전통은 대체로 영국에서 발견되며, 하클레이의 헨리와 알른윅의 윌리엄이 그 대표자인데, 이들은 무한들에 적용할 수 있는 더 일반적인 부분 – 전체 공리를 정식화하려 했다.

① 무한 역설의 발견자는 13세기 프란체스코회 수도사였다.

② 첫째 전통과 둘째 전통은 둘 다 현실적 무한의 존재가능성을 부정했다.

③ 14세기 스콜라철학자들은 자연수의 집합과 유리수의 집합의 크기를 비교할 줄

알았다.

④ 14세기 파리의 철학자들과 하클레이의 헨리는 무한의 비교가능성에 대해 다른 입장을 취했다.

⑤ 14세기 철학자들은 무한 역설에 관한 기본적 접근이 아리스토텔레스와 동일하다.

정답 해설 넷째 단락에서 14세기 파리의 철학자들은 '어떤 무한도 다른 무한보다 크거나 작지 않고, 어떤 무한들은 서로 동등하지 않다는 데 근거하여 모든 무한은 상호 비교가 불가능하다는 결론을 끌어내려고 했다'라고 하였다. 이에 비해 다섯째 단락에서 하클레이의 헨리 등은 '그러한 적용 가능성을 부정하려 하지 않고, 그 대신 '전체는 부분보다 크다'는 부분－전체 공리에 초점을 맞추어 역설을 해소하려 했다 … 이들은 무한들에 적용할 수 있는 더 일반적인 부분－전체 공리를 정식화하려 했다'라고 하였다. 따라서 14세기 파리의 철학자들과 하클레이의 헨리는 무한의 비교가능성에 대해 다른 입장을 취했다고 볼 수 있으므로, ④는 적절한 추론이 된다.

오답 해설 ① 셋째 단락에서 '첫째 전통은 그 역설을 야기한 전제 조건, 즉 현실적 무한의 존재 자체를 부정하기 위해 이 역설을 이용하려 했다. … 13세기 프란체스코 수도회의 철학자들이 그러한 부류에 속한다'라고 하였다. 따라서 13세기 프란체스코 수도회의 철학자들은 무한 역설을 발견한 것이 아니라 무한의 존재 자체를 부정하기 위해 무한의 역설을 이용하려 했다는 것을 알 수 있다. 따라서 ①은 추론할 수 있는 내용으로 적절하지 않다.

② 셋째 단락에서 첫째 전통이 '현실적 무한의 존재 자체를 부정하기 위해 이 역설을 이용하려 했다'라고 했으므로, 현실적 무한의 존재가능성을 부정했다는 것을 알 수 있다. 그러나 넷째 단락의 둘째 전통은 '그들은 어떤 무한도 다른 무한보다 크거나 작지 않고, 어떤 무한들은 서로 동등하지 않다는 데 근거하여 모든 무한은 상호 비교가 불가능하다는 결론을 끌어내려고 했다'라고 했으므로, 무한의 존재가능성을 부정한 것이 아님을 알 수 있다. 따라서 ②도 추론할 수 있는 내용으로 적절하지 않다.

③ 넷째 단락에서 '14세기 파리의 철학자들에게서 찾아볼 수 있는데, 그들은 어떤 무한도 다른 무한보다 크거나 작지 않고, 어떤 무한들은 서로 동등하지 않다는 데 근거하여 모든 무한은 상호 비교가 불가능하다'라고 했으므로, 자연수의 집합과 유리수의 집합과 같은 무한한 집합들의 크기를 비교할 줄 알았다는 것은 올바른 추론이 아니다.

⑤ 첫째 단락에서 '14세기 스콜라철학자들이 '전능한 신이 현실적으로 무한한 돌을 창조할 수 있는지' 또는 '연속체의 무한 분할을 완료할 수 있는지' 따위를 물을 때 그들은 아리스토텔레스와는 달리 물리적, 자연적 모순을 문제 삼은 것은 아니다'라고 하였으므로, 무한 역설에 대한 기본적 입장이 아리스토텔레스와 동일하다고 볼 수는 없다.

04 다음 글의 제목으로 가장 적절한 것은?

언제부터인가 이곳 속초 청호동은 본래의 지명보다 '아바이 마을'이라는 정겨운 이름으로 불리고 있다. 함경도식 먹을거리로 유명해진 곳이기도 하지만 그 사람들의 삶과 문화가 제대로 알려지지 않은 동네이기도 하다. 속초의 아바이 마을은 대한민국의 실향민 집단 정착촌을 대표하는 곳이다. 한국 전쟁이 한창이던 1951년 1 · 4 후퇴 당시, 함경도에서 남쪽으로 피난 왔던 사람들이 휴전과 함께 사람이 거의 살지 않던 이곳 청호동에 정착해 살기 시작했다.

동해는 사시사철 풍부한 어종이 잡히는 고마운 곳이다. 봄 바다를 가르며 달려 도착한 곳에서 고기가 다니는 길목에 설치한 '어울'을 끌어올려 보니, 속초의 봄 바다가 품고 있던 가자미들이 나온다. 다른 고기는 나오다 안 나오다 하지만 이 가자미는 일 년 열두 달 꾸준히 난다. 동해를 대표하는 어종 중에 명태는 12월에서 4월, 도루묵은 10월에서 12월, 오징어는 9월에서 12월까지 주로 잡힌다. 하지만 가자미는 사철 잡히는 생선으로, 어부들 말로는 그 자리를 지키고 있는 '자리고기'라 한다.

청호동에서 가자미식해를 담그는 광경은 이젠 낯선 일이 아니라 할 만큼 유명세를 탔다. 함경도 대표 음식인 가자미식해가 속초에서 유명하다는 것은 입맛이 정확하게 고향을 기억한다는 것과 상통한다. 속초에 새롭게 터전을 잡은 함경도 사람들은 고향 음식이 그리웠다. 가자미식해를 만들어 상에 올렸고, 이 밥상을 마주한 속초 사람들은 배타심이 아닌 호감으로 다가섰고, 또 판매를 권유하게 되면서 속초의 명물로 재탄생하게 된 것이다.

① 속초 자리고기의 유래
② 아바이 마을의 밥상
③ 속초의 아바이 마을과 가자미식해
④ 청호동 주민과 함경도 실향민의 화합
⑤ 속초 명물의 탄생

정답 해설 제시된 글의 첫째 단락에서는 '아바이 마을'이라 불리는 속초 청호동을 소개하고 있으며, 둘째 단락에서는 속초에서 사철 잡히는 생선인 가자미(자리고기)를 제시하였고, 셋째 단락에서는 속초에서 명물로 재탄생한 가자미식해에 대해 설명하고 있다. 따라서 이러한 내용을 포괄할 수 있는 제목으로 가장 적절한 것은 ③이다.

① 속초 자리고기의 유래는 둘째 단락의 '가자미는 사철 잡히는 생선으로, 어부들 말로는 그 자리를 지키고 있는 '자리고기'라 한다'라는 부분에서 알 수 있으나, 전체 글의 제목으로는 적절하지 않다.

②·⑤ 셋째 단락의 후반부에서 잠깐 언급되는 내용이나, 글의 중심적 내용이 아니므로 제목과는 거리가 멀다.

④ 글에서 언급된 내용이 아니므로, 제목으로 적절하지 않다.

05 다음 글의 주제로 가장 적절한 것은?

외래어는 원래의 언어에서 가졌던 모습을 잃어버리고 새 언어에 동화되는 속성을 가지고 있다. 외래어의 동화 양상을 음운, 형태, 의미적 측면에서 살펴보자.

첫째, 외래어는 국어에 들어오면서 국어의 음운적 특징을 띠게 되어 외국어 본래의 발음이 그대로 유지되지 못한다. 자음이든 모음이든 국어에 없는 소리는 국어의 가장 가까운 소리로 바뀌고 만다. 프랑스의 수도 Paris는 원래 프랑스 어인데 국어에서는 '파리'가 된다. 프랑스 어 [r] 발음은 국어에 없는 소리여서 비슷한 소리인 'ㄹ'로 바뀌고 마는 것이다. 그 외에 장단이나 강세, 성조와 같은 운율적 자질도 원래 외국어의 모습을 잃어버리고 만다.

둘째, 외래어는 국어의 형태적인 특징을 갖게 된다. 외래어의 동사와 형용사는 '－하다'가 반드시 붙어서 쓰이게 된다. 영어 형용사 smart가 국어에 들어오면 '스마트하다'가 된다. '아이러니하다'라는 말도 있는데 이는 명사에 '－하다'가 붙어 형용사처럼 쓰인 경우이다.

셋째, 외래어는 원래 언어의 의미와 다른 의미로 쓰일 수 있다. 일례로 프랑스어 madame이 국어에 와서는 '마담'이 되는데 프랑스어에서의 '부인'의 의미가 국어에서는 '술집이나 다방의 여주인'의 의미로 쓰이고 있다.

① 외래어의 변화
② 외래어의 특성
③ 외래어의 갈래
④ 외래어의 개념
⑤ 외래어의 남용

정답 해설 첫째 단락에서 '외래어는 원래의 언어에서 가졌던 모습을 잃어버리고 새 언어에 동화되는 속성을 가지고 있다'라고 하였고, 그 다음에는 이러한 동화 양상을 음운, 형태, 의미적 측면에서 구체적으로 살펴보고 있다. 따라서 글의 주제로 가장 적절한 것은 '외래어의 동화적 속성 또는 동화적 양상'이라 할 수 있으므로, 이와 가장 유사한 ②가 주제로 가장 적합하다. 일반적으로 '속성'이란 사물의 '특징'이나 '성질'을 의미하며, '양상'은 '변전하는 가운데 어떤 시점에서 드러나는 일의 모양이나 상태'를 의미하는 말이다.

오답 해설 ① 제시된 글은 외래어의 변화를 말한 것이 아니라, 외래어의 동화적 속성을 음운, 형태, 의미적 측면에서 살펴본 것이다. 이러한 동화 과정에서 국어의 특징에 따라 일정한 변용이 이루어지기도 하나, 이것은 외래어의 변화와는 구별되는 내용이다.

③ · ④ · ⑤ 글에서 언급된 내용이 아니므로, 글의 주제와 거리가 멀다.

06 문맥상 다음 '㉠'에 들어갈 문장으로 가장 적절한 것은?

인간의 역사가 발전과 변화의 가능성을 내포하고 있는 반면, 자연사는 무한한 반복 속에서 반복을 반복할 뿐이다. 그런데 마르크스는 「1844년의 경제학 철학 수고」 말미에, "역사는 인간의 진정한 자연사이다"라고 적은 바 있다. 또한 인간의 활동에 대립과 통일이 있듯이, 자연의 내부에서도 대립과 통일은 존재한다. (㉠) 마르크스의 진의(眞意) 또한 인간의 역사와 자연사의 변증법적 지양과 일여(一如)한 합일을 지향했다는 것에 있을 것이다.

① 즉 인간과 자연은 상호 간에 필연적으로 경쟁할 수밖에 없다.

② 따라서 인간의 역사와 자연의 역사를 이분법적 대립 구도로 파악하는 것은 위험하다.

③ 즉 자연이 인간의 세계에 흡수 · 통합됨으로써 인간의 역사가 시작된다.

④ 그러나 인간사를 연구하는 일은 자연사를 연구하는 일보다 많은 노력이 요구된다.

⑤ 따라서 인간의 역사는 자연사의 한 부분으로 통합될 운명에 처해있다.

제시문의 첫 문장에서 '인간의 역사가 발전과 변화의 가능성을 내포하고 있는 반면, 자연사는 무한한 반복 속에서 반복을 반복할 뿐이다'라고 하여, 인간의 역사와 자연사는 구분되며, 반대 또는 대립되는 측면이 있다고 하였다. 그런데 두 번째 문장부터는 '역사는 인간의 진정한 자연사이다', '인간의 활동에 대립과 통일이 있듯이, 자연의 내부에서도 대립과 통일은 존재한다'라고 하여 첫 번째 문장의 내용을 부정하는 내용을 제시하였다. 따라서 ㉠에서는 첫 번째 문장의 내용을 부정하는 내용, 즉 인간사와 자연사가 구분 · 대립되는 것이 아니라는 내용이 와야 한다. 이러한 내용으로 가장 알맞은 것은 ②이다. ㉠ 다음의 '인간의 역사와 자연사의 변증법적 지양과 일여(一如)한 합일을 지향했다'라는 것도 ②의 주장을 뒷받침하는 내용이 된다.

① 인간과 자연은 상호 간에 필연적으로 경쟁할 수밖에 없다는 것은 ㉠ 앞 · 뒤의 내용과 부합하지 않는다. ㉠에는 인간과 자연의 경쟁이 아닌, 인간사와 자연사의 유사한 측면이 있다는 내용이 오는 것이 가장 적절하다.

③ · ⑤ 자연이 인간의 세계에 흡수 · 통합된다거나 인간사가 자연사의 한 부분으로 통합될 수밖에 없다는 것은 문맥상 적절하지 않다. ㉠ 뒤에 언급된 '변증법적 통합'이라는 것이 어느 한 부분이 다른 부분을 흡수 · 통합함으로써 성립하는 개념이 아님을 볼 때도, 모두 답으로 어울리지 않는다는 것을 알 수 있다.

④ 인간사와 자연사 연구에서 요구되는 노력의 정도에 대해서는 언급되지 않았다.

07 다음 글에 대한 설명으로 가장 적절한 것은?

나는 이때 온몸으로, 그리고 마음속으로 절절히 느끼게 되었다. 집착이 괴로움인 것을. 그렇다. 나는 난초에게 너무 집념해버린 것이다. 이 집착에서 벗어나야겠다고 결심했다. 난을 가꾸면서는 산철에도 나그넷길을 떠나지 못한 채 꼼짝을 못 했다. 밖에 볼일이 있어 잠시 방을 비울 때면 환기가 되도록 들창문을 열어 놓아야 했고, 분(盆)을 내놓은 채 나가다가 뒤미처 생각하고는 되돌아와 들여놓고 나간 적도 한두 번이 아니었다.

우리들의 소유 관념이 때로는 우리들의 눈을 멀게 한다. 그래서 자기의 분수까지도 돌볼 새 없이 들뜬다. 그러나 우리는 언젠가 한 번은 빈손으로 돌아갈 것이다. 내 이 육신마저 버리고 훌훌히 떠나갈 것이다. 하고많은 물량일지라도 우리를 어떻게 하지 못할 것이다.

크게 버리는 사람만이 크게 얻을 수 있다는 말이 있다. 물건으로 인해 마음을 상하고 있는 사람들에게는 한번쯤 생각해 볼 말씀이다. 아무것도 갖지 않을 때 비로소 온 세상을 갖게 된다는 것은 무소유의 역리(逆理)이니까.

① 역설과 예시를 사용해 주제를 강조하고 있다.

② 전문적인 지식을 통해 논증을 뒷받침하고 있다.

③ 난초를 의인화하여 소유의 가치를 깨우치고 있다.

④ 단호한 어조로 독자의 반성을 촉구하고 있다.

⑤ 자연물을 통해 삶의 허무함을 표현하고 있다.

정답 해설 첫째 단락에서 난초의 예시를 통해 소유에서 비롯된 집착이 초래하는 괴로움에 대해 설명하였다. 또한, 글의 주제를 담고 있는 셋째 단락에서 '크게 버리는 사람만이 크게 얻을 수 있다', '아무것도 갖지 않을 때 비로소 온 세상을 갖게 된다'라는 역설적 표현을 사용하여, 무소유를 통해 비로소 온 세상을 진정으로 갖게 된다는 것을 강조하고 있다. 따라서 이 글에 대한 설명으로 가장 적절한 것은 ①이 된다. 제시된 글은 법정 스님의 수필 「무소유」로, 무소유를 통해 깨달은 진정한 삶의 가치가 글의 주제에 해당한다.

오답 해설
② 전문적인 지식을 통한 설명은 글에서 제시되지 않았으며, 글쓴이의 체험을 통해 사실을 바탕으로 글의 주제를 뒷받침하고 있다.
③ 난초를 소재로 하였으나 이를 의인화하지는 않았으며, 또한 소유의 가치가 아니라 무소유의 가치를 깨우치고 있는 글이다.
④ 단호한 어조가 아니라 고백적이고 담담한 어조로 서술하였으며, 독자의 반성을 촉구하기보다는 자신의 성찰을 토대로 독자에게 깨달음을 전하고자 하였다.
⑤ 난초라는 자연물을 통해 깨달은 바를 표현하였나, 삶의 허무함을 표현한 것은 아니다.

08 다음 글에 대한 설명으로 적절하지 않은 것은?

몽타주는 두 개 이상의 상관성이 없는 장면을 배치함으로써 새로운 의미를 도출하는 것이다. 에이젠슈테인은 몽타주의 개념을 설명하기 위해 상형문자가 합해져서 회의문자가 만들어지는 과정에서 아이디어를 빌려 왔다. 그는 두 개의 묘사 가능한 것을 병치하여 시각적으로 묘사 불가능한 것을 재현하려 했다. 가령 사람의 '눈'과 '물'의 이미지를 충돌시켜 '슬픔'의 의미를 드러내며, '문' 그림 옆에 '귀' 그림을 놓아 '도청'의 이미지를 나타내는 식이다. 의미에 있어서 단일하고, 내용에 있어서 중립적이고 묘사적인 장면을 연결시켜 지적인 의미를 만들어 내는 것이 그가 구현하려 했던 몽타주의 개념이다.

① 몽타주는 상형문자의 형성 원리를 바탕으로 만들어진 기법이다.
② 몽타주는 묘사 가능한 대상을 병치하여 묘사 불가능한 것을 재현한다.
③ '눈'과 '물'의 이미지가 한 장면에 배치되어 '슬픔'이 표현된다.
④ '문'과 '귀'의 이미지가 결합하여 '도청'이라는 의미를 나타낸다.
⑤ 에이젠슈타인은 중립적인 장면이 다른 장면과 연결될 때 새로운 의미가 창조된다고 보았다.

1DAY 2DAY 3DAY

정답 해설 제시문에서 '에이젠슈테인은 몽타주의 개념을 설명하기 위해 상형문자가 합해져서 회의문자가 만들어지는 과정에서 아이디어를 빌려 왔다'라고 하였는데, 이는 몽타주의 개념을 설명하기 위해 상형문자의 형성 원리를 차용한 것이지, 상형문자의 형성 원리를 바탕으로 몽타주가 만들었다는 의미는 아니다. 따라서 ①은 적절하지 않은 설명이다.

오답 해설

② 제시문의 세 번째 문장인 '그는 두 개의 묘사 가능한 것을 병치하여 시각적으로 묘사 불가능한 것을 재현하려 했다'라는 표현과 부합되는 내용이다.

③ · ④ 제시문의 네 번째 문장인 '가령 사람의 '눈'과 '물'의 이미지를 충돌시켜 '슬픔'의 의미를 드러내며, '문' 그림 옆에 '귀' 그림을 놓아 '도청'의 이미지를 나타내는 식이다'에서 알 수 있는 내용이다.

⑤ 마지막 문장인 '의미에 있어서 단일하고, 내용에 있어서 중립적이고 묘사적인 장면을 연결시켜 지적인 의미를 만들어 내는 것이 그가 구현하려 했던 몽타주의 개념이다'를 통해 짐작할 수 있다. 에이젠슈타인의 몽타주 이론에서는 편집을 장면의 섬세한 연결이 아니라 서로 다른 두 개의 숏(shot)이 충돌해 새로운 관념을 창출하는 행위로 보았는데, 단일하고 중립적인 한 장면과 다른 장면이 연결될 때 전혀 새로운 의미를 창조할 수 있다고 하였다.

09 다음 〈보기〉의 글을 논리적 순서로 배열할 때 가장 적절한 것은?

보기

㉠ 그 덕분에 인류의 문명은 발달될 수 있었다.

㉡ 그 대신 사람들은 잠을 빼앗겼고 생물들은 생체 리듬을 잃었다.

㉢ 인간은 오랜 세월 태양의 움직임에 따라 신체 조건을 맞추어 왔다.

㉣ 그러나 밤에도 빛을 이용해 보겠다는 욕구가 관솔불, 등산불, 선등을 만들어 냈고, 이에 따라 밤에 이루어지는 인간의 활동이 점점 많아졌다.

① ㉠ – ㉡ – ㉢ – ㉣

② ㉠ – ㉣ – ㉢ – ㉡

③ ㉢ – ㉠ – ㉡ – ㉣

④ ㉢ – ㉡ – ㉣ – ㉠

⑤ ㉢ – ㉣ – ㉠ – ㉡

정답 해설 〈보기〉의 ㉠ · ㉡ · ㉣의 경우 '그 덕분에', '그 대신', '그러나'로 시작하는 문장이므로 의미상 모두 첫 머리에 제시되기가 어려우며, 이 문장 앞에서 지칭어 해당하는 문장이나 상반되는 문장에 와야 한다. 따라서 내용상 하나의 완결된 진술의 형태를 띠는 ㉢이 첫 머리에 오는 것이 가장 적절하다.

㉢의 내용은 '인간은 태양의 움직임에 따라 신체 조건을 맞추어 왔다'는 것인데, ㉣은 태양이 없는 밤에도 빛을 이용해 보겠다는 욕구가 새로운 불을 만들었고 그에 따라 밤에도 인간의 활동이 늘어났다는 것이므로, ㉢ 다음에 이어지는 것이 자연스럽다. ㉠과 ㉡은 의미상 ㉢ 바로 다음에 이어지기는 적합하지 않다.

그리고 ㉣의 결과 ㉠과 같이 인류 문명이 발달될 수 있었다는 내용이 연결될 수 있으며, 밤에 이루어지는 인간 활동이 늘어난 결과 잠을 빼앗겼고 생체 리듬을 상실했다는 ㉡이 그 다음에 자연스럽게 연결될 수 있다.

[10~11] 다음 글을 읽고 물음에 알맞은 답을 고르시오.

중국에서는 기원전 8~7세기 이후 주나라에서부터 청동전이 유통되었다. 이후 진시황이 중국을 통일하면서 화폐를 통일해 가운데 네모난 구멍이 뚫린 원형 청동 엽전이 등장했고, 이후 중국 통화의 주축으로 자리 잡았다. 하지만 (㉠)은/는 가치가 낮고 금화와 은화는 아직 주조되지 않았기 때문에 고액 거래를 위해서는 (㉡)이/가 필요했다. 결국 11세기경 송나라에서 최초의 법정 지폐인 교자(交子)가 발행되었다. 13세기 원나라에서는 강력한 국가 권력을 통해 엽전을 억제하고 교초(交鈔)라는 지폐를 유일한 공식 통화로 삼아 재정 문제를 해결했다.

아시아와 유럽에서 지폐의 등장과 발달 과정은 달랐다. 우선 유럽에서는 금화가 비교적 자유롭게 사용되어 대중들 사이에서 널리 유통되었다. 반면에 아시아의 통치자들은 금의 아름다움과 금이 상징하는 권력을 즐겼다는 점에서는 서구인들과 같았지만, 비천한 사람들이 화폐로 사용하기에는 금이 너무 소중하다고 여겼다. 대중들 사이에서 유통되도록 금을 방출하면 권력이 약화된다고 본 것이다. 대신에 일찍부터 지폐가 널리 통용되었다.

마르코 폴로는 쿠빌라이 칸이 모든 거래를 지폐로 이루어지게 하는 것을 보고 깊은 인상을 받았다. 사실상 종잇조각에 불과한 지폐가 그렇게 널리 통용되었던 이유는 무엇 때문일까? 칸이 만든 지폐에 찍힌 그의 도장은 금이나 은과 같은 권위가 있었다. 이것은 지폐의 가치를 확립하고 유지하는 데 국가 권력이 핵심 요소라는 사실을 보여준다.

유럽의 지폐는 그 초기 형태가 민간에서 발행한 어음이었으나, 아시아의 지폐는 처음부터 국가가 발행권을 갖고 있었다. 금속 주화와는 달리 내재적 가치가 없는 지폐가 화폐로 받아들여지고 사용되기 위해서는 신뢰가 필수적이다. 중국은 강력한 왕권이 이 신뢰를 담보할 수 있었지만, 유럽에서 지폐가 사람들의 신뢰를 얻기까지는 그보다 오랜 시간과 성숙된 환경이 필요했다. 유럽의 왕들은 종이에 마음대로 숫자를 적어 놓고 화폐로 사용하라고 강제할 수 없었다. 그래서 서로 잘 아는 일부 동업자들끼리 신뢰를 바탕으로 자체 지폐를 만들어 사용해야 했다. 하지만 민간에서 발행한 지폐는 신뢰 확보가 쉽지 않아 주기적으로 금융 위기를 초래했다. 정부가 나서기까지는 오랜 시간이 걸렸고, 17~18세기에 지폐의 법정화와 중앙은행의 설립이 이루어졌다. 중앙은행은 금을 보관하고 이를 바탕으로 금태환(兌換)을 보장하는 증서를 발행해 화폐로 사용하기 시작했고, 그것이 오늘날의 지폐로 이어졌다.

10 글의 ㉠과 ㉡에 들어갈 말을 모두 바르게 연결한 것은?

① ㉠ – 청동, ㉡ – 엽전
② ㉠ – 청동, ㉡ – 지폐
③ ㉠ – 엽전, ㉡ – 철전
④ ㉠ – 엽전, ㉡ – 지폐
⑤ ㉠ – 지폐, ㉡ – 철전

정답 해설 ㉠ 앞에서 중국 통일 후 청동 엽전이 통화의 주축으로 자리를 잡았다고 했고, ㉡ 다음에서는 법정 지폐가 발행되고 이후 공식 통화가 되어 재정 문제를 해결했다고 하였다. 따라서 가치가 낮은 통화인 엽전을 대신하여 고액 거래의 수단이 될 할 화폐로 지폐를 발행한 상황임을 알 수 있다. 따라서 ㉠에는 '엽전'이 들어가는 것이 가장 적절하고, ㉡에는 '지폐'가 들어가는 것이 적절하다.

11 글을 통해 알 수 있는 내용으로 적절한 것은?

① 유럽에서 금화의 대중적 확산은 지폐가 널리 통용되는 결정적인 계기가 되었다.
② 유럽에서는 민간 거래의 신뢰를 기반으로 지폐가 중국에 비해 일찍부터 통용되었다.
③ 중국에서 청동으로 만든 최초의 화폐는 네모난 구멍이 뚫린 원형 엽전의 형태였다.
④ 중국에서 지폐 거래의 신뢰를 확보할 수 있었던 것은 강력한 국가 권력이 있었기 때문이다.
⑤ 아시아와 유럽에서는 금화의 사용을 권력의 상징으로 여겨 금화의 제한적인 유통이 이루어졌다.

정답 해설 넷째 단락에서 '금속 주화와는 달리 내재적 가치가 없는 지폐가 화폐로 받아들여지고 사용되기 위해서는 신뢰가 필수적이다. 중국은 강력한 왕권이 이 신뢰를 담보할 수 있었지만'이라고 했는데, 이를 통해 중국에서는 강력한 왕권을 토대로 지폐 거래의 신뢰를 확보할 수 있었음을 알 수 있다. 따라서 ④는 적절한 내용이 된다.

① 유럽에서 금화가 비교적 자유롭게 대중들 사이에서 유통되었으나, 그것이 지폐가 널리 통용되는 결정적인 계기가 된 것은 아니다. 이는 넷째 단락의 '유럽에서 지폐가 사람들의 신뢰를 얻기까지는 그보다 오랜 시간과 성숙된 환경이 필요했다. … 그래서 서로 잘 아는 일부 동업자들끼리 신뢰를 바탕으로 자체 지폐를 만들어 사용해야 했다. … 17~18세기에 지폐의 법정화와 중앙은행의 설립이 이루어졌다'라는 내용을 통해서 확인할 수 있다. 따라서 ①은 적절한 내용으로 볼 수 없다.

② 넷째 단락의 '중국은 강력한 왕권이 이 신뢰를 담보할 수 있었지만, 유럽에서 지폐가 사람들의 신뢰를 얻기까지는 그보다 오랜 시간과 성숙된 환경이 필요했다'라는 내용과 '17~18세기에 지폐의 법정화와 중앙은행의 설립이 이루어졌다'라는 내용을 통해볼 때, 유럽은 중국보다 지폐의 통용이 늦었다는 것을 알 수 있다. 따라서 ②는 적절하지 않다.

③ 첫째 단락에서 '중국에서는 기원전 8~7세기 이후 주나라에서부터 청동전이 유통되었다. 이후 진시황이 중국을 통일하면서 화폐를 통일해 가운데 네모난 구멍이 뚫린 원형 청동 엽전이 등장했고'라고 하였으므로, 중국에서 청동으로 만든 최초의 화폐는 네모난 구멍이 뚫린 형태가 아니라는 것을 알 수 있다. 따라서 ③도 옳지 않은 내용이다.

⑤ 둘째 단락에서 '우선 유럽에서는 금화가 비교적 자유롭게 사용되어 대중들 사이에서 널리 유통되었다. 반면에 아시아의 통치자들은 금의 아름다움과 금이 상징하는 권력을 즐겼다는 점에서는 서구인들과 같았지만, 비천한 사람들이 화폐로 사용하기에는 금이 너무 소중하다고 여겼다'라고 했으므로, 유럽은 아시아와 달리 금화가 비교적 자유롭게 유통되었음을 알 수 있다. 따라서 ⑤도 적절한 내용이 아니다.

12 다음 글의 논지로 가장 적절한 것은?

최근에 사이버공동체를 중심으로 한 시민의 자발적 정치 참여 현상이 많은 관심을 끌고 있다. 이러한 현상과 관련하여 A의 연구가 새삼 주목 받고 있다. A의 연구에 따르면 공동체의 구성원이 됨으로써 얻게 되는 '사회적 자본'이 시민사회의 성숙과 민주주의 발전을 가져오는 원동력이다. A의 이론에서는 공동체에 대한 자발적 참여를 통해 사회 구성원 간의 상호 의무감과 신뢰, 구성원들이 공유하는 규칙과 관행, 사회적 유대 관계와 같은 사회적 자본이 늘어나면, 사회 구성원 간의 협조적인 행위가 가능하게 된다고 보았다. 더 나아가 A는 자원봉사자와 같이 공동체 참여도가 높은 사람이 투표할 가능성이 높고 정부 정책에 대한 의견 개진도 활발해지는 등 정치 참여도가 높아진다고 주장하였다.

몇몇 학자들은 A의 이론을 적용하여 면대면 접촉에 따른 인간관계의 산물인 사회적 자본이 사이버공동체에서도 충분히 형성될 수 있다고 보았다. 그리고 사이버공동체에서 사회적 자본의 증가는 곧 정치 참여도 활성화시킬 것으로 기대했다. 하지만 이러한 기대와는 달리 정치 참여가 활성화되지 않았다. 요즘 젊은이들을 보면 각종 사이버공동체에 자발적으로 참여하는 수준은 높지만 투표나 다른 정치 활동에는 무관심하거나 심지어 정치를 혐오하기도 한다. 이런 측면에서 A의 주장은 사이버공동체가 활성화된 오늘날에는 잘 맞지 않는다.

이러한 이유 때문에 오늘날 사이버공동체를 중심으로 한 정치 참여를 더 잘 이해하기 위해서 '정치적 자본' 개념의 도입이 필요하다. 정치적 자본은 사회적 자본의 구성 요소와는 달리 정치 정보의 습득과 이용, 정치적 토론과 대화, 정치적 효능감 등으로 구성된다. 정치적 자본은 사회적 자본과 마찬가지로 공동체 참여를 통해서 획득되지만, 정치 과정에의 관여를 촉진한다는 점에서 사회적 자본과는 구분될 필요가 있다. 사회적 자본만으로 정치 참여를 기대하기 어렵고, 사회적 자본과 정치 참여 사이를 정치적 자본이 매개할 때 비로소 정치 참여가 활성화된다.

① 사이버공동체를 통해 축적된 사회적 자본에 정치적 자본이 더해질 때 정치 참여가 활성화된다.

② 사회적 자본은 정치적 자본을 포함하기 때문에 그 자체로 정치 참여의 활성화를 가져온다.

③ 사회적 자본이 많은 사회는 정치 참여가 활발하기 때문에 민주주의가 실현된다.

④ 사이버공동체의 특수성으로 인해 시민들의 정치 참여가 어렵게 되었다.

⑤ 사이버공동체에의 자발적 참여 증가는 정치 참여를 활성화시킨다.

각 단락의 핵심 내용을 살펴보면 다음과 같다.

- **첫째 단락** : 공동체의 구성원이 됨으로써 얻게 되는 '사회적 자본'이 시민사회의 성숙과 민주주의 발전을 가져오는 원동력이라는 A의 연구가 있다.
- **둘째 단락** : A의 연구에서는 사이버공동체에서 사회적 자본의 증가는 곧 정치 참여도 활성화시킬 것으로 기대했으나, 그 결과는 기대와 달랐다.
- **셋째 단락** : 오늘날 사이버공동체를 중심으로 한 정치 참여를 더 잘 이해하기 위해서 '정치적 자본' 개념의 도입이 필요하다. 사회적 자본만으로 정치 참여를 기대하기 어렵고, 사회적 자본과 정치 참여 사이를 정치적 자본이 매개할 때 비로소 정치 참여가 활성화된다.

이상의 내용을 종합해 볼 때, 글의 논지로 가장 적절한 것은 ①이다. 즉, 사회적 자본에 정치적 자본이 더해질 때 정치 참여가 비로소 활성화된다는 것이 핵심적 논지가 된다.

오답해설 ② 둘째 단락에서 '사이버공동체에서 사회적 자본의 증가는 곧 정치 참여도 활성화시킬 것으로 기대했다. 하지만 이러한 기대와는 달리 정치 참여가 활성화되지 않았다'라고 하였고, 셋째 단락에서 '정치적 자본은 사회적 자본과 마찬가지로 공동체 참여를 통해서 획득되지만, 정치 과정에의 관여를 촉진한다는 점에서 사회적 자본과는 구분될 필요가 있다'라고 하였다. 따라서 ②는 내용상 옳지 않고 글의 논지로도 적합하지 않다.

③ 둘째 단락에서 사회적 자본이 많은 것이 곧 정치 참여의 활성화로 이어지지는 않는다고 하였다.

④ · ⑤ 둘째 단락에서 '사이버공동체에 자발적으로 참여하는 수준은 높지만 투표나 다른 정치 활동에는 무관심하거나 심지어 정치를 혐오하기도 한다'라고 하였으므로, 사이버공동체의 특수성으로 인해 정치 참여가 어렵게 된다는 것도 옳지 않고, 사이버공동체에의 자발적 참여 증가가 정치 참여를 활성화시킨다는 내용도 옳지 않다.

13 다음 중 'A~C'의 논증에 대한 분석으로 적절한 것을 〈보기〉에서 모두 고르면?

A : 절대적으로 확실한 지식은 존재하지 않는다. 왜냐하면 그런 지식으로 인도해 줄 방법은 없기 때문이다. 첫째, 사람의 감각은 믿을 수가 없으며, 실제 외부세계의 본질에 대해서 아무것도 말해 주지 않는다. 둘째, 확실한 것으로 받아들여지는 논리적 방법도, 주어진 사실에 바탕을 두고 그것을 전제로 해서 새로운 사실을 결론짓는 것이므로, 결국 불확실한 것에 바탕을 두었을 따름이다.

B : 정상적인 감각기관을 통하여 얻어낸 감각 경험은 믿을 만하고, 우리는 이 감각 경험에 기초한 판단이 참인지 아닌지를 가릴 수 있다. 그러므로 감각 경험을 통해서 우리는 절대적으로 확실한 지식을 얻게 된다.

C : 나는 인간의 경험에 의존한 방법이나 이성적 추론을 통한 방법은 의심이 가능하며 믿을 수 없다고 생각했었다. 하지만 이런 의심을 거듭한 결과 나는 놀라운 결론에 이르렀다. 그것은 모든 것을 의심한다고 하더라도 의심할 수 없는 것이 있다는 사실이다. 그것은 바로 의심하는 내가 있다는 것이다. 결국 나는 거듭 의심하는 방법을 사용하여 절대적으로 확실한 지식을 발견하였다.

정답 13 ⑤

보기

㉠ A의 결론은 B의 결론과 양립 불가능하다.
㉡ A의 결론은 C의 결론과 양립 불가능하다.
㉢ B와 C는 모두 절대적으로 확실한 지식이 있다고 주장한다.

① ㉠
② ㉡
③ ㉠, ㉢
④ ㉡, ㉢
⑤ ㉠, ㉡, ㉢

제시된 'A~C'의 논증의 핵심 내용을 정리하면 다음과 같다.

A : 절대적으로 확실한 지식은 존재하지 않는데, 이는 사람의 감각은 믿을 수가 없고 논리적 방법도 결국 불확실한 것에 바탕을 두었기 때문이다.

B : 정상적인 감각기관을 통하여 얻어낸 감각 경험은 믿을 수 있으므로, 감각 경험을 통해 절대적으로 확실한 지식을 얻을 수 있다.

C : 모든 것을 의심한다고 하더라도 의심할 수 없는 것은 바로 의심하는 내가 있다는 것이다. 결국 거듭 의심하는 방법을 사용하여 절대적으로 확실한 지식을 발견하였다.

㉠ A는 절대적으로 확실한 지식이 존재하지 않는다고 보는데 반해, B는 감각 경험을 통해 절대적으로 확실한 지식을 얻을 수 있다고 본다. 따라서 A의 결론과 B의 결론은 양립 불가능하므로, ㉠은 옳은 분석이 된다.

㉡ A의 결론은 절대적으로 확실한 지식이 존재하지 않는다는 것이며, C의 결론은 절대적으로 확실한 지식을 발견하였다는 것이다. 따라서 A와 C의 결론도 양립 불가능하므로, ㉡도 옳은 분석이다.

㉢ B는 절대적으로 확실한 지식을 얻을 수 있다고 주장하며, C는 절대적으로 확실한 지식을 발견하였다고 했으므로, ㉢도 옳은 분석이 된다.

14 다음 밑줄 친 사자성어의 쓰임이 적절하지 않은 것은?

① 그는 결단력이 없어 좌고우면(左顧右眄)하다가 적절한 대응 시기를 놓쳐 버렸다.

② 다수의 기업이 새로운 투자보다 변화에 대한 암중모색(暗中摸索)을 시도하고 있다.

③ 그 친구는 침소봉대(針小棒大)하는 경향이 있어서 하는 말을 곧이곧대로 믿기 어렵다.

④ 그 사람이 경제적으로 매우 어려운 상황에서 성공한 것은 연목구어(緣木求魚)나 마찬가지이다.

⑤ 그는 금융권의 거센 변화 속에서 생존하기 위해서는 무엇보다 실천이 중요하다며 불위호성(不爲胡成)의 자세를 강조하였다.

정답 해설 '연목구어(緣木求魚)'는 '나무에 올라가서 물고기를 구한다'라는 뜻으로, 불가능한 일을 굳이 무리해서 하려 함을 비유적으로 이르는 말이다. ④의 경우 문맥상 그 사람이 경제적으로 매우 어려운 상황에서 성공한 것을 이르는 말이므로, '연목구어'로 표현하기는 적절하지 않다.

오답 해설

① '좌고우면(左顧右眄)'은 '이쪽저쪽을 돌아본다'는 뜻으로, 무엇을 결정하지 못하고 이리저리 생각해 보며 망설인다는 것을 의미하는 말이다. 따라서 '결단력이 없어 좌고우면(左顧右眄)하다가 적절한 대응 시기를 놓쳐 버렸다'와 같이 쓸 수 있다.

② '암중모색(暗中摸索)'은 '어둠 속에서 물건을 더듬어 찾음', '어림으로 무엇을 알아내거나 찾아내려 함' 등을 뜻하는 말로, 확실한 방법을 모르는 채 일의 실마리를 찾아내려 한다는 것을 의미하는 말이다. 따라서 ②와 같이 쓸 수 있다.

③ '침소봉대(針小棒大)'는 '작은바늘을 큰 몽둥이라고 한다'라는 뜻으로, 작은 일을 크게 부풀려서 말함을 비유적으로 이르는 말이다.

⑤ '불위호성(弗爲胡成)'은 '행동하지 않으면 어떤 일도 이룰 수 없음'을 이르는 말로서, ⑤와 같이 쓸 수 있다.

정답 14 ④

15 다음 문장의 밑줄 친 부분과 같은 의미로 사용된 것은?

> 그들은 다음 달 금리가 인상될 것이라는 근거 없는 소문의 진상을 <u>알아보고</u> 싶었다.

① 그렇게 어두운 밤에는 아군을 <u>알아볼</u> 수 없다.

② 졸업한 지 20년이 넘은 제자가 나를 <u>알아보았다</u>.

③ 그는 즉시 그 지점으로 가는 교통편을 <u>알아보았다</u>.

④ 이 일로 그 사람의 됨됨이를 <u>알아보게</u> 되었다.

⑤ 그녀는 멀리서도 나를 쉽게 <u>알아보았다</u>.

정답해설 제시된 문장의 '알아보다'는 '조사하거나 살펴보다'는 의미이다. 이러한 의미로 사용된 것은 ③이다.

오답해설 ①·⑤ 여기서의 '알아보다'는 '눈으로 보고 분간하다'라는 의미이다.
② '잊어버리지 않고 기억하다'라는 의미로 사용되었다.
④ '능력이나 가치 등을 밝히어 알다'라는 의미이다.

16 자동차 타이어 가게에서 원가가 60,000원인 타이어를 개당 4할의 이익을 덧붙인 가격을 정가로 하여 판매하였다. 최근의 자동차 판매 부진에 따라 타이어 매상이 줄자 정가의 3할을 할인해 팔았다. 이 할인 가격으로 타이어를 10개 판매하였다고 할 때, 가게의 이익 또는 손실액은 얼마인가?

① 6,000원 이익
② 6,000원 손실
③ 12,000원 이익
④ 12,000원 손실
⑤ 60,000원 이익

정답 해설 원가가 60,000원인 타이어에 4할의 이익을 덧붙여 정가로 판매했다고 했으므로, 정가는 '60,000×(1+0.4)=84,000원'이 된다. 판매 부진으로 정가의 3할을 할인한 경우 할인가격은 '84,000×(1−0.3)=58,800원'이 된다. 따라서 이 할인가격으로 타이어를 파는 경우 '58,800−60,000=−1,200원'이므로, 개당 '1,200원'의 손실을 보게 된다. 따라서 할인가격으로 10개를 판매한 경우 이 가게는 '12,000원'의 손실을 보게 된다.

1DAY 2DAY 3DAY

17 같은 팀에서 근무하는 갑과 을은 오늘까지 처리해야 할 업무가 남아서 야근을 해야 한다. 남은 업무를 갑이 혼자 하는 경우에는 4시간, 을이 혼자 하는 경우에는 3시간 30분이 걸린다고 할 때, 두 사람이 모두 야근을 하는 경우 걸리는 시간은 얼마인가? (단, '일에 소요되는 시간은 일의 양을 시간 당 수행하는 일의 양으로 나눈 값'이 되며, 갑 · 을 두 사람은 쉬는 시간은 없이 협력해 일을 수행한다고 가정한다.)

① 1시간 45분
② 1시간 52분
③ 1시간 58분
④ 2시간 5분
⑤ 2시간 15분

$\frac{1}{3.5}$

정답 해설 남은 일의 양을 '1'이라 할 때, 갑이 혼자 하는 경우 4시간 소요되고 을이 혼자서 하는 경우 3.5시간이 소요되므로, 갑이 시간당 수행하는 일의 양은 '$\frac{1}{4}$'이 되며, 을이 시간당 수행하는 일의 양은 '$\frac{1}{3.5}$'이 된다. 따라서 두 사람이 협력해서 일하는 경우 소요되는 시간은 '$1\div\left(\frac{1}{4}+\frac{1}{3.5}\right)$'이 된다. 이를 풀면, 소요되는 시간은 '$\frac{28}{15}$'시간이므로, '$1+\frac{13}{15}=1+\frac{52}{60}$'이므로, 총 '1시간 52'분이 소요된다.

[18~19] 다음은 〈표〉는 한 도시의 2018년 산업별 사업체 수와 성별 종사자 수를 나타낸 것이다. 물음에 알맞은 답을 고르시오.

〈표〉 ○○시의 산업별 사업체 수 및 성별 종사자 수

구분	사업체 수(개)	남성 종사자 수(명)	여성 종사자 수(명)
농업 및 축산업	35	287	51
어업	18	206	32
제조업	8,986	67,280	28,100
건설업	702	8,460	1,260
서비스업	14,350	80,250	37,420
기타	480	1,690	1,385

18 다음 중 기타 부분을 제외하고 평균 종사자 수가 가장 많은 산업은?

① 농업 및 축산업
② 어업
③ 제조업
④ 건설업
⑤ 서비스업

정답 해설 사업체당 평균 종사자 수는 전체 종사자 수를 사업체 수로 나눈 값이 된다. 각 사업체별 평균종사자 수를 구하면 다음과 같다.

- 농업 및 축산업 : $\frac{287+51}{35} \fallingdotseq 9.7$(명)
- 어업 : $\frac{206+32}{18} \fallingdotseq 13.2$(명)
- 제조업 : $\frac{67,280+28,100}{8,986} \fallingdotseq 10.6$(명)
- 건설업 : $\frac{8,460+1,260}{702} \fallingdotseq 13.8$(명)
- 서비스업 : $\frac{80,250+37,420}{14,350} = 8.2$(명)

따라서 평균 종사자 수가 가장 많은 사업체는 '건설업'이다.

19 다음 중 기타 부분을 제외하고 여성의 고용비율이 가장 높은 산업의 여성 고용비율은 얼마인가? (단, 소수점 아래 둘째 자리에서 반올림한다.)

① 31.8% ② 30.6%

③ 29.5% ④ 28.3%

⑤ 27.1%

1DAY 2DAY 3DAY

정답해설 여성 고용비율은 전체 종사자 중 여성 종사자가 차지하는 비율로 구할 수 있다. 제시된 5개의 산업 중 여성 고용비율이 가장 높은 산업은 제조업과 서비스업임을 〈표〉를 통해 쉽게 알 수 있다. 제조업과 서비스업의 여성 고용비율을 구하면 다음과 같다.

- 제조업 : $\frac{28,100}{67,280+28,100} \times 100 \fallingdotseq 29.5\%$
- 서비스업 : $\frac{37,420}{80,250+37,420} \times 100 \fallingdotseq 31.8\%$

따라서 여성의 고용비율이 가장 높은 산업은 서비스업이며, 서비스업의 여성 고용비율은 대략 '31.8%'이다.

20 다음 〈표〉는 A지역 유치원 유형별 교지면적과 교사면적에 대한 자료이다. 이에 대한 설명으로 옳지 않은 것은?

〈표〉 A지역 유치원 유형별 교지면적과 교사면적

(단위 : m^2)

구분 \ 유치원 유형		국립	공립	사립
교지 면적	유치원당	255.0	170.8	1,478.4
	원아 1인당	3.4	6.1	13.2
교사 면적	유치원당	562.5	81.2	806.4
	원아 1인당	7.5	2.9	7.2

※ 1) 교지 : 학교대지 및 체육장의 합임.
2) 교사 : 시설에서 사용하고 있는 건물의 면적임.

① 원아 1인당 교지면적은 국립이 사립이 30% 이하이다.

② 유치원당 교사면적이 가장 큰 유형부터 순서대로 나열하면 사립, 국립, 공립 순이다.

③ 유치원 유형 중 유치원당 교지면적이 유치원당 교사면적보다 작은 유형의 면적 차이는 300m^2 이상이다.

④ 유치원당 교지면적은 사립이 국립의 5.5배 이상이고 유치원당 교사면적은 사립이 국립의 1.4배 이상이다.

⑤ 유치원 유형 중 유치원당 교지면적은 공립이 가장 작고 원아 1인당 교사면적은 국립이 가장 작다.

정답해설 유치원 유형 중 유치원당 교지면적은 공립이 170.8m^2로 가장 작으나, 원아 1인당 교사면적은 국립이 7.5m^2로 유형 중 가장 크다. 따라서 ⑤는 옳지 않은 설명이다.

오답해설 ① 원아 1인당 교지면적은 국립이 3.4(m^2)이며, 사립이 13.2(m^2)이므로, 국립이 사립의 '$\frac{3.4}{13.2}\times 100 ≒ 25.8\%$'이므로, 30% 이하가 된다.

② 유치원당 교사면적은 사립이 806.4(m^2)이며, 국립이 562.5(m^2), 공립이 81.2(m^2)이므로, 가장 큰 유형부터 순서대로 나열하면 사립, 국립, 공립 순이 된다.

③ 유치원 유형 중 유치원당 교지면적이 유치원당 교사면적보다 작은 유형은 국립뿐이며, 국립의 경우 유치원당 교지면적은 255.0m²이고 유치원당 교사면적은 562.5m²이므로, 면적 차이는 300m² 이상이 된다.

④ 유치원당 교지면적은 사립이 1,478.4(m²)이고 국립이 255.0(m²)이므로, 그 차이는 대략 5.8배가 된다. 또한 유치원당 교사면적은 사립이 806.4(m²)이고 국립이 562.5(m²)이므로, 그 차이는 대략 1.43배가 된다. 따라서 ④도 옳은 설명이다.

21 다음은 6개 광종의 위험도와 경제성 점수에 관한 자료이다. 〈표〉와 〈분류기준〉을 이용하여 광종을 분류할 때, 〈보기〉의 설명 중 옳은 것을 모두 고르면?

〈표〉 6개 광종의 위험도와 경제성 점수

(단위 : 점)

항목 \ 광종	금광	은광	동광	연광	아연광	철광
위험도	2.5	4.0	2.5	2.7	3.0	3.5
경제성	3.0	3.5	2.5	2.7	3.5	4.0

〈분류기준〉

위험도와 경제성 점수가 모두 3.0점을 초과하는 경우에는 '비축필요광종'으로 분류하고, 위험도와 경제성 점수 중 하나는 3.0점 초과, 다른 하나는 2.5점 초과 3.0점 이하인 경우에는 '주시광종'으로 분류하며, 그 외는 '비축제외광종'으로 분류한다.

정답 20 ⑤ | 21 ③

보기

㉠ '주시광종'으로 분류되는 광종의 수는 '비축필요광종' 수의 50% 수준이다.
㉡ '비축제외광종'으로 분류되는 광종은 '동광'과 '연광'의 2종류이다.
㉢ '주시광종' 분류기준을 '위험도와 경제성 점수 중 하나는 3.0점 초과, 다른 하나는 2.5점 이상 3.0점 이하'로 변경한다면, '금광'과 '아연광'은 '주시광종'으로 분류된다.
㉣ 모든 광종의 위험도와 경제성 점수가 현재보다 각각 20% 증가하면, '비축필요광종'으로 분류되는 광종은 4종류가 된다.

① ㉠, ㉡
② ㉠, ㉢
③ ㉠, ㉣
④ ㉡, ㉢
⑤ ㉢, ㉣

㉠ 〈분류기준〉에 따라 〈표〉의 광종을 분류하면 다음 표와 같다.

항목 \ 광종	금광	은광	동광	연광	아연광	철광
위험도	2.5	4.0	2.5	2.7	3.0	3.5
경제성	3.0	3.5	2.5	2.7	3.5	4.0
분류	비축제외	비축필요	비축제외	비축제외	주시	비축필요

따라서 '주시광종'의 수는 1종류이며, '비축필요광종'의 수는 2종류이므로, 전자는 후자의 50% 수준이 된다.

㉣ 모든 광종의 위험도와 경제성 점수가 현재보다 각각 20% 증가하는 경우 광종은 다음과 같이 분류된다.

항목 \ 광종	금광	은광	동광	연광	아연광	철광
위험도	3.0	4.8	3.0	3.24	3.6	4.2
경제성	3.6	4.2	3.0	3.24	4.2	4.8
분류	주시	비축필요	비축제외	비축필요	비축필요	비축필요

따라서 이 경우 '비축필요광종'으로 분류되는 광종은 '은광', '연광', '아연광', '철광'의 4종류가 된다.

㉡ '비축제외광종'으로 분류되는 광종은 '금광'과 '동광'과 '연광'이다.
㉢ '주시광종' 분류기준을 '위험도와 경제성 점수 중 하나는 3.0점 초과, 다른 하나는 2.5점 이상 3.0점 이하'로 변경하는 경우 '금광'은 '비축제외광종'으로 그대로 유지되며, '아연광'만 '주시광종'으로 분류된다.

[22~23] 다음 〈그림〉은 국가 A~D의 정부신뢰에 관한 자료이다. 물음에 알맞은 답을 고르시오.

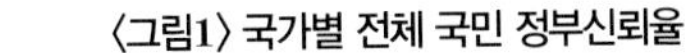

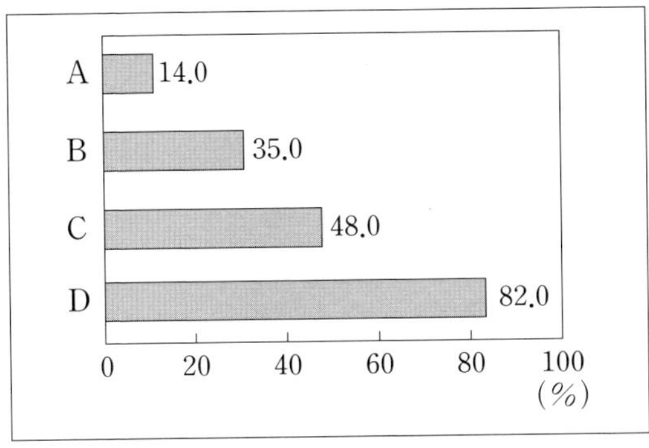

〈그림2〉 국가별 청년층의 상대적 정부신뢰지수

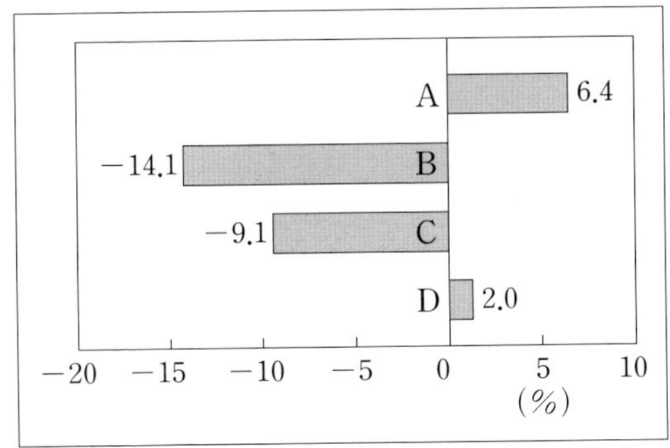

※ 1) 전체 국민 정부신뢰율(%)$=\frac{\text{정부를 신뢰한다고 응답한 응답자 수}}{\text{전체 응답자 수}}\times 100$

2) 청년층 정부신뢰율(%)$=\frac{\text{정부를 신뢰한다고 응답한 청년층 응답자 수}}{\text{청년층 응답자 수}}\times 100$

3) 청년층의 상대적 정부신뢰지수＝전체 국민 정부신뢰율(%)－청년층 정부신뢰율(%)

22 다음 중 A국과 B국의 청년층 정부신뢰율(%)의 평균값으로 가장 알맞은 것은? (단, 소수점 둘째 자리에서 반올림한다.)

① 25.2%
② 28.4%
③ 31.6%
④ 34.8%
⑤ 38.0%

정답 해설 '청년층의 상대적 정부신뢰지수=전체 국민 정부신뢰율(%)−청년층 정부신뢰율(%)'이므로, 청년층 정부신뢰율(%)은 '전체 국민 정부신뢰율(%)−청년층의 상대적 정부신뢰지수'가 된다. 이를 통해 A국과 B국의 청년층 정부신뢰율(%)을 구하면 다음과 같다.

- A국의 청년층 정부신뢰율(%) : 14.0−6.4=7.6(%)
- B국의 청년층 정부신뢰율(%) : 35.0−(−14.1)=49.1(%)

따라서 A국과 B국의 청년층 정부신뢰율의 평균은 '$\frac{7.6+49.1}{2}$=28.35(%)'이다. 소수점 아래 둘째 자리에서 반올림하므로, '28.4(%)'가 된다.

23 다음의 〈조건〉에 근거하여 A~D에 해당하는 국가를 바르게 연결한 것은?

조건

㉠ 노르웨이의 청년층 정부신뢰율은 이탈리아의 10배 이상이다.
㉡ 한국과 일본에서는 청년층 정부신뢰율이 전체 국민 정부신뢰율보다 높다.
㉢ 청년층 정부신뢰율은 일본이 노르웨이보다 30%p 이상 낮다.

	A국	B국	C국	D국
①	이탈리아	한국	일본	노르웨이
②	노르웨이	한국	일본	이탈리아
③	이탈리아	일본	한국	노르웨이
④	노르웨이	일본	한국	이탈리아
⑤	한국	이탈리아	일본	노르웨이

정답 해설 '청년층 정부신뢰율(%)=전체 국민 정부신뢰율(%)−청년층의 상대적 정부신뢰지수'을 이용하여 A~D 국가의 청년층 정부신뢰율을 구하면 다음과 같다.

- A국의 청년층 정부신뢰율(%)=7.6(%)
- B국의 청년층 정부신뢰율(%)=49.1(%)
- C국의 청년층 정부신뢰율(%)=48−(−9.1)=57.1(%)
- D국의 청년층 정부신뢰율(%)=82.0−2.0=80.0(%)

〈조건〉 ㉠에서 노르웨이의 청년층 정부신뢰율은 이탈리아의 10배 이상이라고 했으므로, D국은 노르웨이, A국은 이탈리아가 된다는 것을 알 수 있다. ㉡에 따라 B국과 C국은 한국 또는 일본이 된다. 또한 ㉢에 따라 일본의 청년층 정부신뢰율은 노르웨이의 청년층 정부신뢰율(80%)보다 30%p 이상 낮으므로, B국이 일본이 된다. 남은 C국은 한국이 된다.

24 다음 〈표〉는 '갑'국의 2004~2017년 알코올 관련 질환 사망자 수에 대한 자료이다. 이에 대한 설명으로 옳은 것은?

〈표〉 알코올 관련 질환 사망자 수

(단위 : 명)

구분 연도	남성		여성		전체	
	사망자 수	인구 10만 명당 사망자 수	사망자 수	인구 10만 명당 사망자 수	사망자 수	인구 10만 명당 사망자 수
2004	2,542	10.7	156	0.7	2,698	5.9
2005	2,870	11.9	199	0.8	3,069	6.3
2006	3,807	15.8	299	1.2	4,106	8.4
2007	4,400	18.2	340	1.4	4,740	9.8
2008	4,674	19.2	374	1.5	5,048	10.2
2009	4,289	17.6	387	1.6	4,676	9.6
2010	4,107	16.8	383	1.6	4,490	9.3
2011	4,305	17.5	396	1.6	4,701	9.5
2012	4,243	17.1	400	1.6	4,643	9.3

2013	4,010	16.1	420	1.7	( )	8.9
2014	4,111	16.5	424	1.7	4,535	9.1
2015	3,996	15.9	497	2.0	4,493	9.0
2016	4,075	16.2	474	1.9	4,549	9.1
2017	3,955	15.6	521	2.1	( )	8.9

※ 인구 10만 명당 사망자 수는 소수점 아래 둘째 자리에서 반올림한 값임.

① 2013년과 전체 사망자 수와 2017년의 전체 사망자 수는 같다.

② 여성 사망자 수가 전년보다 감소한 해에는 남성의 인구 10만 명당 사망자 수가 여성의 경우보다 10배 이하이다.

③ 매년 남성 인구 10만 명당 사망자 수는 여성 인구 10만 명당 사망자 수의 8배 이상이다.

④ 남성 인구 10만 명당 사망자 수가 가장 많은 해의 전년대비 사망자 수 증가율은 여성이 남성보다 높다.

⑤ 전체 사망자 수의 전년대비 증가율은 2005년이 2007년보다 높다.

정답 해설 남성 인구 10만 명당 사망자 수는 2008년 19.2명으로 가장 많다. 2008년의 전년대비 남성 사망자 수 증가율은 '$\frac{4,674-4,400}{4,400}\times 100 ≒ 6.2\%$'이며, 전년대비 여성 사망자 수 증가율은 '$\frac{374-340}{340}\times 100 = 10\%$'이다. 따라서 2008년의 전년대비 사망자수 증가율은 여성이 남성보다 높으므로, ④는 옳은 설명이다.

오답 해설 ① 2013년과 전체 사망자 수는 4,430명이며, 2017년의 전체 사망자 수는 4,476명이므로, 서로 다르다. 인구 10만 명당 사망자 수가 같다고 하더라도 전체 인구수가 다르므로, 사망자 수도 다르게 된다.

② 여성 사망자 수가 전년보다 감소한 해는 2010년이며, 2010년의 경우 남성의 인구 10만 명당 사망자 수는 16.8명이며, 여성의 인구 10만 명당 사망자 수는 1.6명이므로, 전자가 후자의 10배 이상이 된다.

③ 2015년과 2017년의 경우 남성 인구 10만 명당 사망자 수가 여성 인구 10만명당 사망자 수의 8배 이하이다.

⑤ 2005년 전체 사망자 수의 전년대비 증가율은 '$\frac{3,069-2,698}{2,698}\times 100 ≒ 13.8\%$'이며, 2007년 전체 사망자 수의 전년대비 증가율은 '$\frac{4,740-4,106}{4,106}\times 100 ≒ 15.4\%$'이므로, 2005년보다 2007년이 더 높다.

25 다음 〈표〉는 2016~2018년 정부기술투자평가사업에 선정된 업체와 선정 업체의 과제 이행 실적에 대한 자료이다. 이에 대한 〈보기〉의 설명 중 옳은 것을 모두 고르면?

〈표1〉 산업별 선정 업체 수

(단위 : 개)

연도 \ 산업	엔지니어링	바이오	디자인	미디어
2016	3	2	3	6
2017	2	2	2	6
2018	2	5	5	3

※ 정부기술투자평가사업은 2016년 시작되었고, 전 기간 동안 중복 선정된 업체는 없음.

〈표2〉 선정 업체의 연도별 과제 이행 실적 건수

(단위 : 건)

연도	2016	2017	2018	전체
과제 이행 실적	12	24	19	55

※ 선정 업체가 이행하는 과제 수에는 제한이 없음.

〈표3〉 선정 업체의 3년 간(2016~2018년) 과제 이행 실적별 분포

(단위 : 개)

과제 이행 실적	없음	1건	2건	3건	4건	5건	전체
업체 수	15	11	4	9	1	1	41

보기

㉠ 2016년 선정 업체 중 단해 연도 과제 이행 실적이 있는 업체 수는 최대 11개이다.

㉡ 선정 업체 중 디자인 업체가 차지하는 비중은 매년 증가하였다.

㉢ 산업별 선정 업체 수의 3년 간 합이 많은 산업부터 순서대로 나열하면 미디어, 바이오, 디자인, 엔지니어링 순이다.

㉣ 전체 선정 업체 중 3년 간 과제 이행 실적 건수 상위 15개 업체의 과제 이행 실적 건수는 전체 과제 이행 실적 건수의 80%를 차지하였다.

정답 25 ②

① ㉠, ㉡
② ㉠, ㉣
③ ㉡, ㉢
④ ㉡, ㉣
⑤ ㉢, ㉣

㉠ 2016년 선정 업체 수는 모두 '3+2+3+6=14개'이며, 선정 업체의 2016년 과제 이행 실적 건수는 '12건'이다. 과제 이행 실적이 있는 업체 수가 최대가 되기 위해서는 가급적 많은 업체가 1건씩 나누어 이행해야 한다. 그런데, 〈표 3〉에서 과제 이행 실적이 1건인 업체 수는 11개뿐이므로, 10개 업체가 1건씩 이행하고, 한 업체가 2건을 이행하여 모두 12건을 이행한다면 이행 실적이 있는 업체 수가 최대가 된다. 따라서 2016년 선정 업체 중 당해 연도 과제 이행 실적이 있는 업체 수는 최대 11개가 된다. 따라서 ㉠은 옳은 설명이다.

㉣ 전체 선정 업체 중 3년 간 과제 이행 실적 건수 상위 15개 업체의 과제 이행 실적 건수는 '(5건×1)+(4건×1)+(3건×9)+(2건×4)=44건'이며, 전체 과제 이행 실적 건수는 55건이다. 따라서 전자는 후자의 '$\frac{44}{55}\times 100=80\%$'가 되므로, ㉣은 옳은 설명이다.

㉡ 선정 업체 중 디자인 업체가 차지하는 비중은 2016년에 '$\frac{3}{14}\times 100 \fallingdotseq 21.4\%$'이며, 2017년에는 '$\frac{2}{12}\times 100 \fallingdotseq 16.7\%$'이다. 따라서 선정 업체 중 디자인 업체가 차지하는 비중은 매년 증가한 것은 아니다.

㉢ 산업별 선정 업체 수의 3년 간 합은 미디어(15개), 디자인(10개), 바이오(9개), 엔지니어링(7개) 순으로 많다.

[26~27] 다음 〈표〉는 2012~2017년 '갑'국 농 · 임업 생산액과 부가가치 현황에 대한 자료이다. 물음에 알맞은 답을 고르시오.

〈표1〉 농 · 임업 생산액 현황

(단위 : 10억 원, %)

구분		2012	2013	2014	2015	2016	2017
농 · 임업 생산액		39,663	42,995	43,523	43,214	46,357	46,648
분야별 비중	곡물	23.6	20.2	15.6	18.5	17.5	18.3
	화훼	28.0	27.7	29.4	30.1	31.7	32.1
	과수	34.3	38.3	40.2	34.7	34.6	34.8

※ 1) 분야별 비중은 농 · 임업 생산액 대비 해당 분야의 생산액 비중임.
2) 곡물, 화훼, 과수는 농 · 임업의 일부 분야임.

〈표2〉 농 · 임업 부가가치 현황

(단위 : 10억 원, %)

구분		2012	2013	2014	2015	2016	2017
농 · 임업 부가가치		22,587	23,540	24,872	26,721	27,359	27,376
GDP 대비 비중	농업	2.1	2.1	2.0	2.1	2.0	2.0
	임업	0.1	0.1	0.2	0.1	0.2	0.2

※ 1) GDP 대비 비중은 GDP 대비 해당 분야의 부가가치 비중임.
2) 농 · 임업은 농업과 임업으로만 구성됨.

26 다음 〈보기〉의 설명 중 옳은 것을 모두 고르면?

보기

㉠ 농 · 임업 생산액이 전년보다 감소한 해에는 농 · 임업 부가가치가 전년보다 1조 8천억 원 이상 증가하였다.

㉡ 2013년 화훼 생산액은 전년보다 증가하였다.

㉢ 매년 곡물 생산액은 과수 생산액의 50% 이상이다.

① ㉠ ② ㉢

③ ㉠, ㉡ ④ ㉡, ㉢

⑤ ㉠, ㉡, ㉢

㉠ 농 · 임업 생산액이 전년보다 감소한 해는 2015년이다. 2015년의 농 · 임업 부가가치는 26,721(10억 원)이고 2014년 농 · 임업 부가가치는 24,872(10억 원)이므로, 2015년이 전년보다 '1,849(10억 원)'이 증가하였다. 따라서 ㉠은 옳은 설명이다.

㉡ 2013년 농 · 임업 생산액은 42,995(10억 원)이고 여기서 화훼 생산액이 차지하는 비중이 27.7%이므로, 2013년 화훼 생산액은 '42,995(10억 원)×0.277≒11,910(10억 원)'이 된다. 2012년 화훼 생산액은 '39,663(10억 원)×0.28≒11,106(10억 원)'이 되므로, 2013년 화훼 생산액은 전년보다 증가하였다

오답해설 ㉢ 2014년의 곡물 생산액은 분야별 비중의 15.6%이며, 과수 생산액은 분야별 비중의 40.2%이므로, 이 해의 곡물 생산액은 과수 생산액의 '$\frac{15.6}{40.2}\times100≒38.8\%$'가 된다. 따라서 ㉢은 옳지 않은 설명이다.

27 2012년과 2017년의 농업 부가가치가 농 · 임업 부가가치에서 차지하는 비중을 순서대로 바르게 나열한 것은? (단, 소수점 첫째 자리에서 반올림한다.)

① 91%, 90% ② 91%, 91%

③ 91%, 95% ④ 95%, 90%

⑤ 95%, 91%

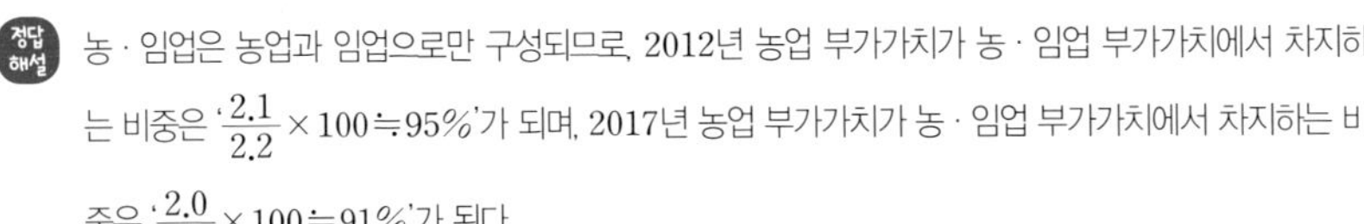
정답 해설 농 · 임업은 농업과 임업으로만 구성되므로, 2012년 농업 부가가치가 농 · 임업 부가가치에서 차지하는 비중은 '$\frac{2.1}{2.2} \times 100 ≒ 95\%$'가 되며, 2017년 농업 부가가치가 농 · 임업 부가가치에서 차지하는 비중은 '$\frac{2.0}{2.2} \times 100 ≒ 91\%$'가 된다.

28 다음 〈표〉는 2015~2017년 설 연휴 교통사고에 관한 자료이다. 이에 대한 〈보고서〉의 설명 중 옳은 것을 모두 고르면?

〈표1〉 설 연휴 및 평소 주말 교통사고 현황

(단위 : 건, 명)

구분	설 연휴 하루평균			평소 주말 하루평균		
	사고	부상자	사망자	사고	부상자	사망자
전체 교통사고	487.4	885.1	11.0	581.7	957.3	12.9
졸음운전 사고	7.8	21.1	0.6	8.2	17.1	0.3
어린이 사고	45.4	59.4	0.4	39.4	51.3	0.3

※ 2015~2017년 동안 평균 설 연휴기간은 4.7일이었으며, 설 연휴에 포함된 주말의 경우 평소 주말 통계에 포함시키지 않음.

〈표2〉 설 전후 일자별 하루평균 전체 교통사고 현황

(단위 : 건, 명)

구분	설 연휴 전날	설 전날	설 당일	설 다음날
사고	822.0	505.3	448.0	450.0
부상자	1,178.0	865.0	1,013.3	822.0
사망자	17.3	15.3	10.0	8.3

〈보고서〉

2015~2017년 설 전후 발생한 교통사고를 분석한 결과, 설 연휴 전날에 교통사고가 많이 발생한 것으로 나타났다. ㉠ 설 연휴 전날에는 평소 주말보다 하루평균 사고건수는 240.3건, 부상자 수는 220.7명 많았고, 사망자 수는 30% 이상 많은 것으로 나타났다. ㉡ 교통사고 건당 부상자 수와 교통사고 건당 사망자 수는 각각 설 당일이 설 전날보다 많았다.

졸음운전 사고를 살펴보면, 설 연휴 하루평균 사고건수는 평소 주말보다 적었으나 설 연휴 하루평균 부상자 수와 사망자 수는 평소 주말보다 각각 많았다. 특히 ㉢ 졸음 운전사고의 경우 평소 주말 대비 설 연휴 하루평균 사망자의 증가율은 하루평균 부상자의 증가율의 10배 이상이었다. 시간대별로는 졸음운전 사고가 14~16시에 가장 많이 발생했다.

㉣ 어린이 사고의 경우 평소 주말보다 설 연휴 하루평균 사고건수는 6.0건, 부상자 수는 8.1명, 사망자 수는 0.1명 많은 것으로 나타났다.

① ㉠, ㉡
② ㉠, ㉣
③ ㉡, ㉢
④ ㉡, ㉣
⑤ ㉢, ㉣

정답 해설

㉠ 설 연휴 전날의 하루평균 사고건수(822.0건)는 평소 주말 하루평균 사고건수(581.7건)보다 '240.3건'이 많다. 설 연휴 전날 하루평균 부상자 수(1,178.0명)는 평소 주말 하루평균 부상자 수(957.3명)보다 '220.7명'이 많다. 설 연휴 전날 하루평균 사망자 수(17.3명)는 평소 주말 하루평균 사망자 수(12.9명)보다 '$\frac{(17.3-12.9)}{12.9}\times 100 \fallingdotseq 34.1\%$'가 많다. 따라서 ㉠은 모두 옳은 설명이다.

㉣ 어린이 사고의 경우 평소 주말보다 설 연휴 하루평균 사고건수가 '$45.4-39.4=6$건'이 많으며, 부상자 수는 '$59.4-51.3=8.1$명'이 많고, 사망자 수는 '$0.4-0.3=0.1$명'이 많다. 따라서 ㉣은 옳은 설명이다.

오답 해설

㉡ 교통사고 건당 사망자 수의 경우 설 당일이 '$\frac{10.0}{448.0}\fallingdotseq 0.022$명'이며, 설 전날이 '$\frac{15.3}{505.3}\fallingdotseq 0.03$명'이므로, 설 전날이 더 많았다. 따라서 ㉡은 옳지 않은 설명이다.

㉢ 졸음운전 사고의 경우 평소 주말 대비 설 연휴 하루평균 사망자의 증가율은 '$\frac{(0.6-0.3)}{0.3}\times 100=100\%$'이며, 평소 주말 대비 설 연휴 하루평균 부상자의 증가율은 '$\frac{(21.1-17.1)}{17.1}\times 100\fallingdotseq 23.4\%$'이다. 따라서 전자는 후자의 10배 이하이므로, ㉢도 옳지 않다.

29 다음 밑줄 친 숫자들의 공통된 규칙이 있다고 할 때, ㉠에 들어갈 숫자로 알맞은 것은?

$\underline{2 \quad 5 \quad \frac{11}{2} \quad \frac{3}{2}}$ $\quad$ $\underline{0.5 \quad \frac{3}{2} \quad 2 \quad 0}$ $\quad$ $\underline{\frac{1}{5} \quad 3 \quad (㉠) \quad \frac{1}{5}}$

① 3
② $\frac{12}{5}$
③ 1
④ $\frac{2}{3}$
⑤ $\frac{1}{2}$

정답 해설 첫 번째 밑줄 친 부분은 '$2+5-\frac{11}{2}=\frac{3}{2}$'이 되며, 두 번째 밑줄 친 부분은 '$0.5+\frac{3}{2}-2=0$'이 된다. 따라서 세 번째 밑줄 친 부분은 '$\frac{1}{5}+3-㉠=\frac{1}{5}$'이므로, '㉠=3'이 된다.

30 다음 그림의 숫자들은 공통된 규칙이 있다고 할 때, ㉠에 가장 알맞은 것은?

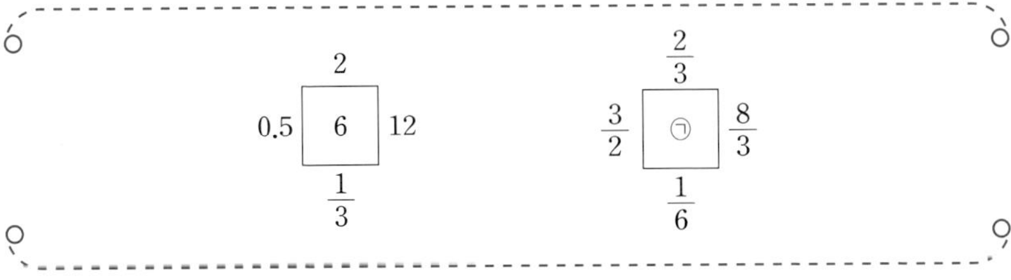

① $\frac{1}{3}$
② $\frac{5}{3}$
③ 2
④ $\frac{10}{3}$
⑤ 4

정답 해설 첫 번째 그림에서는 네모의 좌우에 있는 수들끼리 곱하거나('0.5×12'), 위에 있는 수를 아래 있는 수로 나누면('$2 \div \frac{1}{3}$') 네모 안에 있는 6이 된다. 따라서 두 번째 그림에서 ㉠은 '$\frac{2}{3} \div \frac{1}{6}$' 또는 '$\frac{3}{2} \times \frac{8}{3}$'을 하면 '4'가 된다.

31 다음 글을 근거로 판단할 때 옳은 것을 아래 〈보기〉에서 모두 고르면?

종래의 철도는 일정한 간격으로 된 2개의 강철레일 위를 강철바퀴 차량이 주행하는 것이다. 반면 모노레일은 높은 지주 위에 설치된 콘크리트 빔(beam) 위를 복렬(複列)의 고무타이어 바퀴 차량이 주행하는 것이다. 빔 위에 다시 레일을 고정하고, 그 위를 강철바퀴 차량이 주행하는 모노레일도 있다.

처음으로 실용화된 모노레일은 1880년경 아일랜드의 밸리뷰니온사(社)에서 건설한 것이었다. 1901년에는 현수장치를 사용하는 모노레일이 등장하였는데, 이 모노레일은 독일 부퍼탈시(市)의 전철교식 복선으로 건설되어 본격적인 운송수단으로서의 역할을 하였다. 그 후 여러 나라에서 각종 모노레일 개발 노력이 이어졌다.

제2차 세계대전이 끝난 뒤 독일의 알베그사(社)를 창설한 베너그렌은 1952년 1/2.5 크기의 시제품을 만들고, 실험과 연구를 거듭하여 1957년 알베그식(式) 모노레일을 완성하였다. 그리고 1958년에는 기존의 강철레일 · 강철바퀴 방식에서 콘크리트 빔 · 고무타이어 방식으로 개량하여 최고 속력이 80 km/h에 달하는 모노레일이 등장하기에 이르렀다.

프랑스에서도 1950년 말엽 사페즈사(社)가 독자적으로 사페즈식(式) 모노레일을 개발하였다. 이것은 쌍레일 방식과 공기식 타이어차량 운용 경험을 살려 개발한 현수식 모노레일로, 1960년 오를레앙 교외에 시험선(線)이 건설되었다.

보기

㉠ 콘크리트 빔 · 고무타이어 방식은 1950년대에 개발되었다.
㉡ 독일에서 모노레일이 본격적인 운송수단 역할을 수행한 것은 1880년대부터이다.
㉢ 아일랜드의 밸리뷰니온사는 오를레앙 교외에 전철교식 복선 모노레일을 건설하였다.
㉣ 베너그렌이 개발한 알베그식 모노레일은 오를레앙 교외에 건설된 사페즈식 모노레일 시험선보다 먼저 완성되었다.

① ㉠, ㉡　② ㉠, ㉣
③ ㉡, ㉢　④ ㉡, ㉣
⑤ ㉢, ㉣

㉠ 셋째 단락에서 '그리고 1958년에는 기존의 강철레일 · 강철바퀴 방식에서 콘크리트 빔 · 고무타이어 방식으로 개량하여 최고 속력이 80km/h에 달하는 모노레일이 등장하기에 이르렀다'라고 하였으므로, 콘크리트 빔 · 고무타이어 방식은 1950년대에 개발되었다는 것을 알 수 있다. 따라서 ㉠은 옳은 설명이다.

㉣ 셋째 단락에서 '제2차 세계대전이 끝난 뒤 독일의 알베그사(社)를 창설한 베너그렌은 … 실험과 연구를 거듭하여 1957년 알베그식(式) 모노레일을 완성하였다'라고 하였으므로, 알베그식 모노레일은 1957년에 완성되었다는 것을 알 수 있다. 또한 넷째 단락에서 '프랑스에서도 1950년 말엽 사페즈사(社)가 독자적으로 사페즈식(式) 모노레일을 개발 … 1960년 오를레앙 교외에 시험선(線)이 건설되었다'라고 하였으므로, 사페즈식 모노레일 시험선은 1960년에 완성되었다는 것을 알 수 있다. 따라서 알베그식 모노레일은 오를레앙 교외에 건설된 사페즈식 모노레일 시험선보다 먼저 완성되었으므로, ㉣도 옳은 설명이 된다.

㉡ 둘째 단락에서 '1901년에는 현수장치를 사용하는 모노레일이 등장하였는데, 이 모노레일은 독일 부퍼탈시(市)의 전철교식 복선으로 건설되어 본격적인 운송수단으로서의 역할을 하였다'라고 했으므로, 독일에서 모노레일이 본격적인 운송수단 역할을 수행한 것은 1900대부터이다.

㉢ 넷째 단락에서 오를레앙 교외에 시험선(線)을 건설한 것은 프랑스의 사페즈사(社)라는 것을 알 수 있다. 또한 둘째 단락에서 '1901년에는 현수장치를 사용하는 모노레일이 등장하였는데, 이 모노레일은 독일 부퍼탈시(市)의 전철교식 복선으로 건설되어'라고 하였으므로, 전철교식 복선 모노레일을 건설한 곳은 독일 부퍼탈시(市)라는 것을 알 수 있다. 따라서 ㉢은 옳지 않은 설명이다.

32 다음 글을 근거로 판단할 때, 〈표〉의 ㉠~㉣에 들어갈 기호로 모두 옳은 것은?

법 제○○조(학교환경위생 정화구역) 시 · 도의 교육감은 학교환경위생 정화구역(이하 '정화구역'이라 한다)을 절대정화구역과 상대정화구역으로 구분하여 설정하되, 절대정화구역은 학교출입문으로부터 직선거리로 50미터까지인 지역으로 하고, 상대정화구역은 학교경계선으로부터 직선거리로 200미터까지인 지역 중 절대정화구역을 제외한 지역으로 한다.

법 제◇◇조(정화구역에서의 금지시설)

① 누구든지 정화구역에서는 다음 각 호의 어느 하나에 해당하는 시설을 하여서는 아니 된다.

1. 도축장, 화장장 또는 납골시설
2. 고압가스 · 천연가스 · 액화석유가스 제조소 및 저장소
3. 폐기물수집장소
4. 폐기물처리시설, 폐수종말처리시설, 축산폐수배출시설
5. 만화가게(유치원 및 대학교의 정화구역은 제외한다)
6. 노래연습장(유치원 및 대학교의 정화구역은 제외한다)
7. 당구장(유치원 및 대학교의 정화구역은 제외한다)
8. 호텔, 여관, 여인숙

② 제1항에도 불구하고 대통령령으로 정하는 구역에서는 제1항의 제2호, 제3호, 제5호부터 제8호까지에 규정된 시설 중 교육감이 학교환경위생정화위원회의 심의를 거쳐 학습과 학교보건위생에 나쁜 영향을 주지 아니한다고 인정하는 시설은 허용될 수 있다.

대통령령 제□□조(제한이 완화되는 구역) 법 제◇◇조 제2항에서 '대통령령으로 정하는 구역'이란 법 제○○조에 따른 상대정화구역(법 제◇◇조 제1항 제7호에 따른 당구장 시설을 하는 경우에는 정화구역 전체)을 말한다.

구역 / 시설	초 · 중 · 고등학교		유치원 · 대학교	
	절대정화구역	상대정화구역	절대정화구역	상대정화구역
폐기물처리시설	×	×	×	×
폐기물수집장소	×	△	×	△
당구장	㉠		㉢	
노래연습장		㉡		
여관				㉣

× : 금지되는 시설

△ : 학교환경위생정화위원회의 심의를 거쳐 허용될 수 있는 시설

○ : 허용되는 시설

	㉠	㉡	㉢	㉣
①	×	×	△	×
②	×	△	○	△
③	△	△	×	△
④	△	△	○	△
⑤	△	○	△	○

㉠ 법 제◇◇조 제2항에서 '대통령령으로 정하는 구역에서는 … 교육감이 학교환경위생정화위원회의 심의를 거쳐 학습과 학교보건위생에 나쁜 영향을 주지 아니한다고 인정하는 시설은 허용될 수 있다'라고 하였고, 대통령령 제□□조(제한이 완화되는 구역)에서 "대통령령으로 정하는 구역'이란 법 제○○조에 따른 상대정화구역(법 제◇◇조 제1항 제7호에 따른 당구장 시설을 하는 경우에는 정화구역 전체)을 말한다'라고 하였다. 따라서 당구장 시설은 정화구역 전체에 대해 학교환경위생정화위원회의 심의를 거쳐 허용할 수 있는 시설이 된다. 따라서 ㉠은 '△'가 된다.

㉡ 노래방의 경우, 위의 ㉠에서 보는 것과 같이 상대정화구역에서는 학교환경위생정화위원회의 심의를 거쳐 허용할 수 있는 시설이 된다. 따라서 ㉡도 '△'가 된다.

㉢ 법 제◇◇조(정화구역에서의 금지시설) 제1항 제7호에서 당구장은 금지되는 시설로 규정하면서 '유치원 및 대학교의 정화구역은 제외한다'라고 하였으므로, 유치원 · 대학교에서는 허용되는 시설이 된다. 따라서 ㉢은 '○'이 된다.

㉣ 여관의 경우도 ㉡의 노래방과 같이, 상대정화구역에서는 학교환경위생정화위원회의 심의를 거쳐 허용할 수 있는 시설이 된다. 따라서 ㉣도 '△'가 된다.

정답 32 ④

33 다음 글을 근거로 판단할 때, 〈보기〉에서 옳은 것을 모두 고르면?

〈일월오봉도〉는 하늘과 땅, 다섯 개의 산봉우리로 상징되는 '삼라만상'과 해와 달로 표상되는 '음양오행'의 원리를 시각화한 것이다. 이는 각각 조선의 왕이 '통치하는 대상'과 '치세의 이데올로기'를 시각적으로 응축한 것이기도 하다. 조선 후기 대다수의 〈일월오봉도〉는 크기에 관계없이 다음과 같은 형식을 취한다. 화면(畵面)의 중앙에는 다섯 개의 봉우리 가운데 가장 큰 산봉우리가 위치하고 그 양쪽으로 각각 두 개의 작은 봉우리가 배치되어 있다. 해는 오른편에 위치한 두 작은 봉우리 사이의 하늘에, 달은 왼편의 두 작은 봉우리 사이의 하늘에 보름달의 형상으로 떠 있다. 화면의 양쪽 구석을 차지하고 있는 바위 위에 키 큰 적갈색 소나무 네 그루가 대칭으로 서 있다. 화면의 하단을 완전히 가로질러 채워진 물은 비늘 모양으로 형식화되어 반복되는 물결 무늬로 그려져 있다.

〈일월오봉도〉는 왕이 정무를 보는 궁궐의 정전(正殿)뿐 아니라 왕이 참석하는 행사장에 임시로 설치된 어좌(御座)에도 배설(排設)되었으며 왕이 죽고 나면 그 시신을 모시던 빈전(殯殿)과 혼전(魂殿)에도 사용되었고 제사에 배향(配享)된 영정 초상 뒤에도 놓였다. 이는 〈일월오봉도〉가 살아 있는 왕을 위해서만이 아니라 왕의 사후에도 왕의 존재를 표상하기 위한 곳이라면 어디든 사용되었다는 것을 시사한다. 즉, 〈일월오봉도〉는 그 자체로 왕의 존재를 지시하는 동시에 왕만이 전유(專有)할 수 있는 것이었다.

※ 배설(排設) : 의식에 쓰이는 도구들을 벌여 놓음
※ 빈전(殯殿) : 발인 때까지 왕이나 왕비의 관(棺)을 모시던 전각
※ 혼전(魂殿) : 임금이나 왕비의 국장 후에 위패를 모시던 전각
※ 배향(配享) : 종묘에 죽은 사람의 위패를 모심

보기

㉠ 〈일월오봉도〉에서 다섯 개의 산봉우리는 왕을 나타내는 상징물이다.
㉡ 왕의 죽음과 관련된 장소에는 〈일월오봉도〉를 배치하지 않았다.
㉢ 조선 후기 대다수의 〈일월오봉도〉에서는 해가 달보다 오른쪽에 그려져 있다.
㉣ 〈일월오봉도〉는 왕비나 세자가 아닌 왕만이 소유할 수 있는 것이었다.

① ㉠, ㉡
② ㉠, ㉣
③ ㉡, ㉢
④ ㉡, ㉣
⑤ ㉢, ㉣

ⓒ 첫째 단락의 중반부에서 '조선 후기 대다수의 〈일월오봉도〉는 크기에 관계없이 … 해는 오른편에 위치한 두 작은 봉우리 사이의 하늘에, 달은 왼편의 두 작은 봉우리 사이의 하늘에 보름달의 형상으로 떠 있다'라고 하였다. 따라서 조선 후기 〈일월오봉도〉에서는 대부분 해가 달보다 오른쪽에 그려져 있음을 알 수 있다.

ⓔ 둘째 단락의 마지막 문장에서 '〈일월오봉도〉는 그 자체로 왕의 존재를 지시하는 동시에 왕만이 전유(專有)할 수 있는 것이었다'라고 했으므로, 왕비나 세자가 아닌 왕만이 혼자 소유할 수 있는 것이었음을 알 수 있다.

ⓐ 첫째 단락의 첫 번째 문장에서 '〈일월오봉도〉는 하늘과 땅, 다섯 개의 산봉우리로 상징되는 '삼라만상'과 해와 달로 표상되는 '음양오행'의 원리를 시각화한 것이다'라고 하였으므로, 다섯 개의 산봉우리는 왕이 아니라 '삼라만상'을 상징하는 것임을 알 수 있다.

ⓑ 둘째 단락에서 '〈일월오봉도〉는 왕이 정무를 보는 궁궐의 정전(正殿)뿐 아니라 … 왕이 죽고 나면 그 시신을 모시던 빈전(殯殿)과 혼전(魂殿)에도 사용되었고 제사에 배향(配享)된 영정 초상 뒤에도 놓였다'라고 했으므로, 〈일월오봉도〉는 왕의 죽음과 관련된 장소에도 배치되었음을 알 수 있다.

34 다음 〈표〉는 2017년 수도권 지역(서울, 인천, 경기)의 지역 간 화물 유동량에 대한 자료이다. 이를 이용하여 작성한 그림으로 옳지 않은 것은?

〈표〉 2017년 수도권 3개 지역 간 화물 유동량

(단위 : 백만 톤)

출발 지역 \ 도착 지역	서울	인천	경기	계
서울	59.6	8.5	0.6	68.7
인천	30.3	55.3	0.7	86.3
경기	78.4	23.0	3.2	104.6
계	168.3	86.8	4.5	-

※ 수도권 외부와의 화물 이동은 고려하지 않음.

① 수도권 출발 지역별 경기 도착 화물 유동량

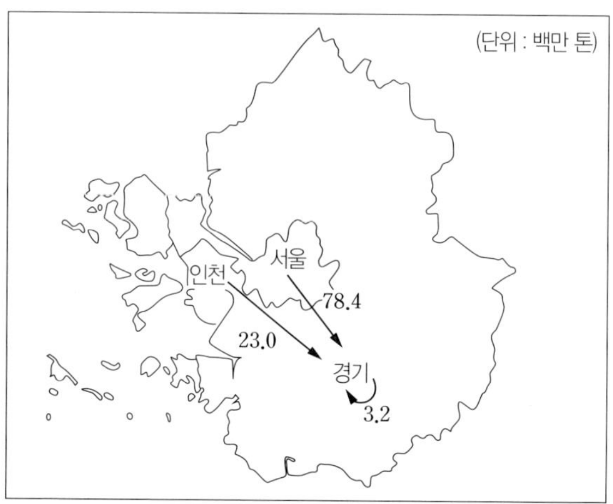

② 수도권 3개 지역별 도착 화물 유동량

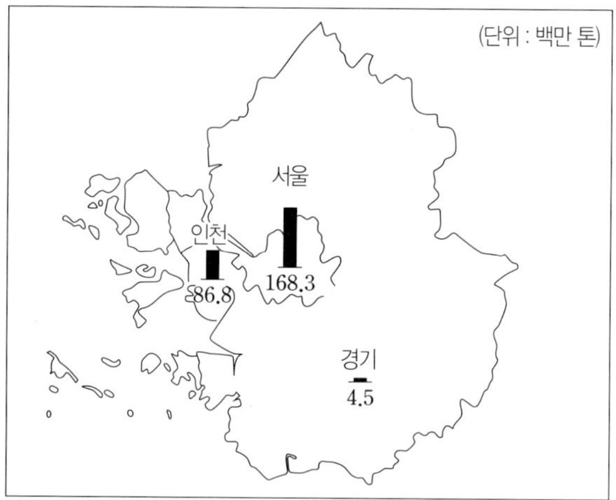

③ 수도권 3개 지역의 상호 간 화물 유동량

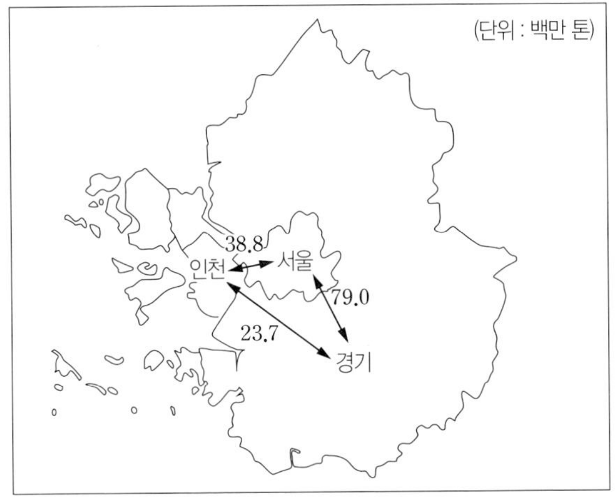

※ '상호 간 화물 유동량'은 두 지역 간 출발 화물 유동량과 도착 화물 유동량의 합임.

④ 수도권 3개 지역별 출발 화물 유동량

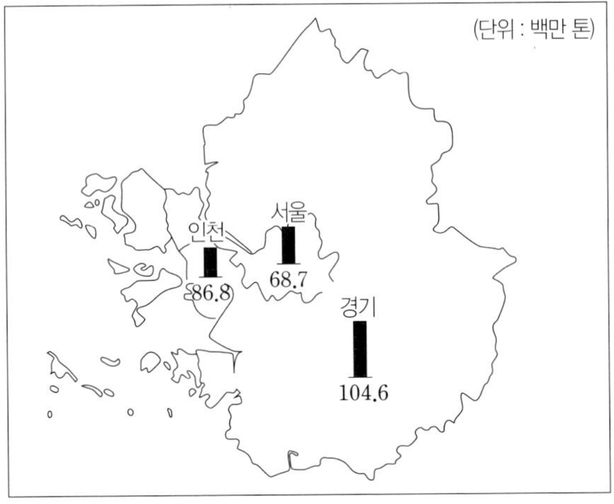

⑤ 인천 도착 화물 유동량의 수도권 출발 지역별 비중

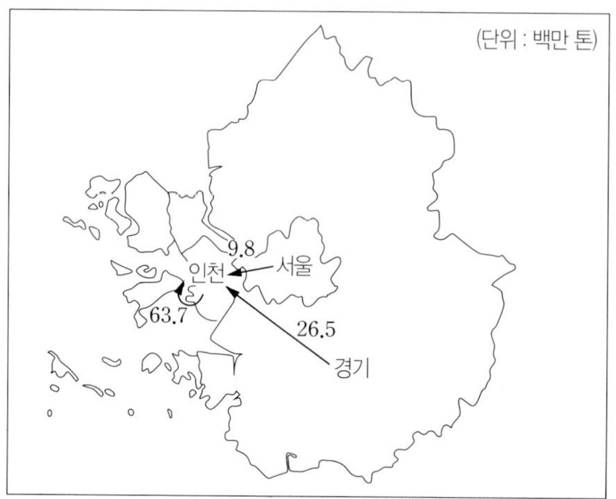

정답해설 '수도권 출발 지역별 경기 도착 화물 유동량'의 경우 〈표〉에서는 '서울 → 경기'가 '0.6(백만 톤)'이고, '인천 → 경기'가 '0.7(백만 톤)'이며, '경기 → 경기'가 '3.2(백만 톤)인데, ①의 경우 그림에 이것이 다르게 표시되어 있다. 따라서 ①은 옳지 않다.

오답해설 ② 〈표〉의 '수도권 3개 지역별 도착 화물 유동량'은 서울이 '168.3(백만 톤)'이며, 인천이 '86.8(백만 톤)', 경기가 '4.5(백만 톤)'인데, 그림의 유동량도 이와 같다.

③ 〈표〉에 나타난 '수도권 3개 지역의 상호 간 화물 유동량'의 경우 '서울 ↔ 인천'이 '30.3+8.5=38.8(백만 톤)'이며, '서울 ↔ 경기'가 '78.4+0.6=79.0(백만 톤)', '인천 ↔ 경기'가 '23.0+0.7=23.7(백만 톤)'인데, 그림도 이와 동일하다.

④ 〈표〉에 나타난 '수도권 3개 지역별 출발 화물 유동량'은 서울이 '68.7(백만 톤)'이며, 인천이 '86.3(백만 톤)', 경기가 '104.6(백만 톤)'인데, 그림도 이와 동일하다.

⑤ 〈표〉에 나타난 '인천 도착 화물 유동량의 수도권 출발 지역별 비중'은

'서울 → 인천'이 '$\frac{8.5}{86.8}\times100 \fallingdotseq 9.8(\%)$'이고,

'인천 → 인천'은 '$\frac{55.3}{86.8}\times100 \fallingdotseq 63.7(\%)$',

'경기 → 인천'은 '$\frac{23.0}{86.8}\times100 \fallingdotseq 26.5(\%)$'이다. 이는 그림의 비중과 일치한다.

35 다음 〈표〉는 어느 노래의 7월 24~27일 음원차트별 순위에 대한 자료 중 일부가 지워진 것이다. 이에 대한 설명으로 옳은 것을 〈보기〉에서 모두 고르면?

〈표〉 음원차트별 순위

날짜	음원차트					평균 순위
	A	B	C	D	E	
7월24일	□(↑)	6(↑)	□(↑)	4(↑)	2(↑)	4.2
7월25일	6(↑)	2(↑)	2(−)	2(↑)	1(↑)	2.6
7월26일	7(↓)	6(↓)	5(↓)	6(↓)	5(↓)	5.8
7월27일	□(−)	□(↑)	□(□)	7(↓)	□(−)	6.0

※ 1) □는 지워진 자료를 의미하며, ( )안의 ↑는 전일대비 순위 상승, ↓는 전일대비 순위 하락, −는 전일과 순위가 동일함을 의미함.

2) 순위의 숫자가 작을수록 순위가 높음을 의미함.

3) 평균 순위 $=\frac{\text{5개 음원차트별 순위의 합}}{5}$

보기

㉠ 평균 순위가 가장 높았던 날은 5개 음원차트별 순위가 전일대비 모두 상승하였다.

㉡ 7월 24일 A 음원차트에서의 순위는 7위였다.

㉢ 7월 27일 C 음원차트에서는 순위가 전일대비 하락하였다.

㉣ 5개 음원차트별 순위가 전일대비 모두 하락한 날은 평균 순위가 가장 낮았다.

① ㉠, ㉡　　② ㉠, ㉣

③ ㉡, ㉢　　④ ㉡, ㉣

⑤ ㉢, ㉣

정답 해설 ㉡ 7월 24일 순위에서 제시되지 않은 순위는 A와 C 음원차트인데, C 음원차트의 경우 25일 음원차트 순위(2위)가 전날과 동일하므로, 24일 C 음원차트 순위도 2위가 된다. 따라서 A 음원차트의 평균 순위는 '4.2위'이므로 '$\frac{\text{A순위}+6+2+4+2}{5}=4.2$'가 성립한다. 따라서 7월 24일 A 음원차트 순위는 7위가 된다.

ⓒ 7월 27일 음원차트 순위에서 A, E는 전날과 동일하므로, 각각 7위와 5위가 된다. 또한 B 음원차트의 경우 전날보도 상승했으므로 5위 이상(1~5위)이 된다. 7월 27일의 평균 순위가 6위이고 B 음원차트의 순위가 5위 이상이므로, '$\frac{7+5위\ 이상+C+7+5}{5}=6.0$'이 성립한다. 따라서 C 음원차트 순위는 6위 이하가 되어야 하므로, 전일대비 하락하였다고 할 수 있다.

㉠ 평균 순위가 가장 높았던 날은 7월 25일이다. 이 날의 경우 C 음원차트 순위는 전날과 동일하므로, 5개 음원차트 순위가 모두 상승한 것은 아니다.

㉣ 5개 음원차트별 순위가 전일대비 모두 하락한 날은 7월 26일인데, 평균 순위가 가장 낮은 날은 7월 27일이다. 따라서 ㉣은 옳지 않다.

[36~37] 다음 〈표〉는 2008~2017년 5개국의 국가별 인구변동에 대한 자료이다. 물음에 알맞은 답을 고르시오.

〈표1〉 국가별 출생률

(단위 : 명)

연도 / 국가	2008	2009	2010	2011	2012	2013	2014	2015	2016	2017
A	48.3	50.7	52.6	53.2	51.6	50.8	48.9	47.1	49.7	41.8
B	49.8	47.5	43.6	38.6	33.0	30.5	29.5	27.9	21.0	18.7
C	37.1	34.7	31.1	25.1	21.3	19.6	18.2	17.1	12.6	6.5
D	47.3	49.6	51.2	52.4	52.9	52.8	50.4	45.2	43.9	35.8
E	48.0	49.5	50.3	49.6	48.1	47.4	47.2	47.3	49.1	47.5

〈표2〉 국가별 인구자연증가율

(단위 : 명)

연도 / 국가	2008	2009	2010	2011	2012	2013	2014	2015	2016	2017
A	16.6	20.3	22.7	25.2	25.6	26.8	25.9	24.4	28.0	23.8
B	27.0	26.8	26.3	26.3	23.1	23.1	25.5	25.1	18.3	16.1

C	24.2	24.1	22.2	17.6	14.4	13.1	11.4	10.0	5.6	−9.0
D	24.0	27.3	29.8	31.6	32.4	32.6	31.7	27.8	−0.7	14.8
E	20.8	24.0	26.5	27.8	28.5	29.3	30.5	31.5	21.2	32.2

36 위의 〈표〉를 근거로 할 때, 다음 〈보기〉의 '가~다'에 해당하는 국가를 바르게 연결한 것은?

보기

2008년 이후 인구자연증가율이 매년 감소한 국가는 (가)이고, 2012년 출생률이 가장 높은 국가는 (나)이다. 2008년 이후 출생률이 매년 감소한 국가는 (다)와 C이다.

	가	나	다
①	B	A	D
②	B	D	A
③	C	A	B
④	C	D	B
⑤	D	E	A

정답 해설

가. 2008년 이후 인구자연증가율이 매년 감소한 국가는 〈표2〉를 통해 'C'임을 쉽게 알 수 있다.
나. 2012년 출생률이 가장 높은 국가는 〈표1〉에서 'D'임을 알 수 있다.
다. 2008년 이후 출생률이 매년 감소한 국가는 〈표1〉을 통해 'B'와 C임을 알 수 있다.
따라서 '가, 나, 다'에 해당하는 국가는 'C, D, B'가 된다.

37 다음 중 2016년의 인구가 다음과 같을 때, 2017년 인구가 가장 많은 국가는? (단, 인구변동은 이민 등에 의한 인위적 증감은 없고 자연적 증감만 있는 것으로 가정한다.)

- A : 8천 2백만 명
- B : 9천 1백만 명
- C : 1억 1천만 명
- D : 9천 2백만 명
- E : 7천 5백만 명

① A
② B
③ C
④ D
⑤ E

정답 해설 인구변동은 자연적 증감만 있다고 했으므로, 2017년 인구는 2016년 인구에 인구자연증가율에 따른 변동비율을 곱해서 구할 수 있다. 이를 구하면 다음과 같다.

- A : 8,200 × 1.238 = 10,151.6(만 명)
- B : 9,100 × 1.161 = 10,565.1(만 명)
- C : 11,000 × 0.91 = 10,010(만 명)
- D : 9,200 × 1.148 = 10,561.6(만 명)
- E : 7,500 × 1.322 = 9,915(만 명)

따라서 2017년 인구가 가장 많은 국가는 'B'이다.

38 다음 〈그림〉은 '갑'국 유통업태의 성별, 연령대별 구매액 비중에 대한 자료이다. 이에 대한 〈보기〉의 설명 중 옳은 것을 모두 고르면?

〈그림〉 '갑'국 4대 유통업태의 성별, 연령대별 구매액 비중

소셜커머스

(%) 100 90 80 70 60 50 40 30 20 10 0

남성 / 여성 — 성별

50대 이상 / 40대 / 30대 / 20대 이하 — 연령대

오픈마켓

(%) 100 90 80 70 60 50 40 30 20 10 0

남성 / 여성 — 성별

50대 이상 / 40대 / 30대 / 20대 이하 — 연령대

일반유통

(%) 100 90 80 70 60 50 40 30 20 10 0

남성 / 여성 — 성별

50대 이상 / 40대 / 30대 / 20대 이하 — 연령대

할인점

(%) 100 90 80 70 60 50 40 30 20 10 0

남성 / 여성 — 성별

50대 이상 / 40대 / 30대 / 20대 이하 — 연령대

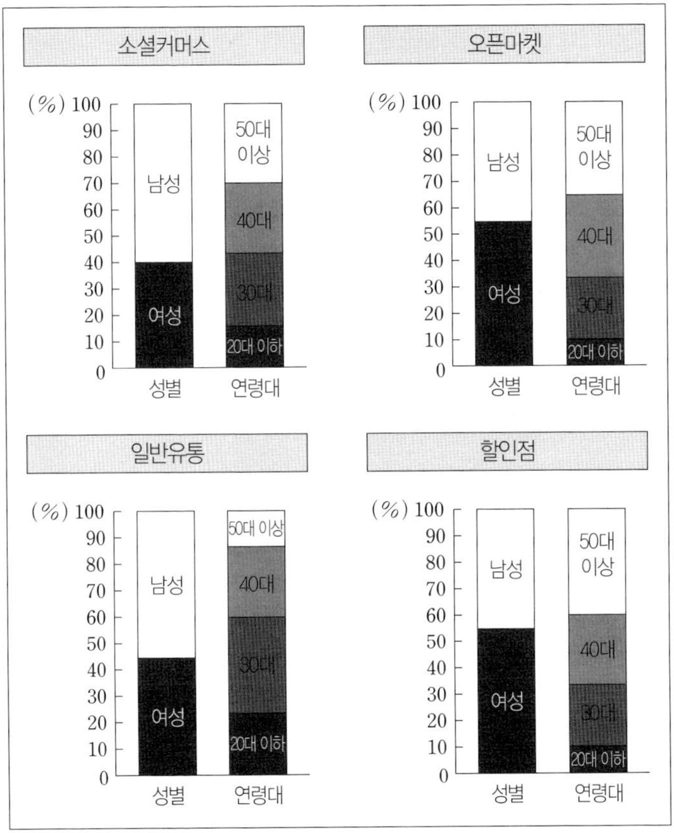

※ 유통업태는 소셜커머스, 오픈마켓, 일반유통, 할인점으로만 구성됨.

보기

㉠ 유통업태별 전체 구매액 중 50대 이상 연령대의 구매액 비중이 가장 큰 유통업태는 할인점이며, 비중이 가장 작은 유통업태는 소셜커머스이다.

㉡ 유통업태별 전체 구매액 중 여성의 구매액 비중이 남성보다 큰 유통업태 각각에서는 40세 이상의 구매액 비중이 60% 이상이다.

㉢ 유통업태별 전체 구매액 중 40세 미만의 구매액 비중이 40세 이상의 구매액 비중보다 높은 유통업태에서는 남성의 구매액 비중이 여성보다 크다.

㉣ 4대 유통업태 각각에서 40대의 구매액 비중은 30대의 구매액 비중보다 크다.

① ㉠, ㉡
② ㉠, ㉣
③ ㉡, ㉢
④ ㉡, ㉣
⑤ ㉢, ㉣

㉡ 유통업태별 전체 구매액 중 여성의 구매액 비중이 남성보다 큰 유통업태는 오픈마켓과 할인점이며, 오픈마켓과 할인점에서는 40세 이상(40대와 50대 이상)의 구매액 비중이 60% 이상임을 알 수 있다.

㉢ 유통업태별 전체 구매액 중 40세 미만의 구매액 비중이 40세 이상의 구매액 비중보다 높은 유통업태는 일반유통이며, 일반유통에서는 남성의 구매액 비중이 여성보다 크다.

㉠ 유통업태별 전체 구매액 중 50대 이상 연령대의 구매액 비중이 가장 큰 유통업태는 할인점이며, 그 비중이 가장 작은 유통업태는 일반유통이라는 것을 〈그림〉에서 쉽게 알 수 있다.

㉣ 4대 유통업태 중 일반유통의 경우 30대의 구매액 비중이 40대의 구매액 비중보다 크다.

39 다음 〈복용설명서〉에 관한 설명으로 옳은 것을 〈보기〉에서 모두 고르면?

〈복용설명서〉

1. 약품명 : 갑 2. 복용법 및 주의사항 – 식전 15분에 복용하는 것이 가장 좋으나 식전 30분부터 식사 직전까지 복용이 가능합니다. – 식사를 거르게 될 경우에 복용을 거릅니다. – 식이요법과 운동요법을 계속하고, 정기적으로 혈당(혈액 속에 섞여 있는 당분)을 측정해야 합니다. – 야뇨(夜尿)를 피하기 위해 최종 복용시간은 오후 6시까지로 합니다. – 저혈당을 예방하기 위해 사탕 등 혈당을 상승시킬 수 있는 것을 가지고 다닙니다.	1. 약품명 : 을 2. 복용법 및 주의사항 – 매 식사 도중 또는 식사 직후에 복용합니다. – 복용을 잊은 경우 식사 후 1시간 이내에 생각이 났다면 즉시 약을 복용하도록 합니다. 식사 후 1시간이 초과되었다면 다음 식사에 다음 번 분량만을 복용합니다. – 씹지 말고 그대로 삼켜서 복용합니다. – 정기적인 혈액검사를 통해서 혈중 칼슘, 인의 농도를 확인해야 합니다.

보기

㉠ 식사를 거르게 될 경우 갑은 복용할 수 없고, 을은 식사 중이나 식사 후 한 시간 내에 복용한다.
㉡ 갑과 달리 을을 복용하는 경우 정기적으로 혈액검사를 해야 한다.
㉢ 동일 시간에 식사를 30분 동안 한다고 할 때, 두 약의 복용시간은 최대 1시간 30분 차이가 날 수 있다.
㉣ 저녁식사 전 갑을 복용하려면 저녁식사는 늦어도 오후 6시 30분에는 시작해야 한다.

① ㉠, ㉡
② ㉠, ㉣
③ ㉡, ㉢
④ ㉡, ㉣
⑤ ㉢, ㉣

정답해설 ㉠ 갑에 대한 복용법 및 주의사항에서 '식사를 거르게 될 경우에 복용을 거릅니다'라고 하였으므로, 식사를 거르게 될 경우 복용할 수 없다는 것을 알 수 있다. 또한 을의 경우 '매 식사 도중 또는 식사 직후에 복용합니다', '식사 후 1시간이 초과되었다면 다음 식사에 다음 번 분량만을 복용합니다'라고 했으므로, 식사 도중이나 식사 후 1시간 내에 복용한다는 것을 알 수 있다. 따라서 ㉠은 옳은 설명이다.

㉣ 갑의 경우 복용법 및 주의사항에서 식전 30분부터 식사 직전까지 복용이 가능하다고 했고, 야뇨(夜尿)를 피하기 위해 최종 복용시간은 오후 6시까지로 한다고 했다. 따라서 갑을 저녁식사 전에 복용하려는 경우 저녁식사는 늦어도 오후 6시 30분에는 시작해야 한다. 따라서 ㉣도 옳은 설명이 된다.

㉡ 갑의 복용법 및 주의사항에서 '정기적으로 혈당(혈액 속에 섞여 있는 당분)을 측정해야 합니다'라고 했으므로, 갑을 복용하는 경우도 정기적인 혈액검사를 해야 한다는 것을 알 수 있다.

㉢ 갑은 식전 30분부터 식사 직전까지 복용이 가능하므로, 최대한 빨리 복용하는 경우 식전 30분에 복용할 수 있다. 또한 을은 식사 후 1시간 이내에 복용하면 되므로, 최대한 늦게 복용하는 경우 식후 1시간 후에 복용할 수 있다. 따라서 동일 시간에 30분 동안 식사를 한다고 할 때, 두 약의 복용시간은 최대 2시간 차이가 날 수 있다.

40 '갑'시는 2017년에 폐업 신고한 전체 자영업자를 대상으로 창업교육 이수 여부와 창업부터 폐업까지의 기간을 조사하였다. 다음 〈그림〉은 조사결과를 이용하여 창업교육 이수 여부에 따른 기간별 생존비율을 비교한 자료이다. 이에 대한 설명으로 옳은 것을 아래 〈보기〉에서 모두 고르면?

〈그림〉 창업교육 이수 여부에 따른 기간별 생존비율

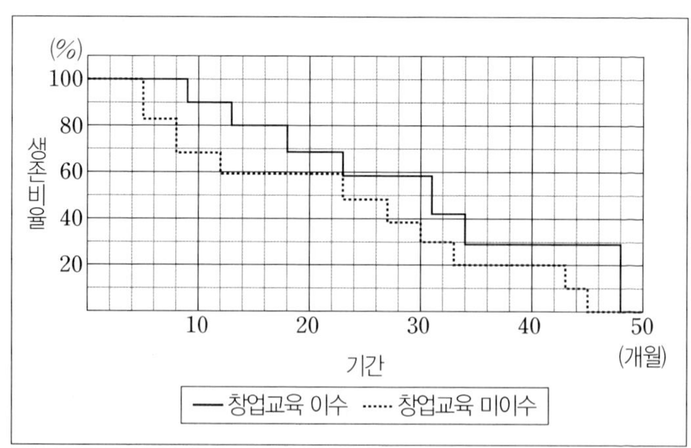

※ 1) 창업교육을 이수/미이수한 폐업 자영업자의 기간별 생존비율은 창업교육을 이수/미이수한 폐업 자영업자 중 생존기간이 해당 기간 이상인 자영업자의 비율임.
2) 생존기간은 창업부터 폐업까지의 기간을 의미함.

보기

㉠ 창업 후 20개월 경과 시점에서 창업교육을 미이수한 폐업 자영업자 수가 창업교육을 이수한 폐업 자영업자 수보다 더 많다.

㉡ 창업교육을 이수한 폐업 자영업자의 생존비율과 창업교육을 미이수한 폐업 자영업자의 생존비율의 차이는 창업 후 30개월에 가장 크다.

㉢ 창업교육을 이수한 폐업 자영업자 중 생존기간이 32개월 이상인 자영업자의 비율은 50% 이하이다.

㉣ 창업교육을 미이수한 폐업 자영업자 중 생존기간이 10개월 미만인 자영업자의 비율은 30% 이상이다.

① ㉠, ㉡
② ㉠, ㉣
③ ㉡, ㉢
④ ㉡, ㉣
⑤ ㉢, ㉣

㉢ 〈그림〉에서 창업교육을 이수한 폐업 자영업자 중 생존기간이 32개월 이상인 자영업자의 비율은 50%에 미치지 못한다는 것을 알 수 있다. 따라서 ㉢은 옳은 설명이다.

㉣ 창업교육을 미이수한 폐업 자영업자의 경우 10개월에서 생존비율이 70% 미만이므로, 생존기간이 10개월 미만인 자영업자 비율은 30% 이상이라고 할 수 있다. 따라서 ㉣도 옳은 설명이 된다.

㉠ 창업 후 20개월 경과 시점에서 창업교육 이수/미이수에 따른 생존비율은 알 수 있으나, 폐업 자영업자의 구체적 수는 알 수 없으므로, ㉠은 옳지 않다.

㉡ 창업교육을 이수한 폐업 자영업자의 생존비율과 창업교육을 미이수한 폐업 자영업자의 생존비율의 차이는, 창업 후 46개월에서 48개월 개월 사이에 약 30% 정도로 그 차이가 가장 크다.

정답 40 ⑤

41 다음 글을 근거로 판단할 때, 〈보기〉에서 옳은 것을 모두 고르면?

지진의 강도는 '리히터 규모'와 '진도'로 나타낼 수 있다. 리히터 규모는 미국 지질학자인 찰스 리히터가 지진의 강도를 절대적 수치로 나타내기 위해 제안한 개념이다. 리히터 규모는 지진계에 기록된 지진파의 최대 진폭을 측정하여 수학적으로 계산한 값이며, 지진이 발생하면 각 지진마다 고유의 리히터 규모 값이 매겨진다. 리히터 규모는 지진파의 최대 진폭이 10배가 될 때마다 1씩 증가하는데, 이 때 지진에너지는 약 32배가 된다. 리히터 규모는 소수점 아래 한 자리까지 나타내는데, 예를 들어 'M5.6' 또는 '규모 5.6'의 지진으로 표시된다.

진도는 지진이 일어났을 때 어떤 한 지점에서 사람이 느끼는 정도와 건물의 피해 정도 등을 상대적으로 등급화한 수치로, 동일한 지진에 대해서도 각 지역에 따라 진도가 달라질 수 있다. 예를 들어, 어떤 지진이 발생했을 때 발생 지점에서 거리가 멀어질수록 진도는 낮게 나타난다. 또한 진도는 각 나라별 실정에 따라 다른 기준이 채택된다. 우리나라는 12단계의 '수정 메르칼리 진도'를 사용하고 있으며, 진도를 나타내는 수치는 로마 숫자를 이용하여 '진도 Ⅲ'과 같이 표시한다. 표시되는 로마 숫자가 클수록 지진을 느끼는 정도나 피해의 정도가 크다는 것을 의미한다.

보기

㉠ M6.0인 지진의 지진파 최대 진폭은 M4.0인 지진의 지진파 최대 진폭의 100배이다.
㉡ 규모 5.0인 지진을 진도로 표시하면 나라별로 다르게 표시될 수 있다.
㉢ 진도 Ⅱ인 지진이 일어났을 때, 어떤 한 지점에서 사람이 느끼는 정도와 건물의 피해 정도는 진도 Ⅳ인 지진보다 크다.
㉣ M7.0인 지진의 지진에너지는 M4.0인 지진의 1,000배이다.

① ㉠, ㉡
② ㉠, ㉣
③ ㉡, ㉢
④ ㉡, ㉣
⑤ ㉢, ㉣

정답해설 ㉠ 첫째 단락 중반부에서 '리히터 규모는 지진파의 최대 진폭이 10배가 될 때마다 1씩 증가하는데'라고 하였으므로, M6.0인 지진의 지진파 최대 진폭은 M4.0인 지진의 지진파 최대 진폭의 '10×10=100배'가 된다. 따라서 ㉠은 옳다.

㉡ 둘째 단락 중반부에서 '또한 진도는 각 나라별 실정에 따라 다른 기준이 채택된다'라고 하였으므로, 규모 5.0인 지진을 진도로 표시하면 나라별로 다르게 표시될 수 있다는 것을 알 수 있다.

㉢ 둘째 단락 후반부에서 '진도를 나타내는 수치는 로마 숫자를 이용하여 '진도 Ⅲ'과 같이 표시한다. 표시되는 로마 숫자가 클수록 지진을 느끼는 정도나 피해의 정도가 크다는 것을 의미한다'라고 했으므로, 진도 Ⅳ일 때 느끼는 정도와 건물 피해 정도가 진도 Ⅱ일 때보다 크다.

㉣ 첫째 단락 후반부에서 '리히터 규모는 지진파의 최대 진폭이 10배가 될 때마다 1씩 증가하는데, 이때 지진에너지는 약 32배가 된다'라고 했으므로, M7.0인 지진의 지진에너지는 M4.0인 지진의 32,768배(32^3배)가 된다.

42 다음의 〈조건〉을 근거로 판단할 때, 재생된 곡의 순서로 옳은 것은?

㉠ 갑은 A, B, C, D 4개의 곡으로 구성된 앨범을 감상하고 있다. A는 1분 10초, B는 1분 20초, C는 1분 00초, D는 2분 10초간 재생되며, 각각의 곡 첫 30초는 전주 부분이다.
㉡ 재생순서는 처음에 설정하여 이후 변경되지 않으며, 곡당 1회씩 포함하여 설정된다.
㉢ 한 곡의 재생이 끝나면 시차 없이 다음 곡이 자동적으로 재생된다.
㉣ 마지막 곡 재생이 끝나고 나면 첫 곡부터 다시 재생된다.
㉤ 모든 곡은 처음부터 끝까지 건너뛰지 않고 재생된다.
㉥ 갑은 10시 20분 00초부터 첫 곡을 듣기 시작했다.
㉦ 10시 23분 00초에 C가 재생되고 있었다.
㉧ A를 듣고 있던 어느 한 시점부터 3분 00초가 되는 때에는 C가 재생되고 있었다.
㉨ 10시 45분 00초에 어떤 곡의 전주 부분이 재생되고 있었다.

① A – B – C – D
② C – A – D – B
③ C – B – D – A
④ D – C – A – B
⑤ D – C – B – A

정답 해설 〈조건〉에 따라 재생된 순서를 판단하면 다음과 같다.

㉠ 각 곡의 1회 재생시간의 합은 '5분 40초'가 된다.

㉥ 10시 20분 00초부터 첫 곡을 듣기 시작했다.

㉦ 10시 45분 00초에 어떤 곡의 전주 부분이 재생되고 있었다고 했다. 전곡을 1회 재생하는데 걸리는 시간은 '5분 40초'이므로, 10시 20분 00초에 시작하여 네 번 반복하면 '10시 42분 40초'가 된다. 따라서 이 시간부터 '2분 20초' 후인 10시 45분 00초에 어떤 곡의 전주 부분이 재생되고 있었으므로, 4곡의 재생 시간 상 10시 45분 바로 앞에는 'D'곡이 될 수밖에 없다. 따라서 처음에 재생된 곡은 'D'가 된다.

㉧ 첫 곡을 듣기 시작한 지 3분이 경과한 10시 23분 00초에 C가 재생되고 있었다고 했으므로, 첫 곡인 D 다음에는 C가 재생되었음을 알 수 있다(D – C).

㉨ A를 듣고 있던 어느 한 시점부터 3분 00초가 되는 때에는 C가 재생되고 있었다고 했는데, A와 C의 재생 시간 상 A와 C는 바로 이어서 재생되지 않았음을 알 수 있다. 따라서 C 다음에 재생된 곡은 B가 되며, 전체적인 재생순서는 'D – C – B – A'가 된다.

43 다음 〈그림〉은 어느 초등학교의 한 학급 내 친구 관계를 도식화한 것이다. 이 학급 내 친구 관계만을 고려할 때, 이에 대한 설명 중 옳은 것을 〈보기〉에서 모두 고르면?

〈그림〉 학급 내 친구 관계도

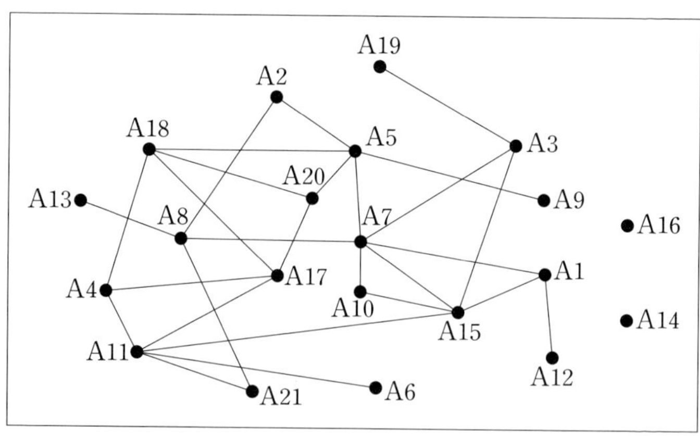

※ 1) 두 점 사이의 선은 두 학생이 친구 관계임을 나타냄.
2) A1부터 A21은 각 학생을 의미함.

보기

㉠ 이 반에서 가장 많은 친구를 가진 학생은 5명의 친구를 가지고 있다.
㉡ 이 반에서 친구가 한 명도 없는 학생은 두 명이 있다.
㉢ A14가 A15와 친구가 되면 A15는 가장 많은 친구를 가진 학생 중의 한 명이 된다.
㉣ A10이 전학을 가게 되면 A7과 A15 모두를 친구로 둔 학생이 한 명밖에 없게 된다.

① ㉠, ㉡
② ㉠, ㉣
③ ㉡, ㉢
④ ㉡, ㉣
⑤ ㉢, ㉣

정답해설 ㉡ 두 점 사이의 선이 두 학생이 친구 관계임을 나타내므로, 선이 다른 학생과 연결되지 않은 A14와 A16은 친구가 한 명도 없는 학생이 된다. 따라서 ㉡은 옳은 설명이다.
㉢ A14가 A15와 친구가 되면 A15는 6명의 친구를 가진 학생이 되므로, 가장 많은 친구를 가진 학생 중의 한 명이 된다. 따라서 ㉢도 옳은 설명이다.

오답해설 ㉠ 이 반에서 가장 많은 친구를 가진 학생은 A7로서, 6명의 친구를 가지고 있다.
㉣ A10이 전학을 가는 경우 A7과 A15 모두를 친구로 둔 학생은 A1과 A3 두 명이 있게 된다.

[44~45] 다음 〈표〉는 정부지원 과제의 연구책임자 현황에 대한 자료이다. 물음에 알맞은 답을 고르시오.

〈표1〉 연령대 및 성별 연구책임자 분포

(단위 : 명, %)

연령대	2015년			2016년			2017년		
	연구책임자 수	남성	여성	연구책임자 수	남성	여성	연구책임자 수	남성	여성
21~30세	88 (0.4)	64 (0.4)	24 (1.3)	187 (0.9)	97 (0.5)	90 (4.1)	415 (1.9)	164 (0.9)	251 (10.7)
31~40세	3,708 (18.9)	3,107 (17.5)	601 (32.0)	4,016 (18.9)	3,372 (17.7)	644 (29.1)	4,541 (21.1)	3,762 (19.7)	779 (33.3)
41~50세	10,679 (54.4)	9,770 (55.0)	909 (48.4)	11,074 (52.2)	10,012 (52.7)	1,062 (48.0)	10,791 (50.3)	9,813 (51.3)	978 (41.8)
51~60세	4,334 (22.1)	4,046 (22.8)	288 (15.4)	5,075 (23.9)	4,711 (24.8)	364 (16.4)	4,958 (23.1)	4,659 (24.3)	299 (12.8)
61세 이상	824 (4.2)	770 (4.3)	54 (2.9)	875 (4.1)	821 (4.3)	54 (2.4)	768 (3.6)	736 (3.8)	32 (1.4)
계	19,633 (100.0)	17,757 (100.0)	1,876 (100.0)	21,227 (100.0)	19,013 (100.0)	2,214 (100.0)	21,473 (100.0)	19,134 (100.0)	2,339 (100.0)

〈표2〉 2017년 전공별 연구책임자 현황

(단위: 명, %)

연구책임자 전공	계		남성		여성	
	연구책임자수	비율	연구책임자수	비율	연구책임자수	비율
이학	3,534	16.5	2,833	14.8	701	30.0
공학	12,143	56.5	11,680	61.0	463	19.8
농학	1,453	6.8	1,300	6.8	153	6.5
의학	1,548	7.2	1,148	6.0	400	17.1
인문사회	2,413	11.2	1,869	9.8	544	23.3
기타	382	1.8	304	1.6	78	3.3
계	21,473	100.0	19,134	100.0	2,339	100.0

44 다음 〈보기〉의 설명 중 옳은 것을 모두 고르면?

보기

㉠ 41~50세의 연구책임자 수와 31~40세의 연구책임자 수의 차이는 2015년이 가장 크다.

㉡ 2015~2017년 사이 남성과 여성 연구책임자 수는 모두 지속적으로 증가하였다.

㉢ 2016~2017년 사이 31~40세의 연구책임자수는 여성이 남성보다 더 많이 증가하였다.

㉣ 2017년 공학 전공인 남성 연구책임자의 수는 이학과 공학 전공인 여성 연구책임자 수보다 10,000명 이상이 많다.

① ㉠, ㉡　② ㉠, ㉣

③ ㉡, ㉢　④ ㉡, ㉣

⑤ ㉢, ㉣

㉡ 〈표1〉에서 2015~2017년 사이의 남자 연구책임자 수와 여성 연구책임자 수가 모두 매년 증가하였다는 것을 알 수 있다. 따라서 ㉡은 옳은 설명이다.

㉣ 2017년 공학 전공인 남성 연구책임자의 수는 '11,680명'이며, 이학과 공학 전공인 여성 연구책임자 수는 '701+463=1,164명'이므로, 전자가 후자보다 10,516명이 더 많다. 따라서 ㉣도 옳다.

㉠ 41~50세의 연구책임자 수와 31~40세의 연구책임자 수의 차이는 2015년이 '10,679−3,708=6,971명'이고, 2016년이 '11,074−4,016=7,058명'이므로, 2016년이 가장 크다.

㉢ 2016~2017년 사이 31~40세의 연구책임자수는 남성이 3,372명에서 3,762명으로 '390명'이 증가하였고, 여성은 644명에서 779명으로 '135명'이 증가하였다. 따라서 남성이 더 많이 증가하였다.

정답 44 ④

45 **2017년 41~60세의 여성 연구책임자 중 적어도 몇 명 이상이 이학 또는 인문사회 전공자인가?**

① 183명
② 189명
③ 193명
④ 267명
⑤ 1,245명

정답 해설 〈표1〉에서 2017년 여성 연구책임자 수는 모두 2,339명이며, 이 중 40~60세의 여성 연구책임자는 '978+299=1,277명'이라는 것을 알 수 있다. 또한 〈표2〉에서, 2017년 여성 연구책임자 중 이학 또는 인문사회 전공자는 '701+544=1,245명'이므로, 이학 또는 인문사회 전공자가 아닌 여성 연구책임자는 '2,339−1,245=1,094명'이 된다는 것을 알 수 있다.
따라서 이학 또는 인문사회 전공자가 아닌 1,094명이 모두 41~60세의 여성 연구책임자라고 하더라도, 최소한 '1,277−1,094=183명'은 이학 또는 인문사회 전공자가 된다.

46 **다음 〈표〉는 대학 졸업생과 기업체 고용주를 대상으로 12개 학습성과 항목별 보유도와 중요도를 설문조사한 자료이다. 이에 대한 설명으로 옳지 않은 것은?**

〈표〉 학습성과 항목별 보유도 및 중요도 설문결과

학습성과 항목	대학 졸업생		기업체 고용주	
	보유도	중요도	보유도	중요도
기본지식	3.7	3.7	4.1	4.2
실험능력	3.7	4.1	3.7	4.0
설계능력	3.2	3.9	3.5	4.0
문제해결능력	3.3	3.0	3.3	3.8
실무능력	3.6	3.9	4.1	4.0
협업능력	3.3	3.9	3.7	4.0

의사전달능력	3.3	3.9	3.8	3.8
평생교육능력	3.5	3.4	3.3	3.3
사회적 영향	3.1	3.6	3.2	3.3
시사지식	2.6	3.1	3.0	2.5
직업윤리	3.1	3.3	4.0	4.1
국제적 감각	3.0	3.6	2.8	4.0

※ 1) 보유도는 대학 졸업생과 기업체 고용주가 각 학습성과 항목에 대해 대학 졸업생이 보유하고 있다고 생각하는 정도를 조사하여 평균한 값임.

2) 중요도는 대학 졸업생과 기업체 고용주가 각 학습성과 항목에 대해 중요하다고 생각하는 정도를 조사하여 평균한 값임.

3) 값이 클수록 보유도와 중요도가 높음.

① 대학 졸업생의 보유도와 중요도 간의 차이가 가장 큰 학습성과 항목과 기업체 고용주의 보유도와 중요도 간의 차이가 가장 큰 학습성과 항목은 서로 다르다.

② 대학 졸업생 설문결과에서 중요도가 가장 높은 학습성과 항목과 기업체 고용주 설문결과에서 중요도가 가장 높은 학습성과 항목은 서로 다르다.

③ 대학 졸업생 설문결과에서 보유도가 중요도가 높은 학습성과 항목은 두 개이다.

④ 학습성과 항목 각각에 대해 대학 졸업생 보유도와 산업체 고용주 보유도 차이를 구하면, 그 값이 가장 큰 학습성과 항목은 '직업윤리'이다.

⑤ 학습성과 항목 중 기업체 고용주의 중요도가 가장 낮은 학습성과 항목은 대학 졸업생의 중요도도 가장 낮다.

정답 해설 학습성과 항목 중 기업체 고용주의 중요도가 가장 낮은 학습성과 항목은 2.5의 '시사지식'이다. 이에 비해 대학 졸업생의 중요도가 가장 낮은 학습성과 항목은 3.0의 '문제해결능력'이다. 따라서 ⑤는 옳지 않은 설명이다.

오답 해설 ① 대학 졸업생의 보유도와 중요도 간의 차이가 가장 큰 학습성과 항목은 '설계능력(0.7 차이)'이며, 기업체 고용주의 보유도와 중요도 간의 차이가 가장 큰 학습성과 항목은 '국제적 감각(1.2 차이)'이다. 따라서 양자는 서로 다르므로, ①은 옳은 설명이 된다.

② 대학 졸업생 설문결과에서 중요도가 가장 높은 학습성과 항목은 '실험능력'이며, 기업체 고용주 설문결과에서 중요도가 가장 높은 학습성과 항목은 '기본지식'이므로, 양자는 서로 다르다.

③ 대학 졸업생 설문결과에서 보유도가 중요도가 높은 학습성과 항목은 '문제해결능력'과 '평생교육능

력'의 두 개이다.

④ 대학 졸업생 보유도와 산업체 고용주 보유도 차이가 가장 큰 학습성과 항목은, 그 차이가 0.9인 '직업윤리'이다.

47 다음의 '갑국 사업타당성조사 규정'을 근거로 판단할 때, 〈보기〉에서 옳은 것을 모두 고르면?

〈갑국 사업타당성조사 규정〉

제○○조(예비타당성조사 대상사업) 신규 사업 중 총사업비가 500억 원 이상이면서 국가의 재정지원 규모가 300억 원 이상인 건설사업, 정보화사업, 국가연구개발사업에 대해 예비타당성조사를 실시한다.

제△△조(타당성조사의 대상사업과 실시)

① 제○○조에 해당하지 않는 사업으로서, 국가 예산의 지원을 받아 지자체 · 공기업 · 준정부기관 · 기타 공공기관 또는 민간이 시행하는 사업 중 완성에 2년 이상이 소요되는 다음 각 호의 사업을 타당성조사 대상사업으로 한다.

1. 총사업비가 500억 원 이상인 토목사업 및 정보화사업
2. 총사업비가 200억 원 이상인 건설사업

② 제1항의 대상사업 중 다음 각 호의 어느 하나에 해당하는 경우에는 타당성조사를 실시하여야 한다.

1. 사업추진 과정에서 총사업비가 예비타당성조사의 대상규모로 증가한 사업
2. 사업물량 또는 토지 등의 규모 증가로 인하여 총사업비가 100분의 20 이상 증가한 사업

보기

㉠ 민간이 시행하는 사업도 타당성조사 대상사업이 될 수 있다.

㉡ 국가의 재정지원 비율이 50%인 총사업비 550억 원 규모의 신규 건설사업은 예비타당성조사 대상이 된다.

㉢ 총사업비가 500억 원 미만인 모든 사업은 예비타당성조사 및 타당성조사 대상사업에서 제외된다.

㉣ 지자체가 시행하는 건설사업으로서 사업완성에 2년 이상 소요되며 전액 국가의 재정지원을 받는 총사업비 460억 원 규모의 사업추진 과정에서, 총사업비가 10% 증가한 경우 타당성조사를 실시하여야 한다.

① ㉠, ㉡　　② ㉠, ㉣

③ ㉡, ㉢　　④ ㉡, ㉣

⑤ ㉢, ㉣

㉠ 제시문의 제△△조(타당성조사의 대상사업과 실시) 제1항에서 '국가 예산의 지원을 받아 … 민간이 시행하는 사업 중 완성에 2년 이상이 소요되는 다음 각 호의 사업을 타당성조사 대상사업으로 한다'라고 하였으므로, 민간이 시행하는 사업도 타당성조사 대상사업이 될 수 있음을 알 수 있다.

㉣ 타탕성조사의 대상사업을 규정한 제△△조(타당성조사의 대상사업과 실시) 제1항에 '국가 예산의 지원을 받아 지자체 · 공기업 · 준정부기관 · 기타 공공기관 또는 민간이 시행하는 사업 중 완성에 2년 이상이 소요되는 다음 각 호의 사업을 타당성조사 대상사업으로 한다'라고 하였고, 제2호에서 '총사업비가 200억 원 이상인 건설사업'을 대상사업으로 규정하였다. 그리고 이러한 대상사업 중 타당성조사를 실시하여야 하는 사업으로, 제△△조 제2항 제1호에서 '사업추진 과정에서 총사업비가 예비타당성조사의 대상규모로 증가한 사업'을 규정하고 있다. 여기서의 '예비타당성조사 대상규모'는 제○○조(예비타당성조사 대상사업)에서 '신규 사업 중 총사업비가 500억 원 이상이면서 국가의 재정지원 규모가 300억 원 이상인 건설사업'으로 규정하고 있다. 따라서 ㉣의 사업은 총사업비가 10% 증가함으로써 506억 원이 되고, 전액 국가의 재정지원을 받는 사업이므로 예비타당성조사 대상사업이 되어, 결과적으로 타당성조사를 실시하여야 하는 사업이 된다.

㉡ 국가의 재정지원 비율이 50%인 총사업비 550억 원 규모의 신규 건설사업의 국가 재정지원 규모는 '550×0.5=275억 원'이 된다. 그런데 예비타당성조사 대상을 규정한 제○○조(예비타당성조사 대상사업)에서는 '신규 사업 중 총사업비가 500억 원 이상이면서 국가의 재정지원 규모가 300억 원 이상인 건설사업' 등에 대해 예비타당성조사를 실시한다고 하였으므로, ㉡의 경우 국가 재정지원규모가 기준에 미달되므로, 예비타당성조사 대상이 아니다.

㉢ 타당성조사 대상사업을 규정한 제△△조(타당성조사의 대상사업과 실시) 제1항에서 '완성에 2년 이상이 소요되는 다음 각 호의 사업을 타당성조사 대상사업으로 한다'라고 하였고, 제2호에서 '총사업

정답 47 ②

비가 200억 원 이상인 건설사업'을 규정하고 있다. 따라서 ⓒ의 총사업비가 500억 원 미만인 사업 중에도 타당성조사 대상사업이 있을 수 있다.

48 다음 〈보기〉 중 전제가 참일 때 결론이 반드시 참인 논증을 펼친 것을 모두 고르면?

㉠ 갑이 A은행의 종로지점에 발령을 받으면, 을은 동대문지점에 발령을 받아. 그런데 을은 A은행 동대문지점에 발령을 받지 않았어. 그러므로 갑은 종로지점에 발령을 받지 않았어.

㉡ A은행이 프로야구 메인타이틀 스폰서가 된다면, A은행의 프로농구팀은 우승을 할 거야. 그런데 A은행의 프로농구팀이 우승을 했어. 따라서 A은행은 프로야구 메인타이틀 스폰서가 되었어.

㉢ A은행은 다음 달에 금리가 좋은 신규상품을 출시한다면, 은행 홈페이지 이벤트 참가자를 대상으로 경품 행사가 진행될 거야. 그런데, 다음 달 신규상품 출시가 취소되었어. 그래서 홈페이지 이벤트 참가자를 대상으로 한 경품 행사는 진행되지 않을 거야.

① ㉠
② ㉢
③ ㉠, ㉡
④ ㉡, ㉢
⑤ ㉠, ㉡, ㉢

㉠ 어떤 명제 'A가 B이면, C는 D이다'가 참일 때 그 명제의 '대우'인 'C가 D가 아니면, A는 B가 아니다'도 참이 된다. ㉠의 경우도 결론은 전제가 된 명제의 대우에 해당하므로, 반드시 참이 된다.

오답 해설

㉡ 어떤 명제가 참이라고 해서 그 명제의 '역'이 항상 참이 되는 것은 아니다. ㉡의 경우 결론이 전제의 역에 해당하므로, 항상 참이 되는 것은 아니다.

㉢ 어떤 명제가 참인 경우 그 명제의 '이'도 항상 참이 되는 것은 아니다. ㉢의 경우 결론이 전제의 이에 해당하므로, 항상 참이 되는 것은 아니다.

49 다음 〈표〉를 이용하여 〈보고서〉를 작성하였다. 제시된 〈표〉 이외에 〈보고서〉를 작성하기 위해 추가로 필요한 자료만을 〈보기〉에서 모두 고르면?

〈표1〉 연도별 세수 상위 세무서

(단위 : 억 원)

구분	1위		2위		3위	
	세무서	세수	세무서	세수	세무서	세수
2013년	A	70,314	B	70,017	C	62,982
2014년	A	83,158	C	74,291	B	62,414
2015년	A	105,637	C	104,562	B	70,281
2016년	A	107,933	C	88,417	B	70,332
2017년	A	104,169	C	86,193	B	64,911

〈표2〉 연도별 세수 하위 세무서

(단위 : 억 원)

구분	1위		2위		3위	
	세무서	세수	세무서	세수	세무서	세수
2013년	D	346	F	354	G	369
2014년	D	343	F	385	G	477
2015년	D	194	F	416	H	549
2016년	D	13	E	136	F	429
2017년	E	166	F	508	G	540

〈보고서〉

2017년 세수 1위 세무서는 10조 4,169억 원(국세청 세입의 약 7%)을 거두어들인 A세무서이다. 한편, 2위와 3위는 각각 C세무서(8조 6,193억 원), B세무서(6조 4,911억 원)로 2014년 이후 순위변동이 없었다.

2017년 세수 최하위 세무서는 E세무서(166억 원)로 A세무서 세수 규모의 0.2%에도 못 미치는 수준인 것으로 나타났다. 서울지역에서는 I세무서의 세수 규모가 2,862억 원으로 가장 적은 것으로 나타났다.

국세청 세입은 1966년 국세청 개청 당시 700억 원에서 2017년 154조 3,305억 원으로 약 2,200배 증가하였으며, 전국 세무서 수는 1966년 77개에서 1997년 136개로 증가하였다가 2017년 107개로 감소하였다.

보기

㉠ 1966~2017년 연도별 국세청 세입액
㉡ 2017년 서울 소재 세무서별 세수 규모
㉢ 2017년 국세청 세입총액의 세원별 구성비
㉣ 1966~2017년 연도별 전국 세무서 수

① ㉠, ㉡
② ㉠, ㉣
③ ㉡, ㉢
④ ㉠, ㉡, ㉣
⑤ ㉡, ㉢, ㉣

㉠ 셋째 단락의 '국세청 세입은 1966년 국세청 개청 당시 700억 원에서 2017년 154조 3,305억 원으로 약 2,200배 증가하였으며'라는 내용의 보고서를 작성하기 위해서는, 1966~2017년의 '연도별 국세청 세입액'에 관한 자료가 있어야 한다. 따라서 ㉠은 추가로 필요한 자료에 해당한다.
㉡ 둘째 단락에서 최하위 세무서와 최상위 세무서의 규모를 비교한 것 외에도 '서울지역에서는 I세무서의 세수 규모가 2,862억 원으로 가장 적은 것으로 나타났다'라고 하였는데, 이러한 보고서를 작성하기 위해서는 〈표〉의 '연도별 세수 상위/하위 세무서' 자료 이외에 ㉡의 '2017년 서울 소재 세무서별 세수 규모'에 대한 자료도 필요하다.
㉣ 셋째 단락의 '전국 세무서 수는 1966년 77개에서 1997년 136개로 증가하였다가 2017년 107개로 감소하였다'라는 보고서를 작성하기 위해서는 ㉣의 '1966~2017년 연도별 전국 세무서 수'에 대한 자료가 필요하다.

오답
해설 ㉢ 보고서의 내용은 세무서별 세수 규모와 서울지역 세무서의 세수 규모, 연도별 국세청 세입액과 전국 세무서 수에 대한 것이므로, ㉢의 '2017년 국세청 세입총액의 세원별 구성비'는 보고서 작성에 필요한 자료가 아니다.

50 다음 글을 근거로 판단할 때 옳은 것을 〈보기〉에서 모두 고르면?

◇◇법

제○○조(정의) 이 법에서 "재외동포"란 다음 각 호의 어느 하나에 해당하는 자를 말한다.

1. 대한민국의 국민으로서 외국의 영주권(永住權)을 취득한 자 또는 영주할 목적으로 외국에 거주하고 있는 자(이하 "재외국민"이라 한다)
2. 대한민국의 국적을 보유하였던 자(대한민국정부 수립 전에 국외로 이주한 동포를 포함한다) 또는 그 직계비속(直系卑屬)으로서 외국국적을 취득한 자 중 대통령령으로 정하는 자(이하 "외국국적동포"라 한다)

◇◇법 시행령

제○○조(재외국민의 정의)

① 법 제○○조 제1호에서 "외국의 영주권을 취득한 자"라 함은 거주국으로부터 영주권 또는 이에 준하는 거주목적의 장기체류자격을 취득한 자를 말한다.

② 법 제○○조 제1호에서 "영주할 목적으로 외국에 거주하고 있는 자"라 함은 해외이주자로서 거주국으로부터 영주권을 취득하지 아니한 자를 말한다.

제○○조(외국국적동포의 정의) 법 제○○조 제2호에서 "대한민국의 국적을 보유하였던 자(대한민국정부 수립 이전에 국외로 이주한 동포를 포함한다) 또는 그 직계비속으로서 외국국적을 취득한 자 중 대통령령이 정하는 자"란 다음 각 호의 어느 하나에 해당하는 자를 말한다.

1. 대한민국의 국적을 보유하였던 자(대한민국정부 수립 이전에 국외로 이주한 동포를 포함한다. 이하 이 조에서 같다)로서 외국국적을 취득한 자
2. 부모의 일방 또는 조부모의 일방이 대한민국의 국적을 보유하였던 자로서 외국국적을 취득한 자

보기

㉠ 거주국의 영주권을 취득하여야 재외국민이 될 수 있다.

㉡ 할아버지가 대한민국 국적을 보유하였던 호주 국적자는 외국국적동포에 해당한다.

㉢ 대한민국 국민으로서 회사업무를 위해 영국 출장 중인 사람은 외국국적동포이다.

㉣ 과거에 대한민국 국적을 보유하였던 자로서 현재 미국 국적을 취득한 자는 외국국적동포이다.

정답 50 ④

① ㉠, ㉡
② ㉠, ㉣
③ ㉡, ㉢
④ ㉡, ㉣
⑤ ㉢, ㉣

㉡ ◇◇법 시행령 제00조(외국국적동포의 정의) 제2호에서 '부모의 일방 또는 조부모의 일방이 대한민국의 국적을 보유하였던 자로서 외국국적을 취득한 자'도 외국국적동포에 해당한다고 하였으므로, ㉡은 옳은 내용이다.

㉣ ◇◇법 시행령 제○○조(외국국적동포의 정의) 제1호에서 '대한민국의 국적을 보유하였던 자로서 외국국적을 취득한 자'도 외국국적동포에 포함된다고 하였으므로, ㉣도 옳은 내용이다.

㉠ ◇◇법 제00조(정의) 제1호에서 재외국민을 '대한민국의 국민으로서 외국의 영주권(永住權)을 취득한 자 또는 영주할 목적으로 외국에 거주하고 있는 자'라고 하였고, ◇◇법 시행령 제○○조(재외국민의 정의) 제2항에서 '법 제○○조 제1호에서 "영주할 목적으로 외국에 거주하고 있는 자"라 함은 해외이주자로서 거주국으로부터 영주권을 취득하지 아니한 자를 말한다'라고 하였다. 따라서 영주권을 취득하지 않은 채 영주할 목적으로 외국에 거주하는 자도 재외국민이 될 수 있다.

㉢ 외국국적동포에 대해 규정한 ◇◇법 시행령 제○○조(외국국적동포의 정의)에서 외국국적동포가 되는 조건에 업무 출장 중인 사람은 포함하고 있지 않다.

51 다음 글의 내용이 참일 때, 우수공무원으로 반드시 표창 받는 사람의 수는?

지난 1년간의 평가에 의거하여, 우수공무원 표창을 하고자 한다. 세 개의 부서에서 갑, 을, 병, 정, 무 다섯 명을 표창 대상자로 추천했는데, 각 부서는 근무평점이 높은 순서로 추천하였다. 이들 중 갑, 을, 병은 같은 부서 소속이고 갑의 근무평점이 가장 높다. 추천된 사람 중에서 아래 네 가지 조건 중 적어도 두 가지를 충족하는 사람만 우수공무원으로 표창을 받는다.

- 소속 부서에서 가장 높은 근무평점을 받아야 한다.
- 근무한 날짜가 250일 이상이어야 한다.

- 공무원 교육자료 집필에 참여한 적이 있으면서, 공무원 연수교육에 3회 이상 참석하여야 한다.
- 정부출연연구소에서 활동한 사람은 그 활동 보고서가 인사혁신처 공식 자료로 등록되어야 한다.

지난 1년 동안 이들의 활동 내역은 다음과 같다. 250일 이상을 근무한 사람은 을, 병, 정이다. 갑, 병, 무 세 명 중에서 250일 이상을 근무한 사람은 모두 자신의 정부출연연구소 활동 보고서가 인사혁신처 공식 자료로 등록되었다. 만약 갑이 공무원 교육자료 집필에 참여하지 않았거나 무가 공무원 교육자료 집필에 참여하지 않았다면, 다섯 명의 후보 중에서 근무한 날짜의 수가 250일 이상인 사람은 한 명도 없다. 정부출연연구소에서 활동한 적이 없는 사람은 모두 공무원 연수교육에 1회 또는 2회만 참석했다. 그리고 다섯 명의 후보 모두 공무원 연수교육에 3회 이상 참석했다.

① 1명 ② 2명
③ 3명 ④ 4명
⑤ 5명

제시문의 내용을 통해 우수공무원으로 반드시 표창 받는 사람을 찾으면 다음과 같다.

㉠ '갑, 을, 병, 정, 무' 5명이 대상이며, '갑, 을, 병'은 같은 부서 소속이고 이 중 '갑'의 근무평점이 가장 높다. 또한 다른 부서에서 추천한 '정'과 '무'도 소속 부서에서 근무평점이 가장 높다.

㉡ 다음의 네 조건 중 적어도 두 가지를 충족해야 우수공무원으로 표창을 받는다.

- 소속 부서에서 가장 높은 근무평점을 받아야 함 : 갑, 정, 무
- 근무한 날짜가 250일 이상이어야 함 : 을, 병, 정
- 공무원 교육자료 집필에 참여한 적이 있으면서, 공무원 연수교육에 3회 이상 참석해야 함 : 갑, 무(∵'갑이 공무원 교육자료 집필에 참여하지 않았거나 무가 공무원 교육자료 집필에 참여하지 않았다면, 다섯 명의 후보 중에서 근무한 날짜의 수가 250일 이상인 사람은 한 명도 없다'의 대우도 참이 되므로, 갑과 무는 모두 공무원 교육자료 집필에 참여함. 또한 5명 모두 공무원 연수교육에 3회 이상 참석함)
- 정부출연연구소에서 활동한 사람은 그 활동 보고서가 인사혁신처 공식 자료로 등록되어야 함 : 병(∵갑, 병, 무 세 명 중에서 250일 이상을 근무한 사람은 모두 자신의 정부출연연구소 활동 보고서가 인사혁신처 공식 자료로 등록됨)

따라서 네 조건 중 두 가지를 충족하는 '갑, 병, 정, 무' 네 사람이 우수공무원으로 표창을 받게 된다.

정답 51 ④

[52~53] 다음 〈표〉는 2016년 34개국의 국가별 1인당 GDP와 학생들의 수학성취도 자료이고, 〈그림〉은 〈표〉의 자료를 그래프로 나타낸 것이다. 물음에 알맞은 답을 고르시오.

〈표〉 국가별 1인당 GDP와 수학성취도

(단위 : 천 달러, 점)

국가	1인당 GDP	수학성취도
룩셈부르크	85	490
카타르	77	(㉠)
싱가포르	58	573
미국	47	481
노르웨이	45	489
네덜란드	42	523
아일랜드	41	501
호주	41	504
덴마크	41	500
캐나다	40	518
스웨덴	39	478
독일	38	514
핀란드	36	519
일본	35	536
프랑스	34	495
이탈리아	32	485
스페인	32	484
한국	29	554
이스라엘	27	466
포르투갈	26	487
체코	25	499
헝가리	21	477
폴란드	20	518

러시아	20	482
칠레	17	423
아르헨티나	16	388
터키	16	448
멕시코	15	413
말레이시아	15	421
불가리아	14	439
브라질	13	391
태국	10	427
인도네시아	5	(㉡)
베트남	4	511

〈그림〉 국가별 1인당 GDP와 수학성취도

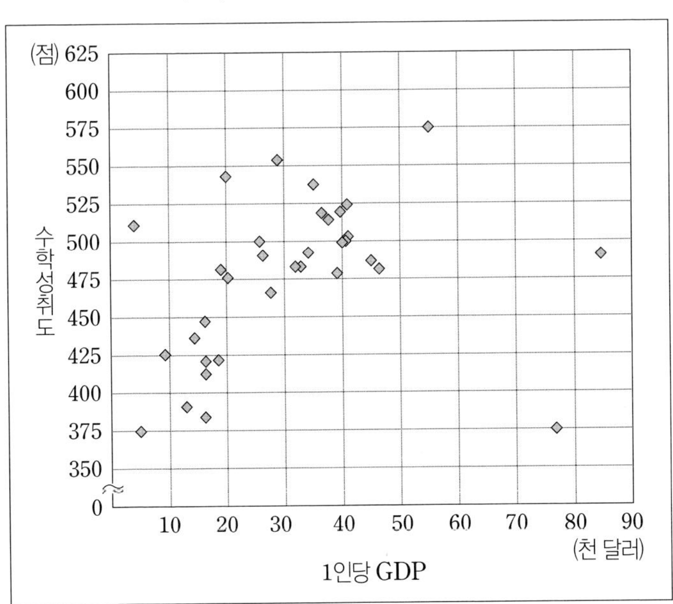

※ 국가별 학생 수는 동일하지 않고, 각 국가의 수학성취도는 해당국 학생 전체의 수학성취도 평균이며, 34개국 학생 전체의 수학성취도 평균은 500점임.

52 다음 중 〈표〉의 ㉠과 ㉡에 들어갈 수학성취도 점수의 평균을 구하면?

① 375점
② 390점
③ 405점
④ 430점
⑤ 445점

정답 해설 ㉠의 카타르는 34개국 중 1인당 GDP가 두 번째로 높은 국가이고, ㉡의 인도네시아는 1인당 GDP가 두 번째로 낮은 국가이다. 〈그림〉에서 보면 1인당 GDP가 두 번째로 높은 카타르와 1인당 GDP가 두 번째로 낮은 인도네시아는 수학성취도 점수가 모두 '375점'이라는 것을 알 수 있다. 따라서 두 국가의 수학성취도 점수의 평균은 '375점'이 된다.

53 다음 〈보기〉의 설명 중 옳은 것을 모두 고르면?

보기

㉠ 수학성취도 하위 5개 국가의 1인당 GDP는 모두 2만 달러 이하이다.
㉡ 1인당 GDP 상위 20개 국가 중, 1인당 GDP가 21위인 국가보다 수학성취도 점수가 높은 국가의 수와 낮은 국가의 수는 같다.
㉢ 1인당 GDP 상위 7개 국가 중에서 수학성취도가 34개국 학생 전체의 평균보다 높은 국가는 3개이다.
㉣ 수학성취도 상위 2개 국가의 1인당 GDP 차이는 수학성취도 하위 2개 국가의 1인당 GDP 차이보다 크다.

① ㉠, ㉡
② ㉠, ㉣
③ ㉡, ㉢
④ ㉡, ㉣
⑤ ㉢, ㉣

정답 해설 ㉡ 1인당 GDP가 21위인 국가는 2만 5천달러인 체코이며, 체코의 수학성취도 점수는 499점이다. 1

인당 GDP가 상위 20개국에 속한 국가 중 수학성취도 점수가 499점 보다 높은 국가의 수는 10개국이며, 499점 보다 낮은 국가의 수도 10개국이다. 따라서 ㉡은 옳은 설명이다.

㉢ 수학성취도의 34개국 학생 전체 평균은 '500점'이다. 1인당 GDP 상위 7개 국가 중에서 수학성취도가 500점보다 높은 국가는 싱가포르, 네덜란드, 아일랜드의 3개이다.

오답해설 ㉠ 〈그림〉에서 보면 수학성취도가 가장 낮은 5개 국가 중 한 국가(카타르)는 1인당 GDP가 7만 달러 이상임을 알 수 있다.

㉣ 〈그림〉에서 수학성취도 상위 2개 국가의 1인당 GDP 차이는 대략 3만 달러 이하인데 비해, 수학성취도 하위 2개 국가의 1인당 GDP 차이는 대략 7만 달러 이상임을 알 수 있다. 따라서 전자가 후자보다 작으므로, ㉣은 옳지 않은 설명이다.

54 **'갑'은 2018년 1월 전액 현금으로만 다음 〈표〉와 같이 지출하였다. 만약 '갑'이 2018년 1월에 A~C신용카드 중 하나만을 발급받아 〈표〉와 동일하도록 그 카드로만 지출하였다면, 〈신용카드별 할인혜택〉에 근거한 총 할인액이 가장 큰 카드부터 순서대로 바르게 나열한 것은?**

〈표〉 2018년 1월 지출내역

(단위 : 만 원)

분류	세부항목		금액	합
교통비	버스 · 지하철 요금		8	20
	택시 요금		2	
	KTX 요금		10	
식비	외식비	평일	10	30
		주말	5	
	카페 지출액		5	
	식료품 구입비	대형마트	5	
		재래시장	5	

의류구입비	온라인	15	30
	오프라인	15	
여가 및 자기계발비	영화관람료 (1만 원/회×2회)	2	30
	도서구입비 (2만 원/권×1권, 1만 5천 원/권×2권, 1만 원/권×3권)	8	
	학원 수강료	20	

〈신용카드별 할인혜택〉

(1) A신용카드

– 버스 · 지하철, KTX 요금 20% 할인(단, 할인액의 한도는 월 2만 원)

– 외식비 주말 결제액 5% 할인

– 학원 수강료 10% 할인

– 최대 총 할인한도액은 없음.

(2) B신용카드

– 버스 · 지하철, KTX 요금 10% 할인(단, 할인액의 한도는 월 1만 원)

– 외식비 평일 결제액 10% 할인

– 온라인 의류구입비 10% 할인

– 도서구입비 권당 3천 원 할인(단, 권당 가격이 1만 2천 원 이상인 경우에만 적용)

– 최대 총 할인한도액은 월 4만 원

(3) C신용카드

– 버스 · 지하철, 택시 요금 10% 할인(단, 할인액의 한도는 월 1만 원)

– 카페 지출액 10% 할인

– 재래시장 식료품 구입비 10% 할인

– 영화관람료 회당 2천 원 할인(월 최대 2회)

– 학원 수강료 7.5% 할인

– 최대 총 할인한도액은 없음.

※ 1) 할부나 부분청구는 없음.
2) A~C신용카드는 모두 연회비가 없음.

① A – B – C ② A – C – B

③ B – A – C ④ B – C – A

⑤ C – A – B

지출내역과 〈신용카드별 할인혜택〉에 근거하여 세 카드의 할인액을 구하면 다음과 같다.

㉠ A신용카드 할인액

- 버스 · 지하철, KTX 요금 20% 할인(단, 할인액의 한도는 월 2만 원) : 2만 원(월 한도액)
- 외식비 주말 결제액 5% 할인 : 5 × 0.05 = 0.25만 원
- 학원 수강료 10% 할인 : 20 × 0.1 = 2만 원

따라서 A신용카드의 총 할인액은 '4.25만 원'이 된다.

㉡ B신용카드 할인액

- 버스 · 지하철, KTX 요금 10% 할인(단, 할인액의 한도는 월 1만 원) : 1만 원(월 한도액)
- 외식비 평일 결제액 10% 할인 : 10 × 0.1 = 1만 원
- 온라인 의류구입비 10% 할인 : 15 × 0.1 = 1.5만 원
- 도서구입비 권당 3천 원 할인(단, 권당 가격이 1만 2천 원 이상인 경우에만 적용) : 0.9만 원(3권 할인)

따라서 B신용카드의 총 할인액은 '4.4만 원'이 되나, 최대 총 할인한도액은 월 4만 원이므로 총 할인액은 '4만 원'이 된다.

㉢ C신용카드 할인액

- 버스 · 지하철, 택시 요금 10% 할인(단, 할인액의 한도는 월 1만 원) : 1만 원
- 카페 지출액 10% 할인 : 5 × 0.1 = 0.5만 원
- 재래시장 식료품 구입비 10% 할인 : 5 × 0.1 = 0.5만 원
- 영화관람료 회당 2천 원 할인(월 최대 2회) : 0.2 × 2 = 0.4만 원
- 학원 수강료 7.5% 할인 : 20 × 0.075 = 1.5만 원

따라서 C신용카드의 총 할인액은 '3.9만 원'이 된다.

이상을 종합하면 신용카드의 총 할인액이 큰 순서대로 나열하면 'A, B, C'가 된다.

55 다음 글과 〈상황〉을 근거로 판단할 때, 〈보기〉에서 옳은 것을 모두 고르면?

NH인재개발원은 신임관리자과정 입교 예정자를 대상으로 사전 이러닝제도를 운영하고 있다. 이는 입교 예정자가 입교 전에 총 9개 과목을 온라인으로 수강하도록 하는 제도이다.

- 이러닝 교과목은 2018년 4월 10일부터 수강하며, 하루 최대 수강시간은 10시간이다.
- 필수 I 교과목은 교과목별로 정해진 시간의 강의를 모두 수강하는 것을 이수조건으로 한다.
- 필수 II 교과목은 교과목별로 정해진 시간의 강의를 모두 수강하고 온라인 시험에 응시하는 것을 이수조건으로 한다. 온라인 시험은 강의시간과 별도로 교과목당 반드시 1시간이 소요되며, 그 시험시간은 수강시간에 포함된다.
- 신임관리자과정 입교는 2018년 5월 1일이다.
- 2018년 4월 30일 24시까지 교과목 미이수시, 필수 I 은 교과목당 3점, 필수 II 는 교과목당 2점을 교육성적에서 감점한다.

교과목	강의시간	분류
사이버 청렴교육	15시간	필수 I
관리업무 운영제도	7시간	
문서 작성을 위한 한글맞춤법	8시간	
직원 복무제도	6시간	
역사에서 배우는 올바른 관리자의 길	8시간	필수 II
헌법정신에 기반한 경영윤리	5시간	
판례와 사례로 다가가는 상법	6시간	
관리자가 알아야 할 법률 사례	7시간	
쉽게 배우는 직원인사실무	5시간	
계	67시간	

※ 교과목은 순서에 상관없이 여러 날에 걸쳐 시간 단위로만 수강할 수 있다.

〈상황〉

신임관리자과정 입교를 앞둔 갑은 2018년 4월 13일에 출국하여 4월 27일에 귀국하는 해외여행을 계획하고 있다. 갑은 일정상 출 · 귀국일을 포함하여 여행기간에는 이러닝 교과목을 수강하거나 온라인 시험에 응시할 수 없는 상황이며, 여행기간을 제외한 시간에는 최대한 이러닝 교과목을 이수하려고 한다.

보기

㉠ 갑은 계획대로라면 교육성적에서 최소 3점 감점을 받을 것이다.

㉡ '헌법정신에 기반한 경영윤리', '쉽게 배우는 직원인사실무'를 여행 중 이수할 수 있다면, 출 · 귀국일을 변경하지 않고도 교육성적에서 감점을 받지 않을 것이다.

㉢ 갑이 하루 일찍 귀국하면 이러닝 교과목을 모두 이수할 수 있을 것이다.

① ㉠
② ㉢
③ ㉠, ㉡
④ ㉡, ㉢
⑤ ㉠, ㉡, ㉢

㉠ 갑은 2018년 4월 13일에 출국하여 4월 27일에 귀국하므로, 그 날은 이러닝 교과목을 수강할 수 없다. 따라서 4월 10일부터 12일까지, 4월 28일부터 30일까지 6일간 총 '60시간'의 수강이 가능하다. 필수 Ⅰ 교과목을 모두 수강하는 총 수강 시간은 '36시간'이고, 필수 Ⅱ의 총 수강 시간은 '31시간'이다. 그런데, 필수 Ⅱ 교과목(5과목)은 교과목별 강의를 수강한 후 1시간의 온라인 시험에 응시하는 것을 이수조건으로 하므로, 총 수강 시간은 '36시간'이 된다. 따라서 필수 교과목의 총 수강 시간은 '72시간'이 되므로, 갑의 수강 가능 시간(60시간)보다 12시간이 많다. 따라서 이 경우 강의시간이 15시간으로 가장 긴 '사이버 청렴교육' 한 과목을 수강하지 않는 경우 교육성적의 최소 감점(3점)을 받을 수 있다. 따라서 ㉠은 옳다.

㉡ 필수 Ⅰ 교과목과 필수 Ⅱ의 교과목의 총 수강 시간은 '72시간'이다. 그런데 '헌법정신에 기반한 경영윤리'와 '쉽게 배우는 직원인사실무'의 강의시간은 각각 5시간이며, 두 교과목 모두 필수 Ⅱ 교과목으로 1시간의 온라인 시험에 응시해야 하므로, 모두 '12시간'의 수강시간이 소요된다. 그런데 이 두 과목을 여행 중 이수할 수 있다면, 여행일정의 축소 없이 60시간의 수강 가능 시간 내에 나머지 교과목을 수강할 수 있어 교육성적에서 감점을 받지 않게 된다. 따라서 ㉡도 옳은 내용이다.

오답해설 ㉢ 필수 Ⅰ 교과목과 필수 Ⅱ의 교과목의 총 수강 시간은 '72시간'인데, 갑은 하루 최대 10시간씩 6일을 수강할 수 있어, 총 '60시간'을 수강할 수 있다. 따라서 갑이 하루 일찍 귀국하는 경우 총 70시간을 수강할 수 있으므로, 이러닝 교과목을 모두 이수할 수 있는 것은 아니다.

정답 55 ③

56 다음 글과 〈상황〉을 근거로 판단할 때, '갑'이 지원받을 수 있는 주택 보수비용의 최대 액수는?

• 주택을 소유하고 해당 주택에 거주하는 가구를 대상으로 주택 노후도 평가를 실시하여 그 결과(경 · 중 · 대보수)에 따라 아래와 같이 주택보수비용을 지원

〈주택보수비용 지원 내용〉

구분	경보수	중보수	대보수
보수항목	도배 혹은 장판	수도시설 혹은 난방시설	지붕 혹은 기둥
주택당 보수비용 지원한도액	390만 원	690만 원	990만 원

• 소득인정액에 따라 위 보수비용 지원한도액의 80~100%를 차등지원

구분	중위소득 25% 미만	중위소득 25% 이상 37.5% 미만	중위소득 37.5% 이상 50% 미만
지원율	100%	90%	80%

〈상황〉

'갑'은 현재 거주하고 있는 A주택의 소유자이며, 소득인정액이 중위소득 37%에 해당한다. A주택의 노후도 평가 결과, 지붕의 수선이 필요한 주택보수비용 지원 대상에 선정되었다.

① 990만 원
② 891만 원
③ 792만 원
④ 690만 원
⑤ 621만 원

정답 해설 '갑' 주택의 노후도 평가 결과, 지붕(대보수)의 수선이 필요한 주택보수비용 지원 대상에 해당한다. 또한 '갑'의 소득인정액이 중위소득 37%에 해당하므로, 지원율은 90%가 된다. 따라서 '갑'이 지원받을 수 있는 주택보수비용의 최대 액수는 '990×0.9=891만 원'에 해당한다.

[57~58] 다음 〈표〉는 지점 A~E의 지점 간 주행 가능한 도로 현황 및 자동차 '갑'과 '을'의 지점 간 이동정보이다. 〈표〉와 〈조건〉에 근거하여 물음에 알맞은 답을 고르시오.

〈표1〉 지점 간 주행 가능한 도로 현황

(단위 : km)

도착지점 / 출발지점	B	C	D	E
A	200	*	*	*
B	–	400	200	*
C	*	–	*	200
D	*	*	–	400

※ 1) *는 출발지점에서 도착지점까지 주행 가능한 도로가 없음을 의미함.
2) 지점 간 주행 가능한 도로는 1개씩만 존재함.

〈표2〉 자동차 '갑'과 '을'의 지점 간 이동정보

자동차	출발		도착	
	지점	시각	지점	시각
갑	A	10:00	B	( )
	B	가	C	16:00
을	B	12:00	C	16:00
	C	16:00	E	18:00

※ 최초 출발지점에서 최종 도착지점까지 24시간 이내에 이동함을 가정함.

조건

- '갑'은 'A → B → C', '을'은 'B → C → E'로 이동하였다.
- 'A → B'는 A지점에서 출발하여 다른 지점을 경유하지 않고 B지점에 도착하는 이동을 의미한다.
- 이동시 왔던 길은 되돌아갈 수 없다.
- 평균속력은 출발지점부터 도착지점까지의 이동거리를 소요시간으로 나눈 값이다.
- 자동차의 최고속력은 200km/h이다.

57 다음 중 '갑'이 최단시간에 이동했다고 가정할 때, '가'에 알맞은 시각은?

① 11:00
② 12:00
③ 13:00
④ 14:00
⑤ 15:00

정답 해설 평균속력은 출발지점부터 도착지점까지의 이동거리를 소요시간으로 나눈 값이므로, '소요시간 $=\frac{\text{이동거리}}{\text{평균속력}}$'가 된다. 동일 거리를 최단시간에 이동하기 위해서는 최고속력으로 이동하여야 하는데, 자동차의 최고속력은 '200km/h'이고 B지점에서 C지점까지의 거리는 '400km'이므로, B에서 C까지 이동한 소요시간은 '$\frac{400}{200}$=2시간'이 된다. 따라서 C지점에 도착한 시각은 '16:00'이므로 B지점에서 출발한 시각은 '14:00'이 된다.

58 다음 〈보기〉의 설명 중 옳은 것을 모두 고르면?

보기

㉠ 'B → C' 구간의 평균속력은 '갑'이 '을'보다 빠르다.
㉡ '을'의 경우, 'B → C' 구간의 평균속력보다 'C → E' 구간의 평균속력이 빠르다.
㉢ '갑'이 B지점에서 1시간 이상 머물렀다면 'A → B' 또는 'B → C' 구간에서 속력이 120km/h 이상인 적이 있다.
㉣ 'B → C → E' 구간과 'B → D → E' 구간의 거리는 같다.

① ㉠, ㉡
② ㉠, ㉣
③ ㉡, ㉢
④ ㉡, ㉣
⑤ ㉢, ㉣

정답 해설 ⓒ 'A → B' 구간의 거리는 200km이고 'B → C' 구간의 거리는 400km이므로, 모두 600km이다. '갑'이 A지점을 출발해 B지점을 거쳐 C지점까지 도착한 시간은 모두 6시간인데, '갑'이 B지점에서 1시간 이상을 머물렀다면, 600km를 5시간 이내에 도착했다는 말이 된다. 따라서 이 구간에서의 평균속력은 '$\frac{600}{5}=120$km/h' 이상이 되어야 한다. 따라서 ⓒ은 옳은 설명이 된다.

ⓓ 'B → C → E' 구간의 거리는 600km이고 'B → D → E' 구간의 거리도 600km이므로, 두 구간의 거리는 같다.

오답 해설 ⓐ 'B → C' 구간의 거리는 400km이며 '을'이 4시간 만에 이동하였으므로, '을'은 'B → C' 구간을 '100km/h'의 평균속력으로 이동했다는 것을 알 수 있다. 그러나 '갑'의 경우 B에서의 출발 시각을 알 수 없으므로 평균속력도 알 수 없다. 따라서 ⓐ은 옳다고 판단할 수 없다.

ⓑ '을'은 400km인 'B → C' 구간을 4시간 만에 이동했으므로, 이 구간에서의 평균속력은 '100km/h'가 된다. 또한 200km인 'C → E' 구간을 4시간 만에 이동했으므로, 이 구간에서의 평균속력도 '100km/h'가 된다. 따라서 전자와 후자가 같으므로, ⓑ은 옳지 않다.

59 다음 중 조직변화에 대한 설명으로 가장 적절하지 않은 것은?

① 조직변화는 조직에서의 환경 변화를 인지하고 그 수용가능성을 평가한 후, 새로운 아이디어를 내거나 새로운 기술을 채택하는데 기여한다.

② 조직변화의 과정은 환경변화를 인지하는 데에서 시작되는데, 환경변화가 인지되면 이에 따른 조직변화 방향이 수립되고 조직변화가 실행된다.

③ 제품이나 서비스의 변화는 고객이나 새로운 시장 확대를 위해서 이루어진다.

④ 기존의 조직구조와 경영방식, 경영시스템에 따라 조직변화가 이루어진다.

⑤ 조직변화는 관리자층의 변화방향에 대해 공감하고 그러한 변화를 실행하는 역할을 담당한다.

정답 해설 조직의 전략이나 구조의 변화는 조직구조나 경영방식, 각종 시스템을 개선하는 것을 말하므로, 기존의 조직구조와 경영방식, 경영시스템에 따라 조직변화가 이루어진다는 것은 옳은 설명으로 볼 수 없다. 조직변화는 제품과 서비스, 전략, 구조, 기술, 문화 등에서 이루어질 수 있는데, 조직변화 중 전략이나 구조의 변화는 조직의 목적을 달성하고 효율성을 높이기 위해서 조직의 경영과 관계되며, 조직구조와 경영방식, 각종 시스템 등을 개선하는 것을 말한다.

오답해설 ①·⑤ 조직이 새로운 아이디어나 행동을 받아들이는 것을 조직변화 혹은 조직혁신이라고 하는데, 이는 조직에서 일하는 직업인들은 환경의 변화를 인지하고 이것의 수용가능성을 평가한 후, 새로운 아이디어를 내거나 새로운 기술을 채택하거나, 또는 관리자층의 변화방향에 대해 공감하고 실행하는 역할을 담당한다.

② 조직의 변화는 환경의 변화를 인지하는 데에서 시작되는데, 환경의 변화가 인지되면 이에 적응하기 위한 조직변화 방향을 수립하고 조직변화를 실행하며, 마지막으로 조직개혁의 진행사항과 성과를 평가한다(환경변화 인지 → 조직변화방향 수립 → 조직변화 실행 → 변화결과 평가). 이러한 환경의 변화는 해당 조직에 영향을 미치는 변화를 인식하는 것으로, 이는 조직구성원들이 현실에 안주하려는 경향이 있으면 인식하기 어렵다.

③ 조직변화 중 제품이나 서비스의 변화는 기존 제품이나 서비스의 문제점을 인식하고 고객의 요구에 부응하기 위한 것으로, 고객을 늘리거나 새로운 시장을 확대하기 위해서 이루어진다.

60 다음 중 조직의 업무에 관한 설명으로 옳지 않은 것은?

① 조직의 업무는 조직구조를 결정하며, 조직의 체계를 이해할 수 있게 한다.

② 조직의 개별업무에 요구되는 독립성과 재량의 정도는 동일해야 하다.

③ 조직의 업무는 상품이나 서비스 창출을 위한 생산적 활동이다.

④ 조직 목적의 효율적 달성을 위해 조직의 업무는 통합되어야 한다.

⑤ 개인에게 부여되는 업무 선택의 재량권은 매우 작다.

정답해설 조직에서 개별업무들은 요구되는 지식과 기술, 도구의 종류가 다르며, 업무에 따라 요구되는 독립성과 자율성, 재량권의 정도가 차이가 있다. 따라서 ②는 옳지 않은 설명이다.

오답해설 ① 조직 내에서 구성원들이 수행하는 업무는 조직의 구조를 결정하며, 직업인은 자신이 속한 조직의 다양한 업무를 통해 조직의 체제를 이해할 수 있으며, 자신에게 주어진 업무의 특성을 파악하여 전체 조직의 체제 내에서 효과적으로 업무를 수행할 수 있다.

③ 조직에서 업무는 상품이나 서비스를 창출하기 위한 생산적인 활동이다.

④·⑤ 조직의 목적을 달성하기 위하여 업무는 통합되는 것이 효율적이므로, 업무는 직업인들에게 부여되며 개인이 선호하는 업무를 임의로 선택할 수 있는 재량권이 매우 적다.

61 다음 글을 근거로 판단할 때, 〈보기〉에서 옳은 것을 모두 고르면?

인류 역사상 불공정거래 문제가 나타난 것은 먼 옛날부터이다. 자급자족경제에서 벗어나 물물교환이 이루어지고 상업이 시작된 시점부터 불공정거래 문제가 나타났고, 법을 만들어 이를 규율하기 시작하였다. 불공정거래 문제가 법적으로 다루어진 것으로 알려진 최초의 사건은 기원전 4세기 아테네에서 발생한 곡물 중간상 사건이다. 기원전 388년 겨울, 곡물 수입 항로가 스파르타로부터 위협을 받게 되자 곡물 중간상들의 물량 확보 경쟁이 치열해졌고 입찰가격은 급등하였다. 이에 모든 곡물 중간상들이 담합하여 동일한 가격으로 응찰함으로써 곡물 매입가격을 크게 하락시켰고, 이를 다시 높은 가격에 판매하였다. 이로 인해 그들은 아테네 법원에 형사상 소추되어 유죄 판결을 받았다. 당시 아테네는 곡물 중간상들이 담합하여 일정 비율 이상의 이윤을 붙일 수 없도록 성문법으로 규정하고 있었으며, 해당 규정 위반 시 사형에 처해졌다.

곡물의 공정거래를 규율하는 고대 아테네의 성문법은 로마로 계승되어 더욱 발전되었다. 그리고 로마의 공정거래 관련법은 13세기부터 15세기까지 이탈리아의 우루비노와 피렌체, 독일의 뉘른베르크 등의 도시국가와 프랑스 등 중세 유럽 각국의 공정거래 관련법 제정에까지 영향을 미쳤다. 영국에서도 로마의 공정거래 관련법의 영향을 받아 1353년에 에드워드 3세의 공정거래 관련법이 만들어졌다.

보기

㉠ 인류 역사상 불공정거래 문제는 자급자족경제 시기부터 나타났다.

㉡ 기원전 4세기 아테네의 공정거래 관련법을 위반하여 담합으로 폭리를 취한 경우 법정 최고형인 사형에 처해졌다.

㉢ 로마의 공정거래 관련법은 영국 에드워드 3세의 공정거래 관련법 제정에 영향을 미쳤다.

㉣ 기원전 4세기 아테네 곡물 중간상 사건은 곡물 중간상들이 담합하여 곡물 매입가격을 폭등시킴으로 인해 발생하였다.

① ㉠, ㉡
② ㉠, ㉣
③ ㉡, ㉢
④ ㉡, ㉣
⑤ ㉢, ㉣

ⓛ 첫째 단락의 마지막 문장에서 '당시 아테네는 곡물 중간상들이 담합하여 일정 비율 이상의 이윤을 붙일 수 없도록 성문법으로 규정하고 있었으며, 해당 규정 위반 시 사형에 처해졌다'라고 하였으므로, 담합으로 폭리를 취한 경우 사형에 처해졌다는 것을 알 수 있다.

ⓒ 둘째 단락의 마지막 문장의 '영국에서도 로마의 공정거래 관련법의 영향을 받아 1353년에 에드워드 3세의 공정거래 관련법이 만들어졌다'라는 내용과 일치되는 내용이다.

㉠ 첫째 단락 앞부분에서 '인류 역사상 불공정거래 문제가 나타난 것은 먼 옛날부터이다. 자급자족경제에서 벗어나 물물교환이 이루어지고 상업이 시작된 시점부터 불공정거래 문제가 나타났고'라고 하였다. 따라서 불공정거래 문제는 자급자족경제에서 벗어나 물물교환 및 상업이 시작된 시점부터 나타났다고 할 수 있다.

㉣ 첫째 단락 중반부에서 '이에 모든 곡물 중간상들이 담합하여 동일한 가격으로 응찰함으로써 곡물 매입가격을 크게 하락시켰고, 이를 다시 높은 가격에 판매하였다'라고 하였는데, 이를 통해 아테네 곡물 중간상 사건은 곡물 중간상들이 담합하여 응찰함으로써 곡물 매입가격을 떨어뜨린 후, 이를 높은 가격에 판매함으로써 발생한 사건임을 알 수 있다.

62 다음 글을 근거로 판단할 때, 〈보기〉에서 옳은 것을 모두 고르면?

조선시대 지방행정제도는 기본적으로 8도(道) 아래 부(府), 대도호부(大都護府), 목(牧), 도호부(都護府), 군(郡), 현(縣)을 두는 체제였다. 이들 지방행정기관은 6조(六曹)를 중심으로 한 중앙행정기관의 지시를 받았으나 중앙행정기관의 완전한 하부 기관은 아니었다. 지방행정기관도 중앙행정기관과 같이 왕에 직속되어 있었기 때문에 중앙행정기관과 의견이 다르거나 쟁의가 있을 때는 왕의 재결을 바로 품의(稟議)할 수 있었다.

지방행정기관의 장으로는 도에 관찰사(觀察使), 부에 부윤(府尹), 대도호부에 대도호부사(大都護府使), 목에 목사(牧使), 도호부에 도호부사(都護府使), 군에 군수(郡守), 그리고 현에 현감(縣監)을 두었다. 관찰사는 도의 행정 · 군사 · 사법에 관한 전반적인 사항을 다스리고, 관내의 지방행정기관장을 지휘 · 감독하는 일을 하였다. 제도 시행 초기에 관찰사는 순력(巡歷)이라 하여 일정한 사무소를 두지 않고 각 군 · 현을 순례하면서 지방행정을 감시하였으나, 나중에는 고정된 근무처를 가지게 되었다. 관찰사를 제외한 지방행정기관장은 수령(首領)으로 통칭되었는데, 이들 역시 행정업무와 함께 일정한 수준의 군사 · 사법업무를 같이 담당하였다.

중앙에서는 파견한 지방행정기관장에 대한 관리와 감독을 철저히 했다. 권력남용 등의 부조리나 지방세력과 연합하여 독자세력으로 발전하는 것을 막기 위한 조치였다. 일례로 관찰사의 임기를 360일로 제한하여 지방토호나 지방영주로 변질되는 것을 막고자 하였다.

보기

㉠ 조선시대 지방행정기관은 왕의 직속기관으로 중앙행정기관의 지시를 받지 않았다.
㉡ 지방행정기관의 우두머리라는 의미에서 관찰사를 수령이라고 불렀을 것이다.
㉢ 군수와 현감은 행정업무뿐만 아니라 군사업무와 사법업무도 담당했을 것이다.
㉣ 관찰사의 임기를 제한한 이유 중 하나는 관찰사가 지방세력화 됨으로써 독자세력으로 발전하는 것을 막기 위한 것이었다.

① ㉠, ㉡
② ㉠, ㉣
③ ㉡, ㉢
④ ㉡, ㉣
⑤ ㉢, ㉣

㉢ 둘째 단락에서 군수와 현감은 각각 군과 현의 지방행정기관장이라는 것을 알 수 있다. 둘째 단락의 마지막 문장에서 '관찰사를 제외한 지방행정기관장은 수령(首領)으로 통칭되었는데, 이들 역시 행정업무와 함께 일정한 수준의 군사 · 사법업무를 같이 담당하였다'라고 하였으므로, ㉢은 옳은 내용임을 알 수 있다.

㉣ 셋째 단락에서 '권력남용 등의 부조리나 지방세력과 연합하여 독자세력으로 발전하는 것을 막기 위한 조치였다. 일례로 관찰사의 임기를 360일로 제한하여 지방토호나 지방영주로 변질되는 것을 막고자 하였다'라고 하였으므로, ㉣은 옳은 내용이 된다.

오답 해설

㉠ 조선시대 지방행정기관은 왕의 직속기관인 것은 맞지만, 중앙행정기관의 지시를 받지 않은 것은 아니다. 이는 첫째 단락의 '지방행정기관은 6조(六曹)를 중심으로 한 중앙행정기관의 지시를 받았으나 중앙행정기관의 완전한 하부 기관은 아니었다. 지방행정기관도 중앙행정기관과 같이 왕에 직속되어 있었기 때문에'라는 부분에서 알 수 있다.

㉡ 둘째 단락의 후반부의 '관찰사를 제외한 지방행정기관장은 수령(首領)으로 통칭되었는데'라는 내용을 통해, 관찰사를 수령으로 부르지 않았다는 것을 알 수 있다.

63 다음 ㉠의 내용으로 가장 적절한 것은?

인지부조화는 한 개인이 가지는 둘 이상의 사고, 태도, 신념, 의견 등이 서로 일치하지 않거나 상반될 때 생겨나는 심리적인 긴장상태를 의미한다. 인지부조화는 불편함을 유발하기 때문에 사람들은 이것을 감소시키려고 한다. 인지부조화를 감소시키는 방법은 서로 모순관계에 있어서 양립할 수 없는 인지들 가운데 하나 이상의 인지가 갖는 내용을 바꾸어 양립할 수 있게 만들거나, 서로 모순되는 인지들 간의 차이를 좁힐 수 있는 새로운 인지를 추가하여 부조화된 인지상태를 조화된 상태로 전환하는 것이다.

그런데 실제로 부조화를 감소시키는 행동은 비합리적인 면이 있다. 그 이유는 그러한 행동들이 사람들로 하여금 중요한 사실을 배우지 못하게 하고 자신들의 문제에 대해서 실제적인 해결책을 찾지 못하도록 할 수 있기 때문이다. 부조화를 감소시키려는 행동은 자기방어적인 행동이고, 부조화를 감소시킴으로써 우리는 자신의 긍정적인 이미지, 즉 자신이 선하고 현명하며 상당히 가치 있는 인물이라는 긍정적인 측면의 이미지를 유지하게 된다. 비록 자기방어적인 행동이 유용한 것으로 생각될 수 있지만, 이러한 행동은 부정적 결과를 초래할 수 있다.

한 실험에서 연구자는 인종차별 문제에 대해서 확고한 입장을 보이는 사람들을 선정하였다. 일부는 차별에 찬성하였고, 다른 일부는 차별에 반대하였다. 선정된 사람들에게 인종차별에 대한 찬성과 반대 의견이 실린 글을 모두 읽게 하였는데, 어떤 글은 지극히 논리적이고 그럴듯하였고, 다른 글은 터무니없고 억지스러운 것이었다. 실험에서는 참여자들이 과연 어느 글을 기억할 것인지에 관심이 있었다. 인지부조화 이론에 따르면, 사람들은 현명한 사람을 자기 편, 우매한 사람을 다른 편이라 생각할 때 마음이 편안해질 것이다. 그렇다면 이 실험에서 인지부조화 이론은 다음과 같은 ㉠ 결과를 예측할 것이다.

① 참여자들은 자신의 의견에 동의하는 논리적인 글과 반대편의 의견에 동의하는 논리적인 글을 기억한다.

② 참여자들은 자신의 의견에 동의하는 모든 글을 기억하고 반대편의 의견에 동의하는 모든 글을 기억하지 않는다.

③ 참여자들은 자신의 의견에 동의하는 논리적인 글과 반대편의 의견에 동의하는 터무니없고 억지스러운 글을 기억한다.

④ 참여자들은 자신의 의견에 동의하는 터무니없고 억지스러운 글과 반대편의 의

견에 동의하는 논리적인 글을 기억한다.

⑤ 참여자들은 자신의 의견에 동의하는 모든 글을 기억하고 반대편의 의견에 동의하는 논리적인 글은 기억하지 않는다.

정답 해설 셋째 단락의 전반부에서 제시된 실험의 내용을 '인종차별 문제에 대해서 확고한 입장을 보이는 사람들을 선정하였다. 일부는 차별에 찬성하였고, 다른 일부는 차별에 반대하였다. 선정된 사람들에게 인종차별에 대한 찬성과 반대 의견이 실린 글을 모두 읽게 하였는데, 어떤 글은 지극히 논리적이고 그럴듯하였고, 다른 글은 터무니없고 억지스러운 것이었다'라고 제시하였다. 그리고 ㉠의 바로 앞 문장에서 '인지부조화 이론에 따르면, 사람들은 현명한 사람을 자기 편, 우매한 사람을 다른 편이라 생각할 때 마음이 편안해질 것이다'라고 하였다. 따라서 인지부조화 이론에 따르면, 이 실험의 결과는 '현명한 사람들은 자기의 편이 되고, 우매한 사람들은 다른 편이 된다고 생각할 때 마음이 편안해질 것'이라 예측할 수 있다. 제시된 ①~⑤ 중 이러한 내용에 부합하는 것은 ③뿐이다.

64 다음 글을 근거로 판단할 때, 2018년 4월 인사 파견에서 선발될 직원만을 모두 고르면?

- NH에서는 소속 공무원들의 역량 강화를 위해 정례적으로 인사 파견을 실시하고 있다.
- 인사 파견은 지원자 중 3명을 선발하여 1년 간 이루어지고 파견 기간은 변경되지 않는다.
- 선발 조건은 다음과 같다.
  - 과장을 선발하는 경우 동일 부서에 근무하는 직원을 1명 이상 함께 선발한다.
  - 동일 부서에 근무하는 2명 이상의 팀장을 선발할 수 없다.
  - 기획소정과 직원을 1명 이상 선발한다.
  - 근무 성적이 70점 이상인 직원만을 선발한다.
  - 어학 능력이 '하'인 직원을 선발한다면 어학 능력이 '상'인 직원도 선발한다.
  - 직전 인사 파견 기간이 종료된 이후 2년 이상 경과하지 않은 직원을 선발할 수 없다.
- 2018년 4월 인사 파견의 지원자 현황은 다음과 같다.

직원	직위	근무 부서	근무 성적	어학 능력	직전 인사 파견 시작 시점
A	과장	기획조정과	65	중	2014년 2월
B	과장	금융경영지원과	75	하	2015년 2월
C	팀장	기획조정과	90	중	2015년 8월
D	팀장	금융사업지원과	70	상	2014년 8월
E	팀장	금융사업지원과	75	중	2015년 2월
F	–	기획조정과	75	중	2015년 2월
G	–	금융경영지원과	80	하	2014년 8월

① A, D, F
② B, D, G
③ B, E, F
④ C, F, G
⑤ D, F, G

'D, F, G'는 모두 다른 부서의 직원이며, 모두 과장이 아니다. 또한 F는 기획조정과 직원에 해당하며, G의 어학능력은 '하'이고 D의 어학능력은 '상'이므로 조건을 만족한다. 또한 직전 인사 파견 기간이 종료된 이후 모두 2년이 경과했다. 따라서 모든 선발 조건을 만족하므로, 선발될 직원으로 적절하다.

① 제시된 글의 선발 조건에서 '근무 성적이 70점 이상인 직원만을 선발한다'라고 했으므로, 'A'는 선발될 수 없다.

② 선발 조건에서 '기획조정과 직원을 1명 이상 선발한다'라고 하였으므로 'F'는 반드시 선발되어야 한다. 따라서 ②는 적절하지 않다.

③ 선발 조건에서 '과장을 선발하는 경우 동일 부서에 근무하는 직원을 1명 이상 함께 선발한다'라고 했으므로, 금융경영지원과의 과장인 'B'를 선발하는 경우 동일 부서의 직원인 'G'도 선발해야 한다. 따라서 ③도 적절하지 않다.

④ 선발 조건에서 '직전 인사 파견 기간이 종료된 이후 2년 이상 경과하지 않은 직원을 선발할 수 없다'라고 하였는데, C의 경우 직전 인사 파견 기간이 2016년 8월에 종료했으므로, 선발될 수 없다.

65 다음 법규정을 옳게 해석하거나 추론한 것을 〈보기〉에서 모두 고른 것은?

제○○조 대통령 · 국무총리 · 국무위원 · 행정각부의 장 · 헌법재판소 재판관 · 법관 · 중앙선거관리위원회 위원 · 감사원장 · 감사위원 기타 법률이 정한 공무원이 그 직무집행에 있어서 헌법이나 법률을 위배한 때에는 국회는 탄핵의 소추를 의결할 수 있다.

제○○조 감사원은 원장을 포함한 5인 이상 11인 이하의 감사위원으로 구성한다.

제○○조 대통령의 국법상 행위는 문서로써 하며, 이 문서에는 국무총리와 관계 국무위원이 부서(副署)할 권한을 갖는다.

제○○조

① 국무위원은 국무총리의 제청으로 대통령이 임명한다.

② 국무총리는 국무위원의 해임을 대통령에게 건의할 수 있다.

제○○조

① 국무회의는 대통령 · 국무총리와 15인 이상 30인 이하의 국무위원으로 구성한다.

② 대통령은 국무회의의 의장이 되고, 국무총리는 부의장이 된다.

보기

㉠ 탄핵제도는 대통령을 비롯한 고위공직자에 대하여 직무집행에 대해 책임을 추궁함으로써 헌법과 법률을 보호하는 기능을 한다고 볼 수 있다.

㉡ 국무회의의 최대 구성원수와 감사원의 최대 구성원수의 합은 41인이다.

㉢ 국무위원은 자신의 업무와 관련되는 대통령의 국정행위문서에 대한 부서를 거부할 수 없다.

㉣ 대통령이 국무위원을 임명하는 경우에는 국무총리의 제청이 있어야 하지만, 국무위원의 해임은 국무총리의 제청 없이 자유로이 할 수 있다.

① ㉠, ㉡
② ㉠, ㉣
③ ㉡, ㉢
④ ㉡, ㉣
⑤ ㉢, ㉣

정답 65 ②

㉠ 첫 번째 법조항에서 대통령 등의 고위공무원이 그 직무집행에 있어서 헌법이나 법률을 위배한 때에는 국회는 탄핵의 소추를 의결할 수 있다고 하였는데, 이를 통해 탄핵제도가 대통령을 비롯한 고위공직자의 직무집행에 대한 책임 추궁을 통해 헌법과 법률을 보호하는 기능을 수행한다는 것을 알 수 있다.

㉣ 네 번째 법조항 제1항에서는 '국무위원은 국무총리의 제청으로 대통령이 임명한다'라고 하였고, 제2항에서는 '국무총리는 국무위원의 해임을 대통령에게 건의할 수 있다'라고 하였다. 따라서 대통령이 국무위원을 임명하는 경우 국무총리의 제청이 있어야 한다는 것을 알 수 있으나, 국무위원을 해임하는 경우에 대해서는 국무총리의 제청이 있어야 하는 것은 아니다. 따라서 ㉣은 옳은 해석 또는 추론이 된다.

㉡ 다섯 번째 법조항 제1조에서 '국무회의는 대통령 · 국무총리와 15인 이상 30인 이하의 국무위원으로 구성한다'라고 하였고, 두 번째 법조항에서 '감사원은 원장을 포함한 5인 이상 11인 이하의 감사위원으로 구성한다'라고 하였다. 따라서 국무회의의 최대 구성원수(32인)와 감사원의 최대 구성원수(11인)의 합은 43인이 된다.

㉢ 세 번째 법조항에서 '대통령의 국법상 행위는 문서로써 하며, 이 문서에는 국무총리와 관계 국무위원이 부서(副署)할 권한을 갖는다'라고 하였는데, 여기서 관계 국무위원이 "부서할 권한을 갖는다"는 것은 자신의 업무와 관련되는 문서에 대해 거부할 수 있음을 포함하는 의미가 된다. 거부할 수 없는 경우라면 "부서하여야 한다" 또는 "부서할 의무가 있다"라고 규정하여야 한다. 따라서 ㉢은 법규정에 대한 옳은 해석이나 추론으로 볼 수 없다.

[66~67] 다음 글을 읽고 물음에 알맞은 답을 고르시오.

(가) 농업이 경제에서 차지하는 비중이 절대적이었던 청나라는 백성들로부터 토지세(土地稅)와 인두세(人頭稅)를 징수하였다. 토지세는 토지를 소유한 사람들에게 토지 면적을 기준으로 부과되었는데, 단위 면적당 토지 세액은 지방마다 달랐다. 한편 인두세는 모든 성인 남자들에게 부과되었는데, 역시 지방마다 금액에 차이가 있었다. 특히 인두세를 징수하기 위해서 정부는 정기적인 인구조사를 통해서 성인 남자 인구의 변동을 정밀하게 추적해야 했다.

그러다가 1712년 중국의 황제는 태평성대가 계속되고 있음을 기념하기 위해서 전국에서 거두는 인두세의 총액을 고정시키고 앞으로 늘어나는 성인 남자 인구에 대해서는 인두세를 징수하지 않겠다는 법령을 반포하였다. 1712년의 법령 반포 이후 지방에서 조세를 징수하는 관료들은 고정된 인두세 총액을 토지세 총액에 병합함으로써 인두세를 토지세에 부가하는 형태로 징수하는 조세 개혁을 추진하기 시작했다. 즉 해당 지방의 인두세 총액을 토지 총면적으로 나누어서 얻은 값을 종래의 단위면적당 토지세액에 더하려 했던 것이다. 그런데 조세 개혁에 대한 반발 정도가 지방마다 달랐고, 반발정도가 클수록 조세 개혁은 더 느리게 진행되었다. 이때 각 지방의 개혁에 대한 반발정도는 단위면적당 토지세액의 증가율에 정비례 하였다.

(나) 1712년 조세 개혁 실시 이전 각 지방의 토지세와 인두세는 다음과 같은 구성을 보였다.

지방	토지세		인두세	
	토지총면적 (단위 : 무(畝))	단위면적당 세액 (단위 : 냥/무)	인두세총액 (단위 : 냥(兩))	1인당 인두세액 (단위 : 냥(兩))
갑	2,500,000	2.00	500,000	1.00
을	6,000,000	1.50	600,000	1.50
병	1,000,000	2.50	400,000	1.25
정	2,400,000	2.00	960,000	1.20

66 다음 중 제시문 (가)를 읽고 추론한 것으로 옳은 것을 〈보기〉에서 모두 고르면?

보기

㉠ 일반적으로 대지주들은 1712년의 법령 반포 이후 진행된 조세 개혁을 환영하지 않았을 것이다.

㉡ 여자들로만 구성된 지주 가정은 1712년의 법령 반포 이후 추진된 조세 개혁으로 손해를 보게 되었다고 할 수 있다.

㉢ 17세기말 중국에서는 자기 땅이 전혀 없는 소작농이라면 정부에 세금을 납부하지 않아도 되었다.

㉣ 자기 땅이 전혀 없는 여자들로만 구성된 소작농 가정의 경우 1712년의 법령 반포 이후 추진된 조세 개혁으로 국가에 납부하여야 할 세액이 증가되었다.

정답 66 ①

① ㉠, ㉡ ② ㉠, ㉣
③ ㉡, ㉢ ④ ㉡, ㉣
⑤ ㉢, ㉣

㉠ (가)의 둘째 단락에서 '1712년의 법령 반포 이후 지방에서 조세를 징수하는 관료들은 고정된 인두세 총액을 토지세 총액에 병합함으로써 인두세를 토지세에 부가하는 형태로 징수하는 조세 개혁을 추진하기 시작했다. 즉 해당 지방의 인두세 총액을 토지 총면적으로 나누어서 얻은 값을 종래의 단위면적당 토지세액에 더하려 했던 것이다'라고 하였으므로, 대지주들은 1712년 법령 반포 이후 진행된 조세 개혁을 환영하지 않았으리라 추론할 수 있다.

㉡ 1712년 법령 반포 이전에는 토지세(土地稅)와 인두세(人頭稅)를 징수하였고 인두세는 성인 남자에게만 부과되었는데, 1712년의 법령 반포 이후에는 고정된 인두세 총액을 토지세 총액에 병합함으로써 인두세를 토지세에 부가하는 형태로 징수하는 조세 개혁을 추진하였다. 따라서 여자들로만 구성된 지주 가정은 1712년의 법령 반포 이후, 종전에는 부과되지 않던 인두세가 토지세 총액에 병합되어 부과되었으므로 손해를 보게 되었다고 할 수 있다.

㉢ 1712년 법령은 성인 남자 인구에 대해서는 인두세를 징수하지 않겠다는 법령을 말하는데, 17세기 말은 1712년 법령 반포 이전을 말하므로, 자기 소유의 토지가 없다 하더라도 인두세(人頭稅) 부과 대상은 되었다. 이는 첫째 단락의 '농업이 경제에서 차지하는 비중이 절대적이었던 청나라는 백성들로부터 토지세(土地稅)와 인두세(人頭稅)를 징수하였다'라는 부분에서 확인할 수 있다. 따라서 ㉢은 옳지 않은 추론이다.

㉣ 자기 땅이 전혀 없는 여자들로만 구성된 소작농 가정의 경우 1712년의 법령 반포 이전에는 토지세도 인두세도 부과되지 않았다. 1712년의 법령 반포 이후에는 고정된 인두세 총액을 토지세 총액에 병합함으로써 인두세를 토지세에 부가하는 형태로 징수하였기 때문에, 자기 땅이 없는 여자들로만 구성된 소작농 가정의 경우 역시 부과된 세액이 없었다. 따라서 ㉣은 옳지 않은 추론이다.

67 **제시문 (가)와 (나)를 고려할 때 조세 개혁 속도가 빠른 지방부터 바르게 나열한 것은? (단, 제시문에 등장하지 않는 변수는 고려하지 않는다.)**

① 을 – 갑 – 병 – 정 ② 을 – 갑 – 정 – 병
③ 병 – 갑 – 을 – 정 ④ 병 – 정 – 갑 – 을
⑤ 정 – 병 – 갑 – 을

정답 해설 제시문의 (가)의 둘째 단락 후반부에서 '조세 개혁에 대한 반발 정도가 지방마다 달랐고, 반발정도가 클수록 조세 개혁은 더 느리게 진행되었다. 이때 각 지방의 개혁에 대한 반발정도는 단위면적당 토지세액의 증가율에 정비례 하였다'라고 하였다. 따라서 조세 개혁이 빠른 지방은 반발 정도가 낮다는 것이고, 반발 정도가 낮다는 것은 단위면적당 토지세액의 증가율이 작다는 것이다.

여기서 조세 개혁으로 인한 단위면적당 토지세액의 증가율은 조세 개혁으로 새로 '증가된 세액'을 '종래의 단위면적당 토지세액'으로 나눈 비율이 된다. 종래의 단위면적당 토지세액은 제시문 (나)의 표에 나와 있다. 그리고 조세 개혁으로 새로 증가된 세액은 해당 지방의 인두세 총액을 토지 총면적으로 나누어서 얻은 값을 말한다. 이상을 표로 정리하면 다음과 같다.

구분	증가된 세액 (=인두세 총액÷토지 총면적) : A	종래 단위면적당 토지세액 : B	단위면적당 증가율 (=A÷B×100)
갑	0.2(=500,000/2,500,000)	2.00	10%
을	0.1(=600,000/6,000,000)	1.50	6.67%
병	0.4(=400,000/1,000,000)	2.50	16%
정	0.4(=960,000/2,400,000)	2.00	20%

따라서 조세 개혁으로 인한 개혁 속도가 빠른 지방(단위면적당 증가율을 낮은 지방)부터 나열하면 '을 – 갑 – 병 – 정'의 순서가 된다.

68 다음은 사람을 설득하는 심리학적 법칙들에 대한 설명이다. 〈보기〉는 이러한 법칙들에서 추론될 수 있는 내용들을 정리한 것이다. 〈보기〉의 추론 중 법칙과 관련하여 추론된 내용이 적절하지 않은 것을 모두 고르면?

(가) '상호성의 법칙'에 의하면 다른 사람으로부터 호의를 받게 되면 그에 대해서 자신도 갚아야 한다는 심리적 압박감이 생겨나게 된다고 한다.

(나) '일관성의 법칙'은 지금까지 행동해 온 것과 일관되게 혹은 일관되게 보이도록 행동하고자 하는, 거의 맹목적인 욕구를 의미한다. 일단 어떤 선택을 하거나 입장을 취하게 되면, 그러한 선택이나 입장과 일치되게 행동해야 한다는 심리적 부담감을 느끼게 된다는 것이다.

(다) '사회적 증거의 법칙'에 의하면 무엇이 옳은가를 결정하기 위해서 사람들이 사용하는 방법 중의 하나는 다른 사람들이 옳다고 생각하는 것이 무엇인지를 알아내는 것이라고 한다. 이 법칙은 주어진 상황에서 우리 행동의 옳고 그름은 얼마나 많은 사람들이

우리와 행동을 같이 하느냐에 의해 결정된다고 주장한다.

(라) '희귀성의 법칙'이란 일반적으로 쉽게 얻어지지 않는 것은 상대적으로 그 가치가 높다는 인식이 사람들에게 잠재되어 있기 때문에, 사람들은 어떤 대상의 가치를 그의 획득 가능성이라는 기준을 사용하여 결정한다는 것이다.

보기

㉠ (가)의 견해에 의하면, 상대방이 양보하면 나도 양보해야 한다는 심리적 부담을 느끼게 된다는 주장이 설득력을 지닐 수 있다.

㉡ 주어진 상황이 애매모호하고 불확실성이 높을 때 가장 효과적으로 사람들에게 영향력을 행사할 수 있는 원리를 설명하고 있는 것은 (나)의 견해다.

㉢ A담당자가 결식아동돕기 등의 자선 기부금을 모집하기 위한 TV 공익 광고 캠페인을 기획하면서 이미 기부금을 약속한 사람들의 명단을 계속해서 화면에 제공하는 것이 효과적이라고 판단했다면, 이는 (다)의 견해에 바탕을 둔 것으로 이해될 수 있다.

㉣ 어떤 대상에 대하여 선택의 자유가 제한 당하게 되면 그 자유를 유지하기 위한 동기가 억제되어 사람들이 그 자유를 이전보다 더 강렬하게 원하지 않게 된다고 한다. 이는 (라)의 이론과 밀접히 관련된다고 할 수 있다.

① ㉠, ㉡
② ㉠, ㉣
③ ㉡, ㉢
④ ㉡, ㉣
⑤ ㉢, ㉣

㉡ '일관성의 법칙'은 '일단 어떤 선택을 하거나 입장을 취하게 되면, 그러한 선택이나 입장과 일치되게 행동해야 한다는 심리적 부담감을 느끼게 된다는 것'이라 하였으므로, 주어진 상황이 애매모호하고 불확실성이 높을 때는 이 법칙이 효과적으로 작용하기 어렵다고 할 수 있다. 이러한 경우 일관성의 법칙보다 '주어진 상황에서 우리 행동의 옳고 그름은 얼마나 많은 사람들이 우리와 행동을 같이 하느냐에 의해 결정된다'고 보는 '사회적 증거의 법칙'이 더 효과적으로 작용할 수 있다. 따라서 ㉡은 적절한 추론으로 볼 수 없다.

㉣ (라)의 '희귀성의 법칙'이란 쉽게 얻어지지 않는 것은 상대적으로 그 가치가 높다는 인식이 사람들에게 잠재되어 있다는 것인데, 이는 선택의 자유가 제한 당하게 될 때 그 자유에 대한 가치가 더 높아져 그것을 유지하기 위한 동기가 유발되어 이전보다 더 강하게 원하게 된다는 이론과 관련된다고 할 수 있다. 따라서 ㉣은 적절하지 않은 추론이다.

오답해설 ㉠ (가)의 '상호성의 법칙'은 다른 사람으로부터 호의를 받게 되면 자신도 그런 호의로서 갚아야 한다는 심리적 압박감이 생겨나게 된다는 것이므로, 이 견해에 따르면 상대방이 양보하면 나도 양보해야 한다는 심리적 부담을 느끼게 된다고 할 수 있다. 따라서 ㉠은 적절한 추론이 된다.

㉢ (다)의 '사회적 증거의 법칙'에 따르면 사람들이 기부하는 것이 옳다고 결정하는 것이 다른 사람들이 얼마나 많이 그러한 기부를 했느냐에 의해 결정된다고 할 수 있다. 따라서 TV를 통해 기부금을 약속한 사람들의 명단을 계속해서 화면에 제공하는 것이 자선 기부금 모집에 효과적이라고 판단하는 것은 이러한 사회적 증거의 법칙의 견해에 바탕을 둔 것으로 볼 수 있다. 따라서 ㉢도 적절한 추론이 된다.

69 다음은 기업의 내 · 외부환경 분석에 사용하는 'SWOT 분석'의 각 분면을 나타낸 것이다. A~D에 대한 예시로 적절하지 않은 것은?

강점(Strength) A	약점(Weakness) B
기회(Opportunity) C	위협(Threat) D

① A : 기업의 높은 수준의 기술력

② B : 경쟁업계 평균 수준에 미달하는 R&D비용

③ C : 신규 시장의 확보

④ D : 주력 제품의 원자재 가격 상승

⑤ C : 경쟁력 있는 기업의 등장

정답해설 경쟁력 있는 기업의 등장은 이 기업의 입장에서 볼 때, 기회(Opportunity) 요인이 아니라 외부의 위협(Threat) 요인에 해당한다. 따라서 ⑤는 적절하지 않은 설명이다.

70 다음 중 회사조직 내에서의 기본적 예절로 가장 적절하지 않은 것은?

① 회사와의 인터뷰를 위해 언론사 기자가 방문한 경우 관계자가 먼저 악수를 먼저 청한다.

② 거래 관계 성립 후 악수를 하는 경우 오른손을 사용하여 하며, 악수한 손을 가볍게 몇 차례 흔드는 것이 좋다.

③ 거래당사자 간의 소개시 우리가 먼저 소개하기보다 상대 회사의 소개를 기다리는 것이 좋다.

④ 명함은 바로 주머니에 넣기보다 명함에 대한 가벼운 대화를 나누는 것이 바람직하다.

⑤ 명함을 받은 후 상대방의 이름과 직위를 소리 내어 확인하는 것도 무난한 예절이 된다.

정답 해설 거래당사자 간의 소개시 우리 측 관계자를 상대에게 먼저 소개하는 것이 상대에 대한 예의가 된다. 따라서 ③은 기본적 예절로 적절하지 않다.

오답 해설 ① 외부인에게 먼저 악수를 청하는 것이 예우의 표현에 해당한다.

② 악수는 오른손으로 하되, 손에 적당히 힘을 주고 두세 번 흔드는 것이 좋은 감정을 표현하는 적절한 예절이 된다.

④ 명함을 받은 경우 바로 넣기보다는 명함에 대해 몇 마디 대화를 나눈 후 넣는 것이 좋다.

⑤ 명함 교환 후 딱히 할 말이 없는 경우, 받은 명함을 5초 정도 정독하고 상대방의 이름과 직위를 소리 내어 확인하는 것이 좋은 방법이 된다.

정답 70 ③